中国金融不良资产市场调查报告2022

China's Non-Performance Financial Assets Market Investigation Report 2022

吴　跃◎主编

中国金融出版社

责任编辑：亓　霞
责任校对：李俊英
责任印制：张也男

图书在版编目(CIP)数据

中国金融不良资产市场调查报告. 2022 / 吴跃主编. — 北京：中国金融出版社，2022.3

ISBN 978-7-5220-1550-7

Ⅰ.①中… Ⅱ.①吴… Ⅲ.①金融公司—资产管理—调查报告—中国—2022 Ⅳ.①F832.3

中国版本图书馆CIP数据核字（2022）第040119号

中国金融不良资产市场调查报告2022
ZHONGGUO JINRONG BULIANG ZICHAN SHICHANG DIAOCHA BAOGAO 2022

出版发行　中国金融出版社
社址　北京市丰台区益泽路2号
市场开发部　(010) 66024766，63805472，63439533 (传真)
网 上 书 店　www.cfph.cn
(010) 66024766，63372837 (传真)
读者服务部　(010) 66070833，62568380
邮编　100071
经销　新华书店
印刷　北京侨友印刷有限公司
尺寸　169毫米×239毫米
印张　15.5
字数　226千
版次　2022年3月第1版
印次　2022年3月第1次印刷
定价　68.00元
ISBN　978-7-5220-1550-7
如出现印装错误本社负责调换　联系电话 (010) 63263947

本书课题组

组　长：吴　跃

统　筹：董裕平　刘亚楠

成　员：吕　鑫　谢莉莉　王育森　朱　珠

郑步高　石　琦　章　耿　刘　晶

杨洁飞　丁艳平

前　言

2021年以来，面对严峻复杂的国际形势和国内疫情散发等多重考验，我国经济持续稳定恢复，经济发展和疫情防控保持全球领先地位，构建新发展格局迈出新步伐，高质量发展取得新成效，实现了"十四五"的良好开局。随着疫情防控常态化，宏观政策对冲力度减弱，金融领域风险进入易发期，房地产、中小金融机构等领域局部风险事件明显增多。资产管理公司全面贯彻"稳定大局、统筹协调、分类施策、精准拆弹"的风险化解工作方针，持续加大对房地产、信托、企业重组与破产重整、违约债券、个贷类不良处置等风险突出领域的业务拓展力度，有效发挥了金融体系"清道夫"和困境企业"手术师"的独特优势，不断提升盘活问题存量资产的质效，牢牢守住不发生系统性金融风险的底线。

自2008年以来，中国东方已连续15年公开发布《中国金融不良资产市场调查报告》。调查报告详细记录了资产管理公司开始商业化转型以来，中国金融不良资产市场由探索到逐步推广、由起步到快速发展、由不成熟到逐步完善的发展历程，见证了中国金融不良资产市场生态圈的成长壮大。2022年的调查报告同样聚焦不良资产市场的主要参与主体，展现了其对当前和未来一段时间中国金融不良资产市场的实践认知和思考。

从外部专家学者、商业银行、资产管理公司、信托公司和中介机构五类受访者的问卷调查结果来看，2022 年，外部环境更趋复杂严峻和不确定。我国经济发展面临需求收缩、供给冲击、预期转弱三重压力，经济下行压力加大。我国金融体系整体风险可控，但中小银行、信托公司、房地产、地方融资平台等突出领域风险仍存在小幅上行压力。推动房地产行业兼并重组和增强房地产调控政策协调，将是稳妥有序做好房地产领域风险处置化解工作的关键举措。

商业银行受访者普遍认为，碳减排支持工具将有助于商业银行优化资产配置。随着“双碳”目标和支持政策的落地，商业银行对节能环保等绿色信贷领域的投放规模将显著增加。2021 年个别房地产企业信用违约事件对房地产行业再融资能力的冲击仍将持续显现，2022 年房地产企业信用违约风险将有小幅上升。其中，城市商业银行等中小银行面临的不良资产下迁压力较为突出，不良资产处置紧迫性也更高。从中长期来看，规范中小银行公司治理是防范和化解中小银行风险最有效的措施。

资产管理公司受访者普遍认为，2021 年不良资产处置面临融资成本上升和处置难度增加的双重挑战，不良资产市场参与者收购意愿有所下降，资产包价格分化明显。东部地区一级市场推出资产包规模明显萎缩，资产包价格相对稳定，甚至少数地区出现一定程度的反弹，而西部和东北等地区一级市场供给规模有所增加，资产包价格则延续稳中有降态势。未来经济形势的不确定性进一步加大了供需双方对未来资产包内在价值判断的分化，2022 年不良资产一级市场买卖双方市场地位将维持在大致均衡的水平。就个贷类不良资产而言，其试点规模相对有限，且成本投入高和回收预期低，资产管理公司进一步参与处置的意愿有待提升。

信托业受访者普遍认为，2022 年信托业回归本源、转型升级步伐将加快，新增信托业务规模或进一步压缩。从中长期来看，银行理财子公司将对信托公司展业构成重大挑战。信托公司应充分利用信托牌照、专业能力与股东背景等自身优势，持续提升投研、资产配置等主动管理核心竞争力，致力于构建具有自身特色的资管服务机构或特色服务信托机构。具体而言，未来信托公司应聚焦集合资金信托、投资类业务、证券市场业务和家族信托等特色业务领域。

律师事务所、资产评估事务所、不良资产服务商（含投资人）等第三方机构受访者普遍认为，随着不良资产市场参与主体扩容，叠加同类机构之间的业务同质化程度较高，中介服务市场的竞争有所加剧，单个机构参与的项目数量和业务规模小幅收缩。从二级市场投资机构的参与情况来看，资金成本是影响二级市场投资机构参与积极性的重要因素，控制经营风险水平、压降资金成本和资金占用规模是投资机构加快推进不良资产处置的主要驱动力。预计 2022 年二级市场投资机构将积极推动不良资产处置，收购不良资产的价格将小幅下降，收购规模将小幅扩张。

2022 年将召开党的二十大，这是党和国家政治生活中的一件大事。资产管理公司要把思想和行动高度统一到党中央关于形势的科学判断和决策部署上来，立足新发展阶段，完整、准确、全面贯彻新发展理念，积极融入和服务构建新发展格局，聚焦国家重大战略决策，坚持跨周期资源配置和逆周期调节相结合，充分发挥风险化解和危机救助功能，加大对国家重点领域、重大战略和经济社会发展薄弱环节的支持力度，不断提升服务国家战略和实体经济的能力和水平，以优异成绩迎接党的二十大胜利召开。

岁序殷流，时光更迭，又逢报告付梓之际，衷心感谢广大业界同仁多年来对年度调查报告的关注支持和对研究成果的分享，感谢各位学界人士对年度调查报告提出的点评意见和精彩建议，感谢中国金融出版社的鼎力支持，感谢课题组全体成员的辛勤付出，同时也诚挚欢迎各位读者朋友提出宝贵意见。

吴跃

中国东方资产管理股份有限公司党委书记、董事长

二〇二二年二月

目　录

第一部分　宏观环境

第二部分　商业银行观点

第三部分　资产管理公司观点

第四部分　信托公司观点

第五部分　中介机构（含投资人）观点

第六部分　不良资产市场分析与预测

第一部分

宏观环境

2021年，资产管理公司全面回归本源、瘦身健体，持续强化不良资产处置的核心功能，大力拓展实质性问题企业重组、高风险中小金融机构风险处置等业务，防范化解各类风险，全面助力构建新发展格局，推动国民经济高质量发展。展望2022年，面对需求收缩、供给冲击、预期转弱的三重压力，我国宏观经济与政策、金融风险和不良资产市场等将会如何调整变化？课题组针对商业银行、资产管理公司、信托公司、中介机构（含投资人）和经济学家设计了相应调查问卷。根据问卷类别，灵活运用单选、多选题目和深度访谈相结合的方式，对2022年可能影响不良资产行业发展的相关因素展开全面调查。其中，对经济增长、物价水平、资本市场、宏观经济政策、深化改革和金融监管的判断主要通过对经济学家进行调查和访谈获得，对于金融体系风险、房地产领域风险、金融机构信用风险暴露和不良资产处置的判断等部分则分别通过对相应参与主体进行调查获得。

一、对经济增长的判断

（一）预计2022年我国经济增速：5%~5.5%

调查结果显示，41.27%的经济学家认为2022年我国经济增速是5%~5.5%，34.92%的经济学家认为是4.5%~5%，各有11.11%的经济学家认为是5.5%~6%和6%以上，1.59%的经济学家认为是4.5%以下（见图1–1）。

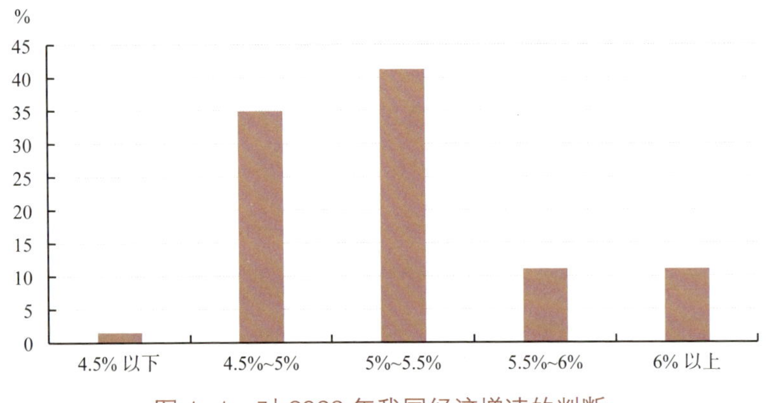

图 1–1　对 2022 年我国经济增速的判断

2021年以来，我国经济继续保持恢复态势，全年GDP两年平均增长5.1%。2022年，中国经济面临内外需同步放缓的压力，积极的财政政策或将成全年经济增长的重要支撑。从外需来看，随着全球经济增速放缓、国外生产修复及出口价格回落，出口向好的趋势将明显减弱。从内需来看，疫情对消费的压制会逐渐减弱，国家也将出台新的政策促进消费，但由于就业压力仍然很大，老龄化进一步加剧，社会消费品零售总额反弹或将有限。基建投资将发力托底经济，制造业投资继续受高技术制造业投资拉动，但房地产开发投资持续下行，固定资产投资增速将有所回落。综合来看，全年经济稳增长存在压力。

（二）预计“十四五”期间我国经济增速：5%左右

调查结果显示，36.45%的受访者预计“十四五”期间我国经济增速为4.5%~5%，35.30%的受访者预计增速为5%~5.5%，13.14%的受访者预计增速为5.5%~6%，10.51%的受访者预计增速在4.5%以下，4.60%的受访者预计增速在6%以上。总体来看，71.75%的受访者预计“十四五”期间我国经济增速在5%左右（见图1-2）。

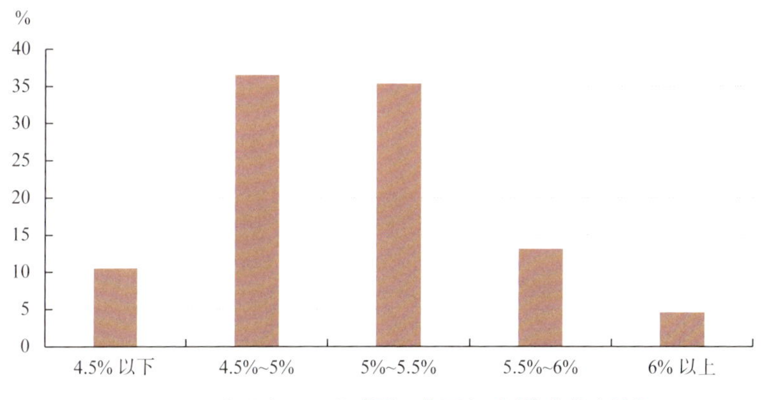

图 1-2　对“十四五”期间我国经济增速的判断

《中华人民共和国国民经济和社会发展第十四个五年规划和2035年远景目标纲要》提出2035年经济总量或人均收入翻一番的中长期经济发展目标。按此推算，我国经济总量需在未来15年间保持年均4.7%的增速。整体来看，“十四五”期间，我国经济增速应在5%左右。就具体驱动因素而言，一是人口的城镇化和城市化集聚将助推经济效率的持续提升。截至2021年末，我国常住人口城镇化率为64.72%，大城市人口占比相对较低，人口将进一步向中心城市和大都市圈集聚，人口城镇化率仍有较大提升空间。二是我国具有全球最大的统一市场，具有超大规模市场优势，大规模要素供给和大规模市场容量将有助于更好地发挥规模经济、范围经济和网络经济效应，由此给相关行业、企业带来的效率优势，将有效转化为成本优势和竞争优势。

（三）预计制造业固定资产投资增速：3%以上

调查结果显示，39.68%的经济学家预计2022年制造业固定资产投资增速为3%~4%，31.75%的经济学家预计增速为4%~5%，19.05%的经济学家预计增速为5%~6%，6.35%的经济学家预计增速低于3%，3.17%的经济学家预计增速在6%以上（见图1–3）。

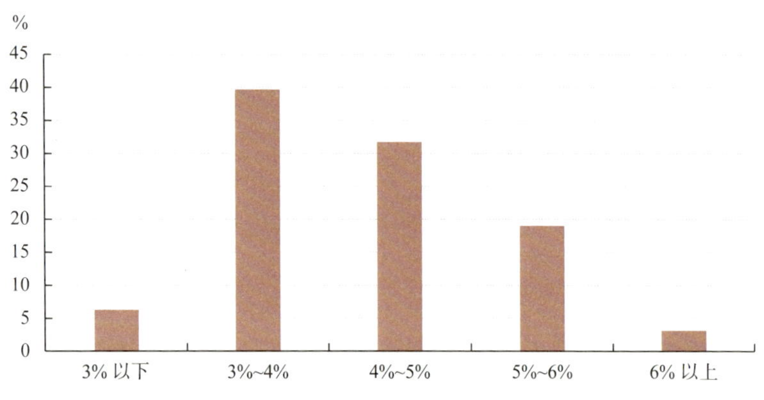

图 1–3 对 2022 年制造业固定资产投资增速的判断

从库存周期来看，制造业库存周期与工业品出厂价格指数大致同步。2021年，工业品出厂价格指数回升带动制造业库存周期回升，制造业补库存支撑了制造业投资增速持续回升。2022年，工业品出厂价格指数大概率呈现持续回落态势，制造业库存同比可能下行，进而对制造业投资形成拖累。从中长期的投资周期来看，在碳达峰、碳中和及智能制造战略下，严控高耗能产业投资规模将激发市场主体绿色低碳投资活力，国有企业加大绿色低碳投资，绿色低碳投资和高新技术产业投资有望保持增长态势。从代表制造业资本开支趋势的制造业贷款需求指数来看，制造业贷款需求指数呈上升趋势，说明制造业资本开支周期仍处于上升周期。综合来看，全年制造业投资增速有望保持平稳回升的态势。

（四）预计房地产开发投资增速：4%以上

调查结果显示，31.75%的经济学家预计2022年房地产开发投资增速为

4%~5%，22.22%的经济学家预计增速在4%以下，20.63%的经济学家预计增速为5%~6%，14.29%的经济学家预计增速为6%~7%，11.11%的经济学家预计增速在7%以上（见图1–4）。

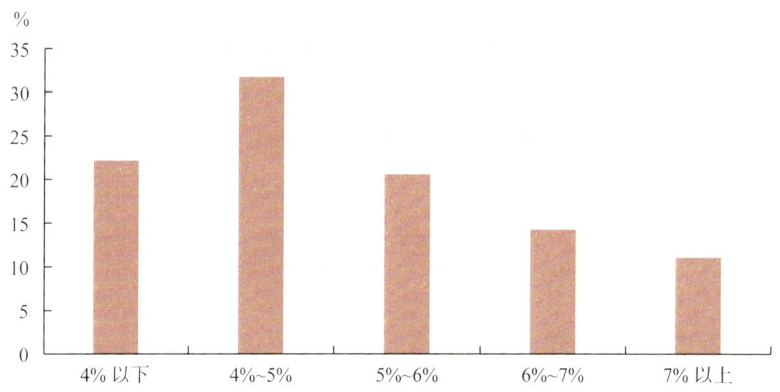

图 1–4　对 2022 年房地产开发投资增速的判断

2021年第三季度以来，房地产开发投资增速持续下滑。首先，受房地产行业流动性风险的冲击，房地产企业的再融资普遍受到较大影响，筹资现金流下降，拿地节奏显著放缓，土地流拍增多，开工意愿有所下降。其次，房地产企业信用风险暴露使居民部门、金融机构、产业链上下游对房地产企业的商业模式、房地产价格走势等的判断存在分歧，市场预期明显减弱，从房地产拿地、房地产开工到房地产销售的供应周期将进一步拉长，房地产企业的周转率有望回落，房地产企业开发投资的节奏显著放缓。综合来看，2022年我国房地产开发投资增速可能明显放缓。

（五）预计基建投资增速：2%以下

调查结果显示，34.92%的经济学家预计2022年基建投资增速低于1%，31.75%的经济学家预计增速为1%~2%，14.29%的经济学家预计增速为2%~3%，各有9.52%的经济学家预计增速分别为3%~4%和4%以上（见图1–5）。总体来看，66.67%的经济学家认为我国基建投资增速在2%以下。

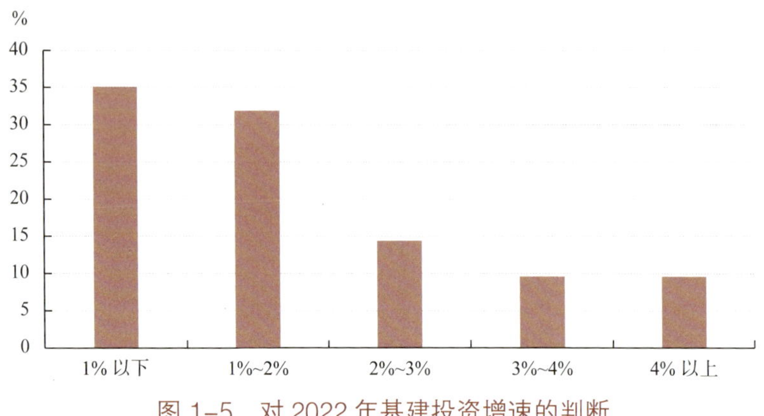

图 1–5　对 2022 年基建投资增速的判断

2021年专项债穿透式监管、地方隐性债务化解和稳增长压力较小等因素导致基建投资增速较低。2022年，按照中央经济工作会议要求，积极的财政政策要提升效能，更加注重精准、可持续，保证财政支出强度，加快支出进度，适度超前进行基础设施建设。在稳增长背景下，财政政策更加积极，基建投资增速有望回升。另外，2021年的财政政策后置效应、专项债储备项目的改善及地方政府宽信用或将为基建投资回升创造条件。同时，考虑到“坚决遏制新增地方政府隐性债务”和“房住不炒”等底线要求，2022年基建投资增长力度仍有待观察。

（六）预计社会消费品零售总额增速：4%以上

调查结果显示，58.73%的经济学家预计2022年全国社会消费品零售总额增速为4%~5%，23.81%的经济学家预计增速为5%~6%，9.52%的经济学家预计增速在4%以下，6.35%的经济学家预计增速为6%~7%，1.59%的经济学家预计增速在7%以上（见图1–6）。总体来看，超过90%的经济学家认为全国社会消费品零售总额增速在4%以上。

受疫情限制、居民消费能力减弱和居民消费意愿降低等因素影响，2021年社会消费品零售总额增长偏弱，尚未恢复到疫情之前的水平。2022年，由于国内疫苗接种率持续上升，疫情防控精准化程度提高，疫情对消费的冲击或将有所减弱。另外，在共同富裕的目标下，国家出台了一系列包括房地产调控、平台经济反垄断、教育培训“双减”等打破资本无序扩张、降低生活成本的政策，居民部门消费潜力有望得到释放。但考虑到内外部环境带来的不确定性及人口老龄化等因素，居民部门的消费复苏将呈现渐进的态势，预计全年社会消费品零售额增速改善的力度有限。

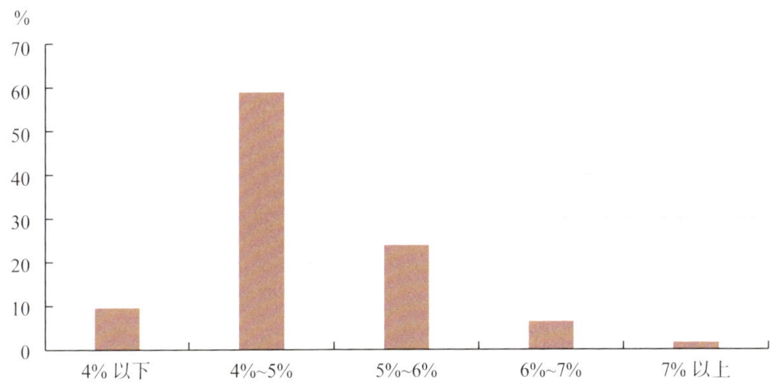

图 1-6　对 2022 年全国社会消费品零售总额增速的判断

（七）预计出口增速：8%以上

调查结果显示，39.68%的经济学家预计2022年我国出口增速为11%~14%，26.98%的经济学家预计增速为8%~11%，17.46%的经济学家预计增速在14%以上，11.11%的经济学家预计增速在5%~8%，4.76%的经济学家预计增速在5%以下（见图1-7）。总体来看，84.12%的经济学家认为出口增速在8%以上。

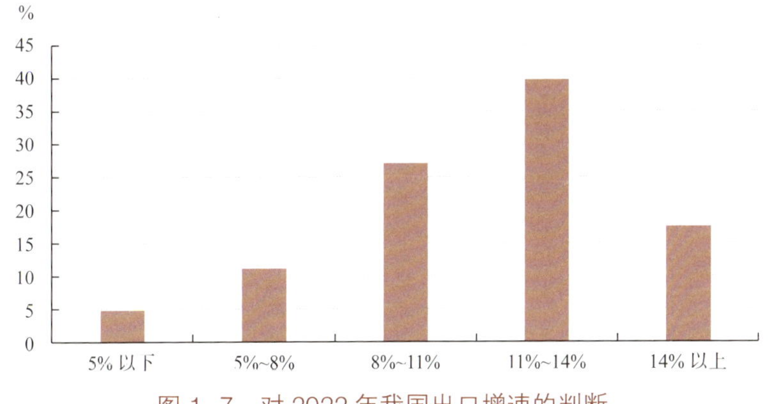

图 1-7　对 2022 年我国出口增速的判断

2021年全球疫情反复，新兴经济体生产迟迟未能恢复，海外供需缺口显著，我国出口增速保持了较高韧性，出口占全球的份额显著超出过去的历史高点。随着疫苗开发和接种速度加快，各国也积累了较为丰富的疫情防控经验，2022年全球生产能力有望继续恢复，我国出口市场占有率或将见顶回落。另外，随着各国财政刺激政策的退出、货币政策开始回归正常化，以及生产修复空间收窄，全球经济增速也将渐进放缓。在2021年高基数基础上，全球大宗商品价格或将下跌，出口价格对出口的支撑作用将明显减弱。预计2022年我国出口将有所减缓，由此更需稳住内需，从而缓冲出口增速的回落，避免因出口的波动影响国内经济稳定。

二、对物价和资本市场的判断

（一）预计居民消费价格指数涨幅：1.5%~2%

调查结果显示，44.44%的经济学家预计2022年居民消费价格指数（CPI）涨幅为1.5%~2%，33.33%的经济学家预计涨幅低于1.5%，14.29%的经济学家预计涨幅为2%~2.5%，6.35%的经济学家预计涨幅为2.5%~3%，1.59%的经济学家预计涨幅在3%以上（见图1-8）。

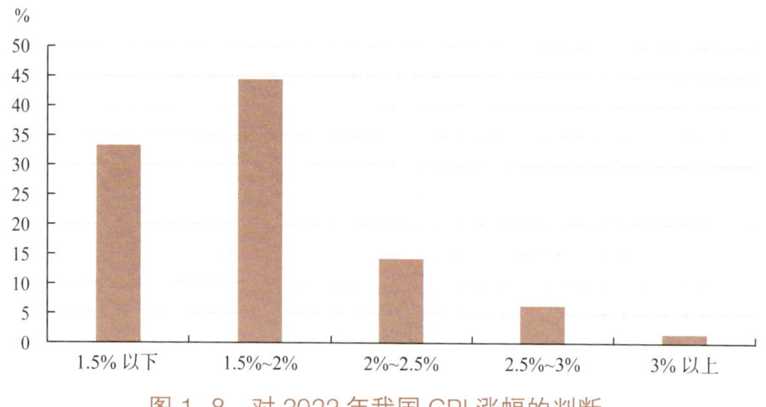

图 1-8　对 2022 年我国 CPI 涨幅的判断

2022年，CPI中枢整体呈现上升态势，全年或在2%左右。首先，2021年以来持续高企的大宗商品价格和原材料价格，将进一步向下游行业传导。

其次，由于猪价的快速下跌和粮食价格上涨，猪粮比连续多月低于盈亏平衡线，部分养殖户开始退出市场，生猪出栏量环比开始下降，猪价进入上升通道，猪肉价格有望逐步触底回升，猪肉价格对CPI的拉动将逐步由负转正，带动CPI中枢上行。但随着全球流动性收紧和国内需求的持续下滑，终端消费需求恢复将较为缓慢，CPI上行空间有限。

（二）预计工业生产者出厂价格指数：5%以上

调查结果显示，38.10%的经济学家预计2022年工业生产者出厂价格指数（PPI）涨幅将超过5%，34.92%的经济学家预计上涨4%~5%，11.11%的经济学家预计涨幅为3%~4%，12.70%的经济学家预计上涨2%~3%，3.17%的经济学家预计涨幅在2%以下（见图1–9）。

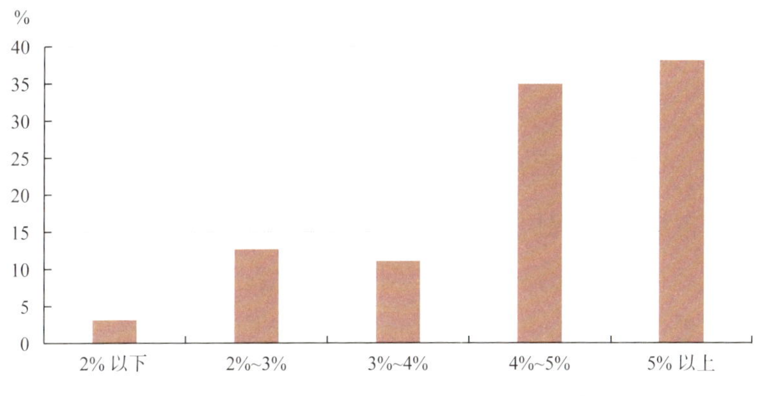

图 1–9　对 2022 年我国 PPI 涨幅的判断

2022年，我国PPI同比涨幅将明显回落。一是美国石油战略储备有可能加大投放，在油价高位背景下石油输出国组织（OPEC）增产动力更足，同时美联储货币政策收紧下美元走强，国际原油、天然气、矿产资源等工业初级产品价格进一步大幅上升的空间逐渐缩小。二是随着保供稳价政策的出台，煤炭供给逐渐增加，煤炭及金属产业链价格的调整将带动PPI下行。三是房地产开发投资和出口增速放缓，国内工业品需求趋弱，全球供应链持续恢复，全球工业品供给有望持续改善，全球工业品供需错配压力将得到一定程度的缓解。

（三）预计新建商品房价格走势：小幅下跌

调查结果显示，55.34%的受访者认为2022年受房地产企业违约影响，我国新建商品房价格走势将小幅下跌，31.20%的受访者认为将基本稳定，7.55%的受访者认为将小幅上涨，5.58%的受访者认为将大幅下跌，0.33%的受访者认为将大幅上涨（见图1-10）。

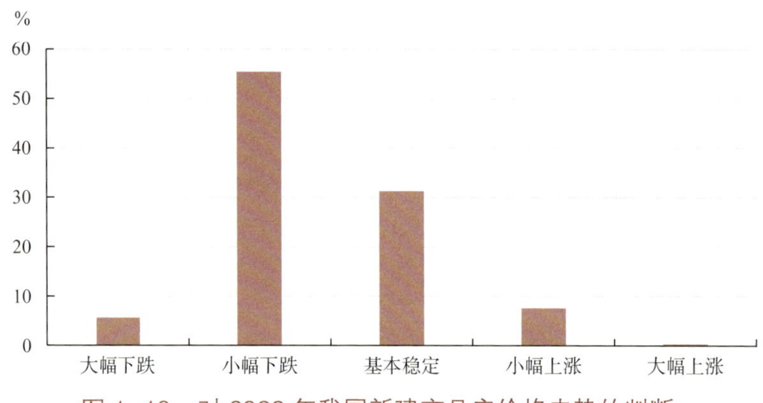

图 1-10　对 2022 年我国新建商品房价格走势的判断

房地产市场预期和外部融资环境是决定短期房地产价格走势的重要驱动力。从房地产市场预期来看，2021年以来，受个别房地产企业信用违约事件的影响，房地产企业倾向于通过降价等措施加快存量项目销售。同时，居民部门对房地产价格下降预期增强，购房积极性有所弱化，房地产市场购房需求趋弱。从房地产融资环境来看，部分重点城市纷纷出台房地产二手房交易指导价政策，居民部门住房金融供给受到较大约束。整体来看，2022年房地产价格趋降，但对于部分人口持续流入和产业集聚特征明显的一二线城市，房地产价格存在小幅上涨的可能性。面对市场分化，房地产调控应因城施策，既要抑制一二线热点城市房价过快上涨，又要防止三四线城市超速下跌。

（四）预计规模以上工业企业利润总额：增长10%~15%

调查结果显示，33.33%的经济学家预计2022年规模以上工业企业利润总额增长10%~15%，31.75%的经济学家预计增长15%~20%，19.05%的经济学家预计增长5%~10%，各有7.94%的经济学家预计增长在5%以下和20%以上（见图1-11）。

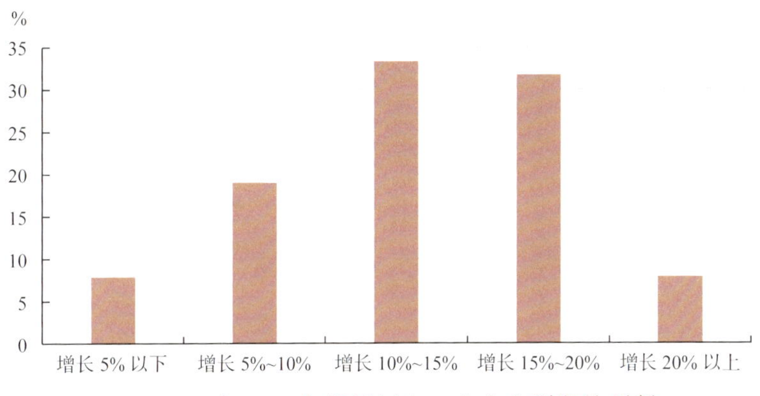

图 1-11　对 2022 年规模以上工业企业利润的判断

2021年，大宗商品价格上涨，出口持续超预期支撑我国规模以上工业企业利润显著改善。预计2022年，煤炭保供稳价政策将取得明显成效，煤炭价格持续回落，大宗商品价格有望保持回落态势。随着新一轮减税降费措施的实施，工业企业利润会有所提升。但从工业企业利润结构来看，伴随工业品出厂价格指数的回落和消费品价值指数的回升，中上游行业利润将趋于回落，下游制造业和消费品行业利润将明显改善。整体来看，预计2022年工业企业利润增速或将有所回落，但利润韧性仍然存在。

（五）预计上证综指：围绕3300~3700点的区间震荡

调查结果显示，52.38%的经济学家预计2022年上证综合指数将围绕3300~3700点的区间震荡，33.33%的经济学家预计将突破3800点，14.29%的经济学家表示难以判断，没有经济学家预计将大幅下行或大幅上行（见图1-12）。

2022年资本市场结构性机会大于趋势性机会。首先，从流动性的角度来看，稳健的货币政策灵活适度，保持流动性合理充裕，货币政策趋于宽松，全年无风险利率或稳中有降。其次，从盈利的角度来看，随着全球供应链的恢复，外需趋缓，国内经济下行压力较大，全年企业利润改善的空间有限。

最后，从风险偏好的角度来看，伴随注册制改革的深入实施，资本市场风险偏好有望改善。预计2022年资本市场难有趋势性的增长，但从结构上来看，在“十四五”期间助推经济高质量发展的产业政策指导下，符合我国经济转型升级与高质量发展的“专精特新”的高技术及高成长型制造业或将获得结构性的增长机会。

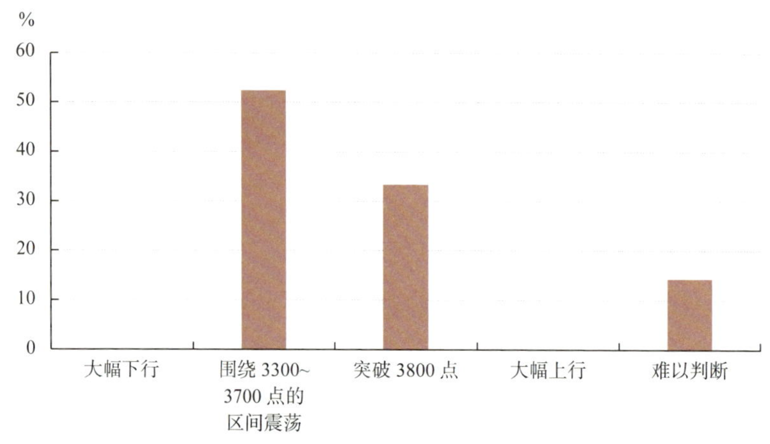

图 1-12　对 2022 年上证综指的判断

（六）预计上市商业银行合理市净率：0.6~0.8

调查结果显示，60.26%的受访者预计2022年上市商业银行的平均市净率为0.6~0.8，24.14%的受访者预计为0.8~1，8.37%的受访者预计在0.6以下，6.24%的受访者预计为1~1.2，0.99%的受访者预计在1.2以上（见图1-13）。

2021年第四季度，41家A股上市商业银行的平均估值水平为0.68倍市净率（PB）。展望2022年，一是银保监会严格要求银行业金融机构提高报表数据的真实性，以准确反映金融机构的资产质量、风险暴露和规模效益等，并提足拨备，加大不良资产的处置力度，增强金融机构抵御风险的能力，金融机构报表的真实性和抗风险能力有所提高。二是部分高杠杆房企流动性风险可能继续外溢，建筑及建材等房地产产业链违约风险或将上升，商业银行资产质量仍存在一定挑战。三是从历史估值来看，商业银行总体平均估值水平仍处于历史较低水平，随着商业银行经营业绩改善，信贷资产质量的持续提升，商业银行估值具备提升空间。

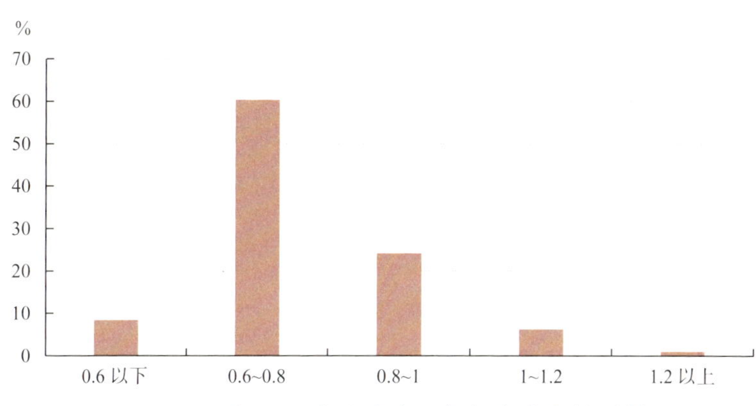

图 1–13　对 2022 年上市商业银行市净率的判断

（七）预计人民币兑美元中间价：围绕6.4小幅波动

调查结果显示，46.03%的经济学家预计2022年人民币兑美元中间价围绕6.4小幅波动，19.05%的经济学家预计围绕6.4大幅波动，14.29%的经济学家预计单边升值，7.94%的经济学家预计单边贬值，12.70%的经济学家表示难以判断（见图1–14）。

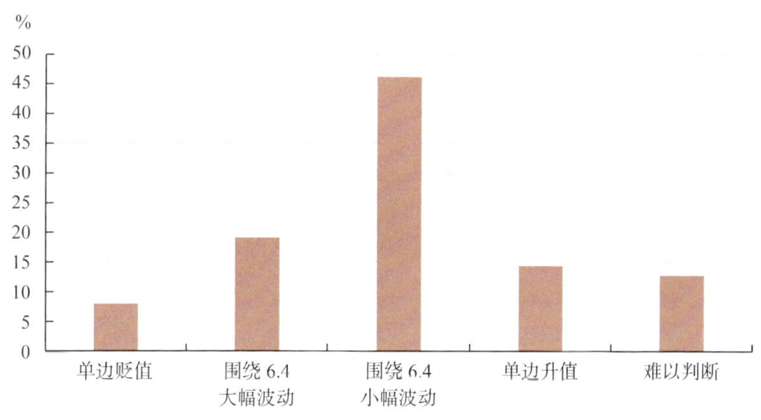

图 1–14　对 2022 年人民币兑美元中间价的判断

2021年，我国经济稳定增长和大规模的外汇顺差支撑着人民币汇率保持了较强韧性。2022年，预计人民币兑美元中间价将围绕6.4小幅波动。一方面，我国经济下行压力较大，出口动能趋缓，外贸顺差有望收窄。出口趋缓和资本流出加剧将降低对人民币换汇的需求，中美货币政策分化也不利于人民币继续升值。另一方面，2021年5月和12月，人民银行两次上调金融机构外汇存款准备金率，以抑制人民币兑美元快速升值。人民银行也多次强调，增强人民币汇率弹性，保持人民币汇率在合理均衡水平上的基本稳定。

三、对宏观经济政策的判断

（一）预计广义货币增速：8%以上

调查结果显示，53.97%的经济学家预计2022年我国广义货币（M2）增速为8%~10%，34.92%的经济学家预计增速在6%~8%，9.52%的经济学家预计增速在10%以上，1.59%的经济学家预计增速在6%以下（见图1–15）。

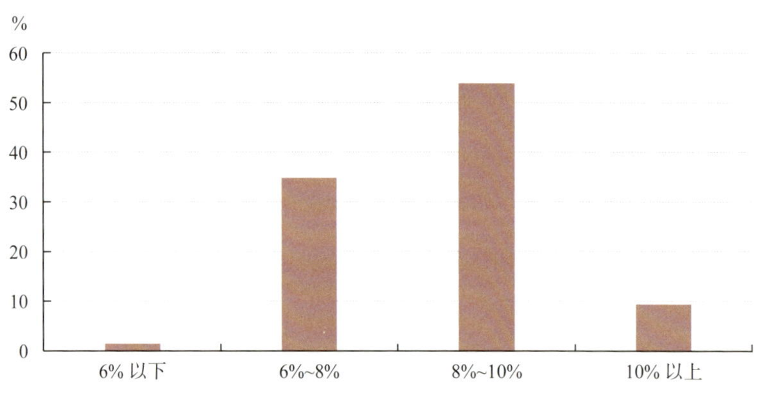

图 1–15　对 2022 年我国广义货币增速的判断

2021年以来，M2两年平均增速为9.5%左右，与同期两年平均名义GDP增速相匹配。中央经济工作会议强调，推动经济实现质的稳步提升和量的合理增长，稳健的货币政策要灵活适度，保持流动性合理充裕。人民银行年度工作会议指出，综合运用多种货币政策工具，保持流动性合理充裕，增强信贷总量增长的稳定性，加大对实体经济的支持力度，保持货币供应量和社会融资规模增速同名义经济增速基本匹配。2022年，按照稳增长的政策导向，广义货币增速或略高于名义GDP增速，为扩内需、稳增长提供较强的信用支持。按照2022年8%左右的名义GDP测算，全年的广义货币增速有望保持在8%以上。

（二）预计社会融资规模存量增速：10%~12%

调查结果显示，57.14%的经济学家预计2022年我国社会融资规模存量增速在10%~12%，31.75%的经济学家预计增速在8%~10%，4.76%的经济学家预计增速为12%~14%，各有3.17%的经济学家预计增速在8%以下和14%以上（见图1–16）。

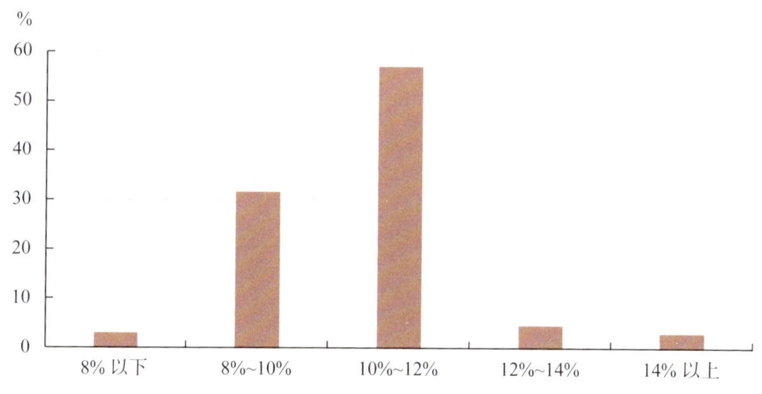

图 1–16　对 2022 年我国社会融资规模存量增速的判断

中央经济工作会议强调，财政政策和货币政策要协调联动，跨周期和逆周期宏观调控政策要有机结合。人民银行货币政策委员会2021年第四季度例会指出，稳健的货币政策要灵活适度，增强前瞻性、精准性、自主性，发挥好货币政策工具的总量和结构双重功能，更加主动有为，加大对实体经济的支持力度，增强信贷总量增长的稳定性，保持宏观杠杆率基本稳定，增强经济发展韧性，稳定宏观经济大盘。经济增长向潜在增速回归，稳增长政策发力，新一轮宽信用开启，金融机构人民币贷款有望实现较快增长，其中，制造业贷款、绿色和普惠贷款将保持较快增长。同时，适度超前开展基础设施投资要求加大政府债融资和基建贷款规模。随着“资管新规”过渡期结束，表外融资压降速度相对放缓。全面实行股票发行注册制，企业债、股票发行等直接融资将增加。综合来看，2022年我国社会融资规模存量增速为10%~12%。

（三）预计公共财政支出增速：2%~3%

调查结果显示，52.38%的经济学家预计2022年我国公共财政支出增速在2%~3%，38.10%的经济学家预计增速为3%~4%，6.35%的经济学家预计增速为4%~5%，3.17%的经济学家预计增速在2%以下（见图1–17）。

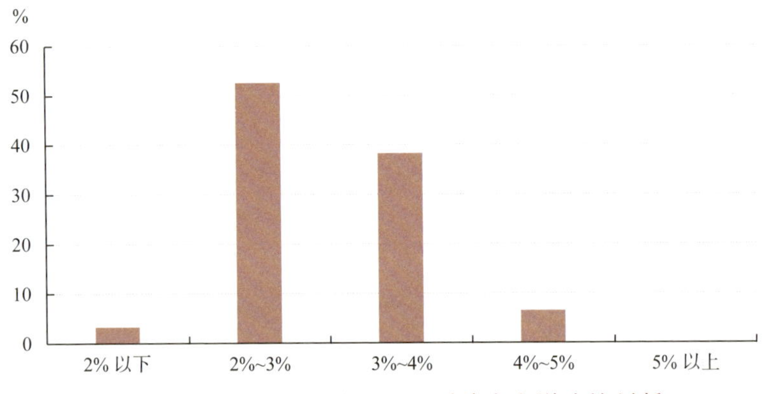

图 1–17　对 2022 年我国公共财政支出增速的判断

中央经济工作会议强调，要以经济建设为中心，着力稳定宏观经济大盘，各地区各部门要担负起稳定宏观经济的责任，各方面要积极推出有利于经济稳定的政策，保证财政支出强度，加快支出进度。全国财政工作会议也指出，要保持适当支出强度，提高支出精准度；合理安排地方政府专项债券，保障重点项目建设；充分挖掘国内需求潜力，发挥财政稳投资促消费的作用；管好用好专项债券资金，拉动有效投资；适度超前开展基础设施投资，发挥政府投资引导带动作用；优化收入分配结构，推动消费持续恢复。综合以上政策要点来看，预计2022年全年公共财政支出速度较2021年明显加快，考虑到坚决遏制新增地方政府隐性债务、房地产行业整体增长放缓、财政政策更加注重精准及可持续发展等要求，全年的公共财政支出或将依赖稳增长效果。

（四）预计宏观杠杆率：小幅下降

调查结果显示，42.86%的受访者预计2022年我国宏观杠杆率将小幅下降，40.72%的受访者预计基本持平，13.30%的受访者预计小幅上升，2.79%的受访者预计大幅下降，0.33%的受访者预计大幅上升（见图1–18）。

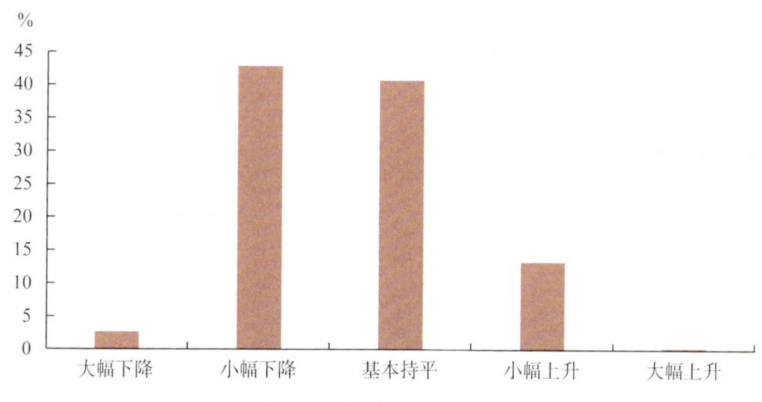

图 1–18　对 2022 年我国宏观杠杆率的判断

《中国金融稳定报告（2021）》指出，2020年疫情导致名义GDP增速放缓是推升我国宏观杠杆率的重要因素，贡献率达58.4%。自2021年以来，随着名义GDP增速的持续回升，我国宏观杠杆率已有回落。当前，宏观调控政策对实体经济的传导更加通畅，债务资金使用效率明显提高，以相对较少的新增债务资金支持经济较快恢复至合理区间。预计2022年，伴随社会融资结构的改善、金融支持实体经济效率的提升及经济回归常态化增长，宏观杠杆率有望保持相对稳定或略有下降。

（五）预计货币政策措施：结构性降息

调查结果显示，50.79%的经济学家认为2022年我国货币政策措施是结构性降息，41.27%的经济学家认为是政策利率保持稳定，各有3.17%的经济学家预计为全面降息和结构性加息，1.59%的经济学家认为是全面加息（见图1–19）。

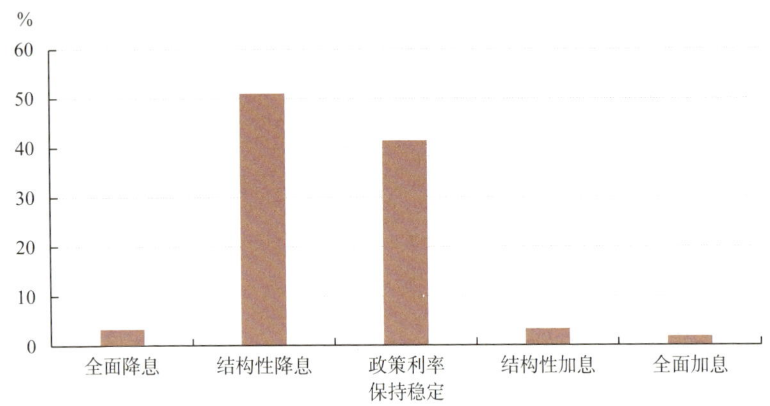

图 1–19　对 2022 年我国货币政策措施的判断

《2021年第三季度中国货币政策执行报告》强调，稳健的货币政策要灵活精准、合理适度，以我为主，稳字当头，要根据国内经济形势和物价走势把握好政策力度和节奏。当前，中美经济周期存在较大错位，美国经济仍处于复苏的轨道之上，政策约束主要源于通货膨胀，美联储货币政策呈趋紧态势，加息预期不断升温。而对于中国而言，通胀形势基本可控，但经济下行压力加大，有必要采取更为宽松的货币政策，以适度扩大有效需求，稳定经济增长。为此，面对国内短期稳增长和长期调结构的客观需求，以及应对美联储货币政策外溢冲击的现实约束，我国货币政策大概率以结构性降息政策为主。

（六）预计LPR报价的调整幅度：基本持平

调查结果显示，49.21%的经济学家预计2022年1年期贷款市场报价利率（LPR）报价将与2021年基本持平，36.51%的经济学家预计将小幅下降，11.11%的经济学家预计将小幅上升，3.17%的经济学家预计将大幅下降，没有经济学家预计将大幅上升（见图1–20）。

疫情以来，再贷款、再贴现等结构性货币政策工具成为人民银行支持疫情防控、绿色经济、小微企业等的重要抓手。考虑到中美经济周期错位、推动结构性改革及稳增长等现实需要，人民银行的政策重心依然是通过结构性货币政策工具发力。人民银行年度工作会议指出，健全市场化利率形成和传导机制，推动企业综合融资成本稳中有降，金融系统继续向实体经济让利。LPR定价由中期借贷便利（MLF）利率和银行自主加点构成，在稳定政策利率的指导下，关键是要推动降低商业银行的负债成本，引导LPR定价适度下降，实现推动企业综合成本稳中有降的初衷，进而支持扩内需、稳增长和促改革。

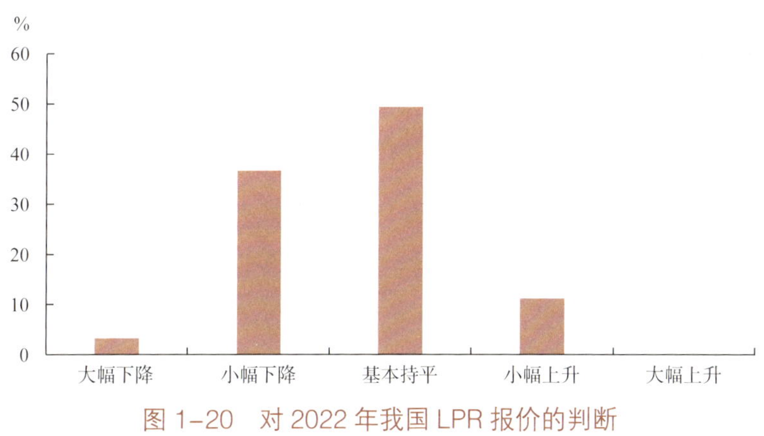

图 1-20　对 2022 年我国 LPR 报价的判断

四、对深化改革和金融监管的判断

（一）当前我国经济面临的主要问题：外部环境压力增大与疫情不确定性

调查结果显示，76.19%的经济学家认为当前我国经济面临的主要问题是外部环境压力增大，55.56%的经济学家认为是疫情不确定性，46.03%的经济学家认为是房地产市场调整，44.44%的经济学家认为是地方政府债务压力，31.75%的经济学家认为是人口老龄化，28.57%的经济学家认为是技术“卡脖子”难题，9.52%的经济学家认为是区域经济分化（见图1-21）。

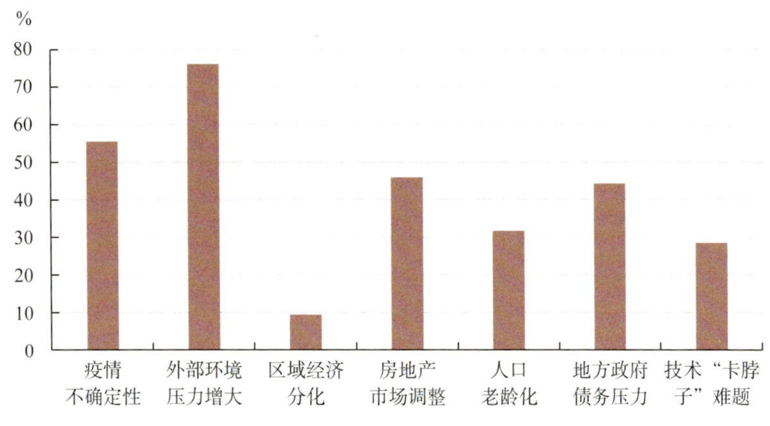

图 1-21　对当前我国经济面临的主要问题的判断

中央经济工作会议指出，2021年以来，我国经济发展遇到的新挑战交织叠加，超出预期，面临需求收缩、供给冲击、预期转弱的三重压力。疫情冲击下，百年变局加速演进，外部环境更趋复杂严峻和不确定。一方面，当前全球经济下行压力比较大，尤其是2022年全球经济预期放缓，外部需求将会收缩。考虑到以美国为首的一些西方国家对我国采取遏制与竞争战略，贸易摩擦加剧，全球贸易、投资和科技领域的保护主义持续升级，我国经济面临的外部发展环境将更加复杂。另一方面，疫情仍然存在反复，疫情的传染不仅仅造成人口流动和经济活动停滞，而且对各国的政策空间也产生较大影响，疫情冲击带来的一系列不确定性同样值得关注。

（二）房产税的推出对住房市场的影响：不同城市房价分化将明显加大

调查结果显示，47.62%的经济学家认为房产税的推出对住房市场的影响是不同城市房价分化将明显加大，22.22%的经济学家认为中长期房价将维持平稳走势，15.87%的经济学家认为中长期房价将有所下降，14.29%的经济学家认为短期房价下降压力加大（见图1–22）。

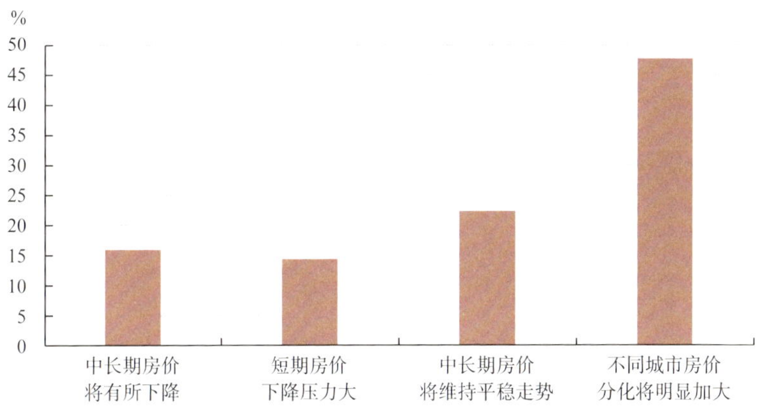

图 1-22　对房产税的推出对住房市场影响的判断

2021年10月，全国人大常委会授权国务院在部分地区开展房产税改革试点工作。从短期来看，考虑到房地产具有一定的投资属性，征收房产税会在边际上增加投资者的持有成本，进而降低投资者的购房需求，从而起到抑制房地产需求、降低房地产价格的效果。根据清华大学的测算，2011年上海市房产税试点的实施使上海市的房地产价格比预计少上涨15%。从长期来看，房地产价格的变化主要依赖土地和人口等要素，房产税与房地产价格变化并无直接关系。未来一二线等重点城市人多地少，在需求刚性支撑下，房价还有上涨空间，而三四线等人口净流出的城市，房价存在较大的下跌压力，房产税的出台或将加剧不同城市间的房价分化。

（三）地方性金融机构管控工作的重点：加强全面风险管理、强化资本约束管控和完善风险处置机制

调查结果显示，66.67%的经济学家认为2022年加强地方性金融机构管控工作的重点在于加强全面风险管理，各有57.14%的经济学家认为是强化资本约束管控和完善风险处置机制，47.62%的经济学家认为是完善内部控制，46.03%的经济学家认为是健全公司治理，17.46%的经济学家认为是限制异地展业规模（见图1-23）。

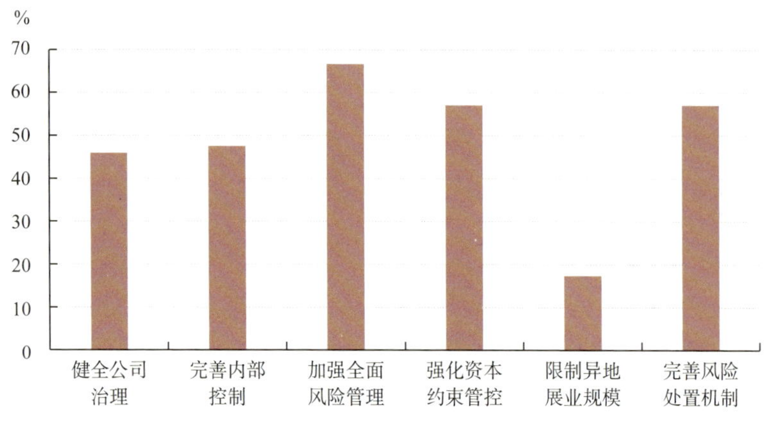

图 1–23　对地方性金融机构管控工作重点的判断

国务院金融稳定发展委员会会议要求，以优化金融供给侧体系为目标，坚持问题导向，标本兼治，深化改革，加强监管，促进微观治理机制见效、地区金融生态改善。具体而言就是健全治理，规范经营。一是地方性金融机构要完善公司治理，加强风险管理，建立全面风险管理体系，强化审慎经营。二是地方性金融机构要强化资本约束管理，不过度追求规模扩张和发展速度。此外，按照“早发现、早识别、早处置”的风险处置原则，建立协调一致的地方性金融机构风险处置机制，进一步厘清中央和地方不同类别机构风险处置责任的内涵，明确处置责任，并赋予其灵活有效的处置工具。

（四）金融严监管对我国金融业的主要影响：金融乱象得到有效遏制和金融机构合规意识明显增强

调查结果显示，79.37%的经济学家认为金融严监管对我国金融业带来的主要影响是金融乱象得到有效遏制，61.90%的经济学家认为是金融机构合规意识明显增强，55.56%的经济学家认为是金融机构整体风险得到有效防控，26.98%的经济学家认为是金融创新有所抑制，23.81%的经济学家认为是不良资产处置成果显著，14.29%的经济学家认为是公司治理得到优化（见图1–24）。

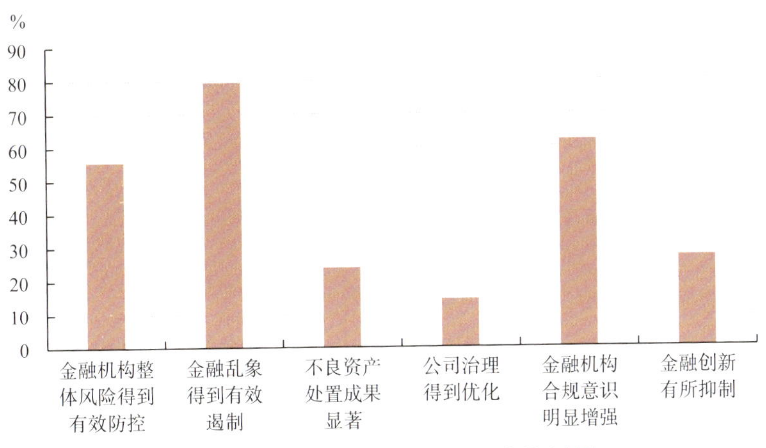

图 1-24　对金融严监管的影响的判断

2017年第五次全国金融工作会议以来，金融监管部门加快补齐监管制度短板，对国内金融机构各类违法违规行为保持了高压态势。以2020年银保监会的处罚为例，全年银保监会系统开出的罚单高达6963张，罚没金额达17.58亿元。监管处罚事由涵盖贷前调查与贷后管理不尽职，违规发放个人贷款和信贷资金被挪用，信贷资金违规“输血”房地产、股市，“瞒报风险”藏匿不良等方面。在严监管态势之下，金融机构的审慎经营理念得到强化，金融乱象得到有效遏制，金融机构公司治理机制、内部控制体系更趋完善，金融机构合规意识明显增强。

（五）低碳转型中潜在信用风险应对策略：将碳排放因素纳入全面风险管理

调查结果显示，68.25%的经济学家认为对于低碳转型中潜在信用风险，金融机构的应对策略是将碳排放因素纳入全面风险管理，58.73%的经济学家认为是加快碳金融产品和业务创新，44.44%的经济学家认为是审慎开展高碳企业信用投放业务，39.68%的经济学家认为是助力传统高碳企业绿色转型，31.75%的经济学家认为是加大对低碳行业的信用投放力度，26.98%的经济学家认为是及时足额计提高碳资产减值准备（见图1-25）。

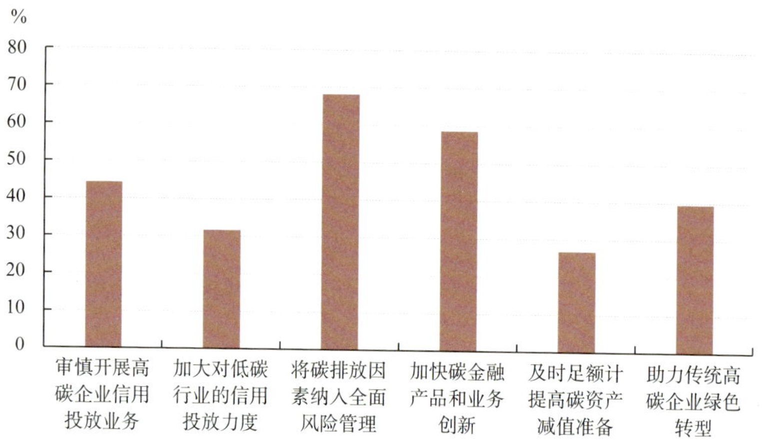

图 1–25　对金融机构应对低碳转型中潜在信用风险策略的判断

低碳转型风险主要源于政府减排措施及由此带来的合规压力。对于金融企业而言，碳减排风险将成为常态化的风险来源，碳排放权交易等带来的市场化的碳定价机制，则是低碳转型风险的主要压力点。应对碳减排风险和碳信用风险，金融机构应该采取的措施是将碳排放风险纳入全面风险管理，从风险管理策略、风险管理措施、风险管理的组织职能体系、风险管理信息系统和内部控制系统等方面，全面强化碳信用风险管控。从产品的角度，金融机构应加大碳金融业务研发，充分考虑市场需求，可以联合控排企业创新推出更多的节能减排业务，以促进自身业务能力的提升。

（六）防止激进式“碳减排”的措施：构建全国统一的碳排放权交易市场和弹性化的碳减排考核机制

调查结果显示，52.38%的经济学家认为防止激进式“碳减排”的有效措施是构建全国统一的碳排放权交易市场，50.79%的经济学家认为是构建弹性化的碳减排考核机制，46.03%的经济学家认为是构建跨区域的碳排放补贴机制，42.86%的经济学家认为是分行业制定碳减排目标，各有41.27%的经济学家认为是中央统一规划分配各地区碳减排目标和客观认识碳排放的短期波动（见图1–26）。

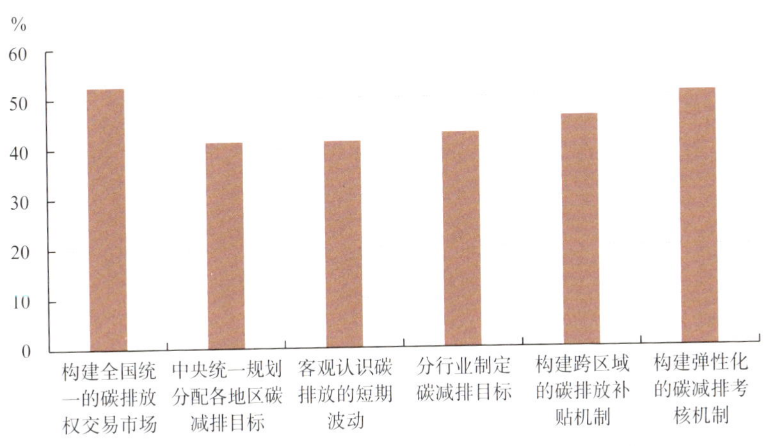

图 1-26　对防止激进式“碳减排”措施的判断

中央经济工作会议明确要求，要正确认识和把握碳达峰、碳中和。实现碳达峰、碳中和是一项复杂工程和长期任务，目标上要坚定不移，策略上要稳中求进，要充分考虑国内能源结构、产业结构等基本国情，通盘谋划，先立后破，不能影响经济社会发展全局。要科学考核，创造条件尽早实现能耗“双控”向碳排放总量和强度“双控”转变，加快形成减污降碳的激励约束机制，防止简单层层分解。具体而言，可以构建全国统一的碳排放权交易市场，引入更多金融机构和包括碳衍生品在内的金融产品，激发碳市场价格发现功能，运用市场化定价机制，约束排放，激励减排，引导跨期投资，推动低碳技术研发。同时，碳排放权市场的建立与碳排放考核机制密不可分，只有建立弹性化的碳减排考核机制，才能更好地发挥地方政府的碳减排积极性，避免碳减排“一刀切”。

五、对我国金融体系风险的判断

（一）2022年系统性金融风险：基本稳定

调查结果显示，相较于2021年，43.02%的受访者认为2022年我国金融体系的系统性金融风险基本稳定，28.74%的受访者认为将缓慢上升，21.18%的受访者认为会缓慢下降，6.08%的受访者认为是加速上升，0.99%的受访者认为是加速下降。综合来看，2022年我国金融体系的系统性风险将基本稳定（见图1–27）。

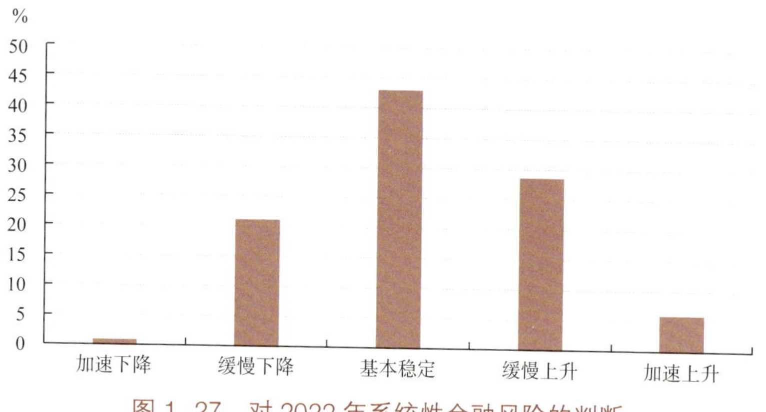

图 1–27　对 2022 年系统性金融风险的判断

自2021年以来，房地产行业流动性风险演变成为研判系统性金融风险的关键变量。个别房地产企业流动性风险对整个房地产行业及关联上下游企业的流动性产生了较大影响。从整个房地产行业来看，房地产企业的流动性风险主要是源于高杠杆快速扩张模式下资产负债的不匹配带来的流动性压力，目前尚未诱发大规模的资产价格下滑压力。同时，监管部门出台支持房地产企业兼并重组等一系列支持政策，房地产行业的信用风险外溢效应有望得到控制。从金融体系来看，近年来，房地产金融持续处于严监管态势，金融体系生态健康度和韧性都有所提升，同时金融机构前期较高拨备和利润可以有效防范风险扩散，房地产行业信用违约风险不会对金融体系产生系统性的冲击。整体来看，我国金融体系的系统性风险将保持基本稳定。

（二）2022年债券市场违约情况：违约主体和违约金额双升

调查结果显示，57.07%的受访者认为2022年我国债券市场违约趋势为违约主体和违约金额同步增加，18.75%的受访者认为违约主体减少、违约金额增加，12.23%的受访者认为违约主体增加、违约金额下降，11.96%的受访者认为违约主体和违约金额同步减少（见图1–28）。

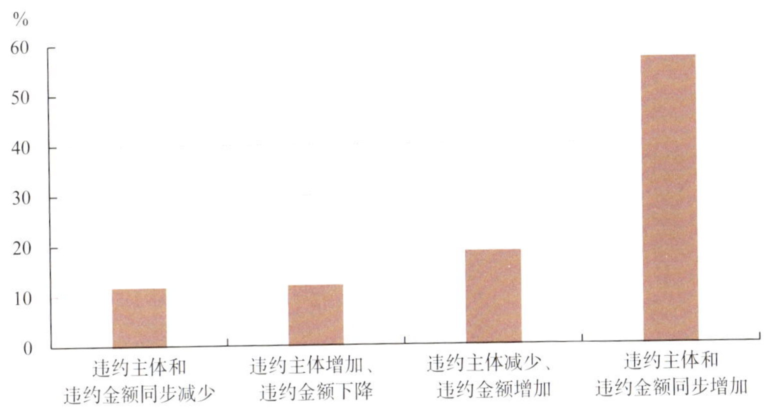

图 1-28　对 2022 年我国债券市场违约情况的判断

信用债违约风险的演变特征与经济增长波动和结构转型紧密相关。预计2022年，中国经济增速放缓将对部分行业造成信用风险暴露压力，尤其是前期价格上涨较多的上游资源型企业，有可能面临较大的信用违约风险。随着房地产调控政策持续深化，再融资难度较大且资金周转缓慢的民营房企或将加速风险暴露。在中央严控地方政府新增隐性负债的背景下，对于土地财政依赖较高、受房地产风险影响较大且债务到期比例较高的部分地区，地方融资平台若再融资受限，也将面临较大的流动性风险和偿债压力。中长期内，我国经济面临较大的低碳转型压力，低碳转型必然带来高碳相关行业信用风险的持续暴露。总体来看，全年信用债违约主体和违约金额或将呈现双增的局面。

（三）突出的"黑天鹅"式风险：美国对华挑起冲突与疫情反弹

调查结果显示，63.49%的经济学家认为2022年我国宏观经济中较为突出的"黑天鹅"式风险是美国对华挑起冲突，53.97%的经济学家认为是新冠肺炎疫情反弹，各有47.62%的经济学家认为是国际能源价格超预期上涨和资本市场大幅波动超预期，33.33%的经济学家认为是局部战争，20.63%的经济学家认为是货币政策超预期紧缩，1.59%的经济学家认为是其他风险如国际大宗商品价格上涨（见图1-29）。

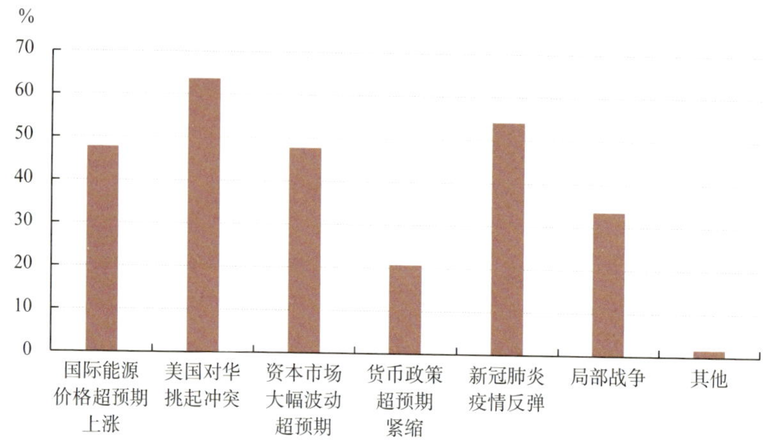

图 1-29　对 2022 年我国宏观经济中“黑天鹅”式风险的判断

2021年上半年，中美经贸关系和全球疫情发生了积极变化，但由于美国对华战略的中长期调整，以及全球疫情的复杂性，美国对华政策和疫情形势的变化仍然是我国经济面临的最不确定性事件。2018年3月以来，中美两国摩擦由经贸逐步扩展到科技、金融、人权等诸多领域，中美两国博弈将呈现长期化、复杂化的常态趋势，未来两国将继续在多个领域展开全方位竞争。美国对华政策超预期仍是我国经济领域必须重点防范的风险。此外，2021年末，新冠病毒的新变种奥密克戎席卷全球多个国家，其高传播率与感染率也将是中国疫情防控必须面临的挑战。

（四）突出的“灰犀牛”式风险：房地产企业和地方融资平台违约

调查结果显示，77.78%的经济学家认为2022年我国宏观经济中较为突出的“灰犀牛”式风险是房地产企业违约，65.08%的经济学家认为是地方融资平台违约，49.21%的经济学家认为是中小金融机构违约，38.10%的经济学家认为是中小企业破产，33.33%的经济学家认为是金融机构不良资产，11.11%的经济学家认为是地方国有企业违约（见图1-30）。

自2021年以来，部分高杠杆房地产企业信用违约风险和地方融资平台信用违约风险已有所显现。考虑到市场预期的调整和变化，房地产及地方融资平台相关风险仍存在较大的不确定性。一是中央经济工作会议强调，要探索新的发展模式，因城施策促进房地产业良性循环和健康发展。房地产行业发展模式正在面临新的调整和变革，房地产行业将会持续面临较大的转型压力和信用风险暴露压力。二是中央要求坚决遏制新增地方政府隐性债务，推动地方融资平台市场化转型，同样将对地方融资平台带来较大的信用风险释放压力。可以预判，2022年我国宏观经济中“灰犀牛”式风险主要集中在房地产和地方融资平台。

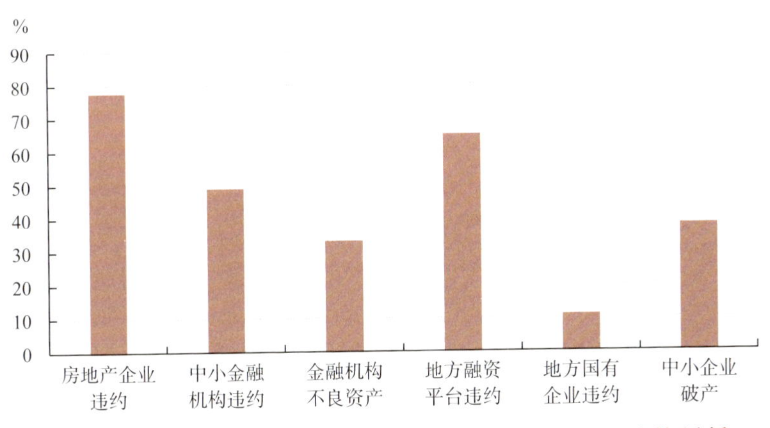

图 1-30　对 2022 年我国宏观经济中“灰犀牛”式风险的判断

（五）突出的信用违约主体：房地产企业和地方融资平台公司

调查结果显示，84.13%的经济学家认为2022年我国宏观经济中信用违约风险较为突出的主体是房地产企业，71.43%的经济学家认为是地方融资平台公司，53.97%的经济学家认为是民营企业，各有19.05%的经济学家认为是地方国有企业和地方政府，9.52%的经济学家认为是家庭部门（见图1-31）。

自2021年以来，地方融资平台和房地产企业是被融资监管政策调整最为密集的主体。一方面，在房地产融资新规、房地产企业贷款集中度管理、房地产项目资金监管政策等一系列政策下，房地产企业面临持续的融资约束。另一方面，伴随银保监会出台《银行保险机构进一步做好地方政府隐性债务风险防范化解工作的指导意见》（银保监发〔2021〕15号，以下简称“15号文”）等系列监管政策，地方融资平台同样面临严格的融资限制。房地产企业和地方融资平台的现金流长期依赖借新还旧来维持资金周转，面对房地产行业的大变革、土地出让收入的冲击等因素，地方融资平台和房地产企业应该是最值得关注的信用违约主体。

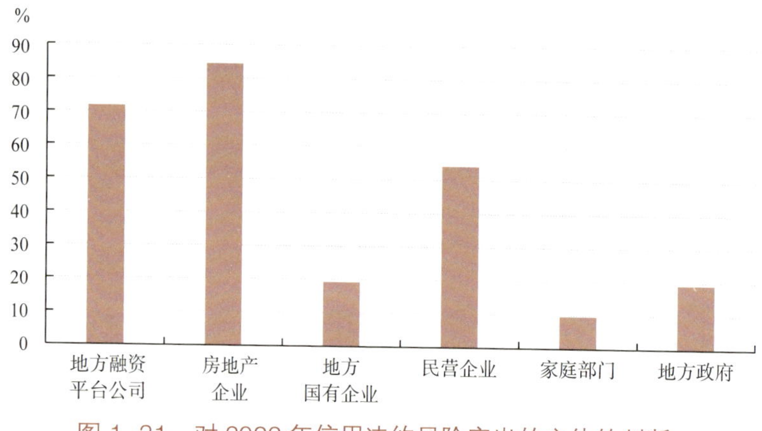

图 1-31　对 2022 年信用违约风险突出的主体的判断

（六）不良资产风险突出的区域：东北、西部和环渤海地区

调查结果显示，79.37%的经济学家认为未来一段时间，我国不良资产风险较为突出的地区是东北地区，61.90%的经济学家认为是西部地区，55.56%的经济学家认为是环渤海地区，36.51%的经济学家认为是中部地区，11.11%的经济学家认为是长三角地区，9.52%的经济学家认为是珠三角地区（见图1-32）。综合来看，未来一段时间，东北地区将是不良资产风险最为突出的区域。

区域不良资产风险与区域经济增长和区域金融生态紧密相关。自2021年以来，东北地区和环渤海地区的不良贷款率整体呈现小幅上升态势。以工商银行披露的区域不良率数据为例，截至2021年6月末，工商银行长江三角洲、珠江三角洲、环渤海地区、中部地区、西部地区和东北地区不良贷款率分别为1.25%、0.96%、2.57%、1.36%、1.23%和3.90%。相比2021年初，环渤海地区和东北地区的不良贷款率分别上升0.2个和0.52个百分点。考虑到东北地区、环渤海地区和西部等地传统经济占比高，未来一段时间经济增长模式转型压力仍然较大，叠加地方金融资源供给状况、区域财政对地方经济的支持力度等多重因素，东北地区、环渤海地区和西部地区等区域的不良资产风险更值得重视和关注。

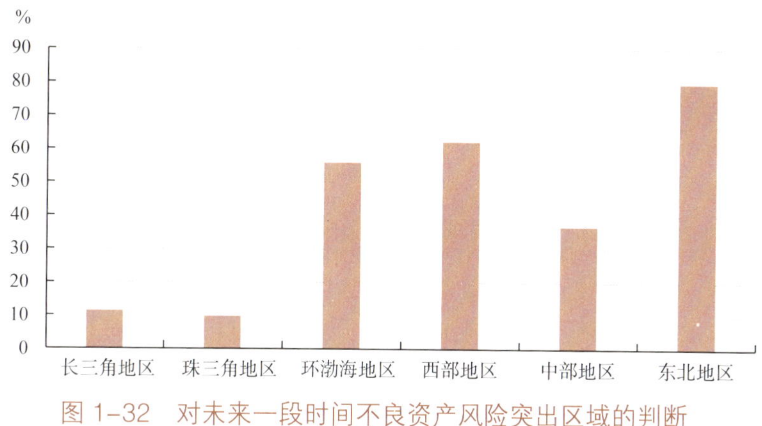

图 1-32　对未来一段时间不良资产风险突出区域的判断

（七）2022年地方融资平台及地方国有企业债务违约风险：小幅上升

调查结果显示，43.84%的受访者认为2022年地方融资平台及地方国有企业的债务违约风险将小幅上升，27.91%的受访者认为是基本持平，17.90%的受访者认为会小幅下降，7.55%的受访者认为会大幅上升，2.79%的受访者认为将大幅下降（见图1-33）。

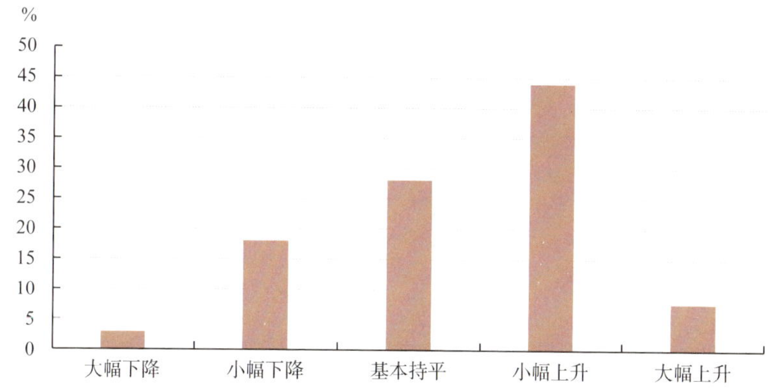

图 1-33　对 2022 年地方融资平台及地方国有企业债务违约风险的判断

前文提及的银保监会“15号文”中明确禁止了地方融资平台新增流动性融资，地方融资平台的再融资能力会受到较大影响。同时，中央经济工作会议强调，坚决遏制新增地方政府隐性债务。由于房地产行业信用风险暴露，土地市场交易放缓，流拍增多，地方财政收入受到较大影响，地方融资平台经营性收入和现金流面临较大压力。综合来看，2022年地方融资平台的违约风险存在一定的上升压力。

六、对房地产领域风险化解的判断

（一）金融风险防控优先关注的领域：房地产违约风险

调查结果显示，73.02%的经济学家认为当前金融风险防控应优先关注的领域是房地产违约风险，58.73%的经济学家认为是高风险金融机构识别与处置，55.56%的经济学家认为是大型实体企业债务违约风险，42.86%的经济学家认为是互联网平台企业金融风险，33.33%的经济学家认为是区域性金融风险隐患，17.46%的经济学家认为是非法集资风险（见图1–34）。

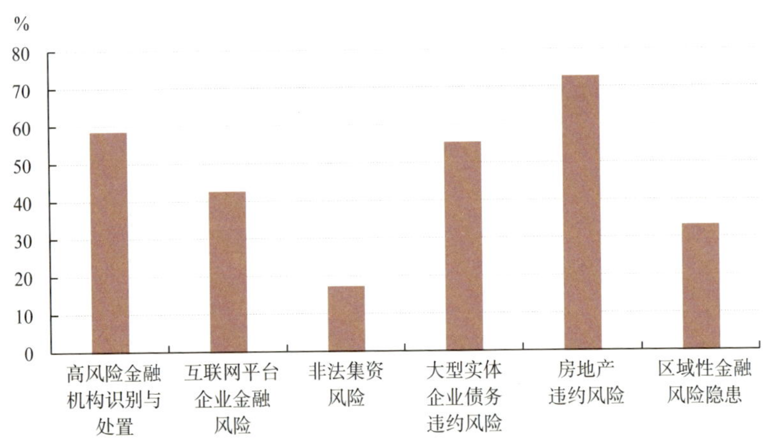

图 1–34　对金融风险防控优先关注领域的判断

房地产领域风险极易导致商业银行、信托等金融机构资产质量大幅下迁，资产负债表脆弱性升高，进而诱发系统性金融风险。根据人民银行公布的信贷数据粗略估算，目前金融体系与房地产领域紧密关联的资产规模可能达100万亿元，大约相当于金融体系资产规模的三分之一。同时，房地产项目与居民部门的切身利益密切相关，房地产项目风险极易演化为社会风险。房地产行业投资体量庞大、产业链延伸广，对宏观经济平稳增长具有直接重要影响，若房地产业增速过快下滑，将会显著加大宏观经济失速风险。根据机构测算，中国房地产业和关联行业占我国GDP的30%以上，其中房地产业约占11%，而关联产业占20%以上。为此，我国必须高度重视防范和化解房地产领域风险。

（二）2022年不良贷款规模将显著增加的行业：房地产业

调查结果显示，87.30%的经济学家认为2022年我国不良贷款规模将显著增加的行业是房地产业，36.51%的经济学家认为是文化旅游服务业，34.92%的经济学家认为是建筑业，33.33%的经济学家认为是制造业，25.40%的经济学家认为是租赁和商务服务业，各有12.70%的经济学家认为是采矿业和交通运输业，11.11%的经济学家认为是批发零售业（见图1-35）。

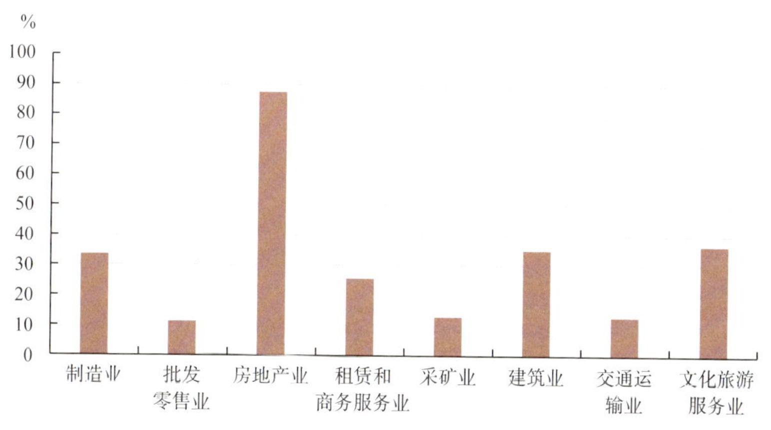

图 1-35　对 2022 年不良贷款显著增加行业的判断

自2021年以来，伴随我国经济稳步复苏，企业利润改善，商业银行资产质量稳步好转，但行业间的信贷分化特征明显。其中，房地产行业的不良贷款增速和不良贷款率呈现持续上升态势。以28家上市商业银行2021

年半年报披露的房地产行业不良贷款数据来看，房地产贷款不良额较2021年初增长34.80%，增速显著高于商业银行不良贷款整体增速。2022年，房地产企业面临的流动性风险尚未得到完全缓解，部分高杠杆房地产企业仍然面临较大的再融资和偿债压力。考虑到房地产销售持续放缓、房地产项目预售资金监管趋严等，房地产企业商业模式正在面临大的变革和调整，房地产行业整体的信用风险仍将持续暴露，不良贷款余额或仍将快速上升。

（三）2022年房地产债务违约风险：缓慢上升

调查结果显示，50.79%的经济学家预计2022年房地产企业发生债务违约风险将缓慢上升，20.63%的经济学家预计将基本稳定，14.29%的经济学家预计将加速上升，12.70%的经济学家预计会缓慢下降，1.59%的经济学家预计会加速下降（见图1–36）。

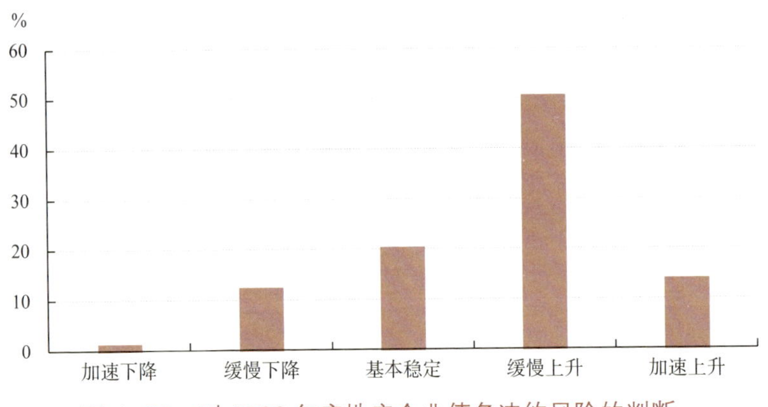

图 1–36　对 2022 年房地产企业债务违约风险的判断

自2020年以来，监管部门和地方政府密集发布针对房地产的调控政策，调控力度大、覆盖范围广，导致房地产企业现金流压力持续增大，房地产行业信用风险明显上升。房地产“三道红线”融资新规限制了房地产企业的再融资能力，房地产贷款集中度管理抑制了居民部门的抵押贷款获取能力，二手房交易指导价格政策加大了居民部门购房的杠杆约束，房地产企业经营现金流和融资现金流持续承压。2022年，房地产企业整体处于债务到期的高峰，房地产行业销售额和利润率的下滑或将进一步侵蚀房地产企业的现金流，而资金面持续偏紧则增加了房地产企业再融资的风险，预计房地产企业债务违约风险仍将缓慢上升。

（四）受房地产企业“爆雷”事件冲击影响最明显的主体：民营房地产企业

调查结果显示，61.41%的受访者认为2022年受房地产企业“爆雷”事件冲击影响最为明显的主体是民营房地产企业，16.91%的受访者认为是中小金融机构，10.34%的受访者认为是地方城投，8.21%的受访者认为是全国性金融机构，1.97%的受访者认为是地方政府，1.15%的受访者认为是国有房地产企业（见图1–37）。

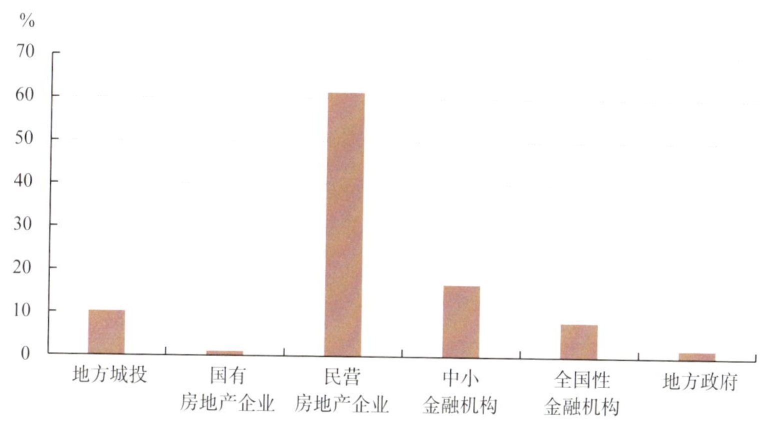

图 1–37　对房地产企业“爆雷”事件冲击影响明显的主体的判断

自2021年以来，蓝光发展、恒大集团等房地产企业先后出现流动性危机，并发生实质性违约。房地产企业流动性风险从最初高杠杆经营特征明显的房地产企业蔓延至多家资产负债结构相对稳健的民营房地产企业。从具体的风险扩散路径来看，房地产企业流动性风险外溢主要集中于民营房地产企业。由于民营房地产企业普遍存在公司治理不规范、经营风格较为激进的特质，当行业不确定性上升时，金融机构普遍优先收紧民营房地产企业的信贷投放。面对房地产销售的下滑和再融资能力的收缩，民营房地产企业面临的经营现金流和筹资现金流将持续承压，民营房地产企业的信用违约风险值得持续关注和重视。

（五）房地产行业信用风险应对措施：支持房地产企业兼并重组和加强房地产调控政策协调

调查结果显示，57.14%的经济学家认为我国房地产行业信用风险的重点应对措施是支持房地产企业兼并重组，49.21%的经济学家认为是加强房地产调控政策协调，47.62%的经济学家认为是强化地方政府属地责任，42.86%的经济学家认为是支持金融机构对部分到期债务适当展期，41.27%的经济学家认为是支持风险企业加快资产处置，39.68%的经济学家认为是建立房地产违约信息共享机制（见图1-38）。

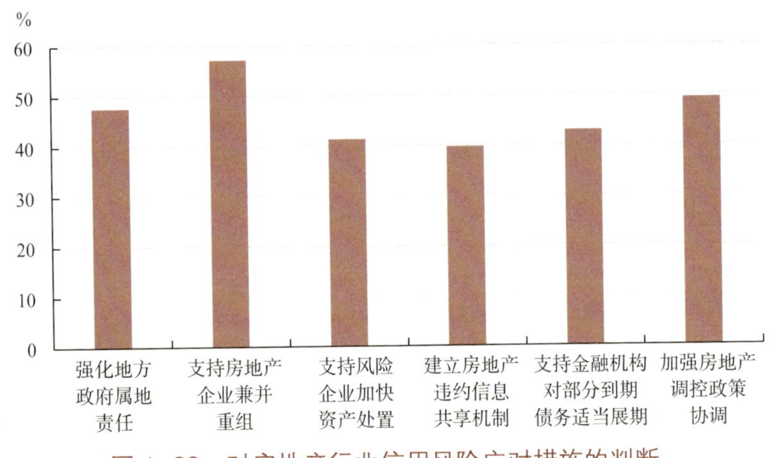

图 1-38　对房地产行业信用风险应对措施的判断

中央经济工作会议强调，要继续按照稳定大局、统筹协调、分类施策、精准拆弹的方针，抓好风险处置工作。2021年12月，人民银行、银保监会出台《关于做好重点房地产企业风险处置项目并购金融服务的通知》，鼓励银行稳妥有序开展并购贷款业务，重点支持优质的房地产企业兼并收购出险和困难的大型房地产企业的优质项目。目前，房地产市场的风险主要体现为流动性风险，尚未达到资产负债表式的危机，推动房地产企业间兼并重组可以帮助困境房地产企业有序开展资产处置，推动房地产企业合理修复资金链，避免债权债务风险扩散及由此诱发的社会风险。此外，房地产企业跨区域经营，房地产项目涉及地方政府、金融机构、产业链上下游企业、居民部门及国际投资者等多方错综复杂的债权债务关系，适当加强房地产调控政策协调有助于更好地做好风险化解工作。

七、对金融机构信用风险暴露的判断

（一）2021年银行业不良资产风险暴露情况：尚未充分暴露

调查结果显示，90.48%的经济学家认为2021年我国银行业不良资产风险尚未充分暴露，6.35%的经济学家认为是尚未暴露，3.17%的经济学家认为是基本充分暴露（见图1–39）。

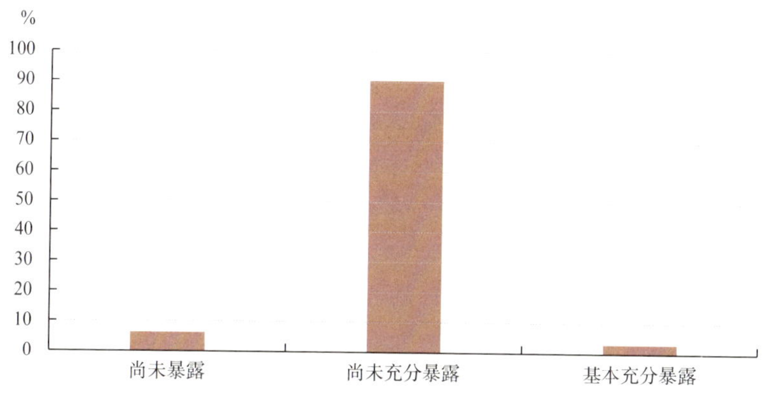

图 1–39　对 2021 年银行业不良资产风险暴露情况的判断

从部分上市商业银行披露的逾期贷款和不良贷款数据来看，截至2021年6月末，上市商业银行的逾期90天以上贷款与不良贷款的比重为66.9%，其中，国有大型商业银行为55.9%，股份制商业银行为80.9%，中小商业银行的比重为95.1%。整体来看，国有大型商业银行的不良资产信用风险的暴露相对较为充分，但中小商业银行的信用风险未能充分暴露。到2021年底，“资管新规”过渡期结束，商业银行表外资产进一步回表，房地产和地方融资平台等表外资产集中领域的信用风险加速暴露，商业银行不良资产风险存在进一步释放的可能。

（二）2022年商业银行关注类贷款迁徙率：20%~30%

调查结果显示，38.10%的经济学家认为2022年我国商业银行关注类贷款转变为不良贷款的比例是20%~30%，26.98%的经济学家认为是20%以下，19.05%的经济学家认为是30%~40%，9.52%的经济学家认为是50%以上，6.35%的经济学家认为是40%~50%（见图1-40）。

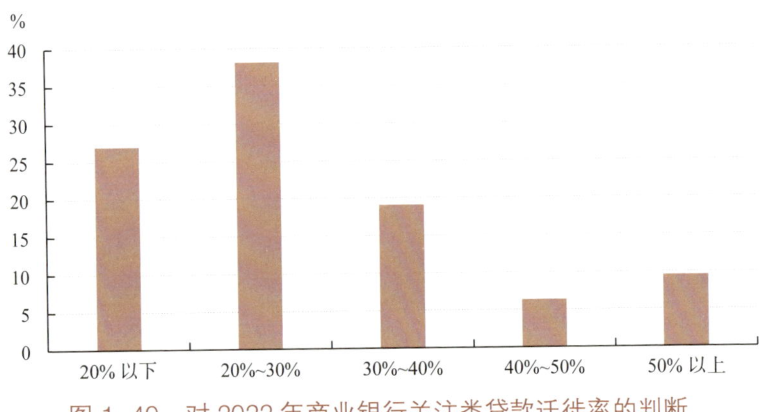

图 1-40　对 2022 年商业银行关注类贷款迁徙率的判断

历史数据显示，关注类贷款的迁徙率与工业企业部门利润变化情况具有明显的负相关性。从上市商业银行公布的2021年中报数据看，全部上市商业银行关注类贷款迁徙率为20.92%。其中，大型商业银行的关注类贷款迁徙率为17.66%，股份制商业银行为23.58%，中小银行为20.71%，关注类贷款迁徙率较2020年有小幅回落。2022年，我国经济下行压力持续增大，工业品出厂价格指数预计下滑，工业企业利润增速可能明显回落，微观主体信用风险进一步加大，商业银行关注类贷款迁徙率或将有所上升。

（三）预计未来五年商业银行不良贷款率：1.5%~2%

调查结果显示，60.26%的受访者预计商业银行未来五年的不良贷款率为1.5%~2%，21.18%的受访者预计为2%~2.5%，13.14%的受访者预计在1%~1.5%，4.60%的受访者预计在2.5%以上，0.82%的受访者预计在1%以下（见图1–41）。

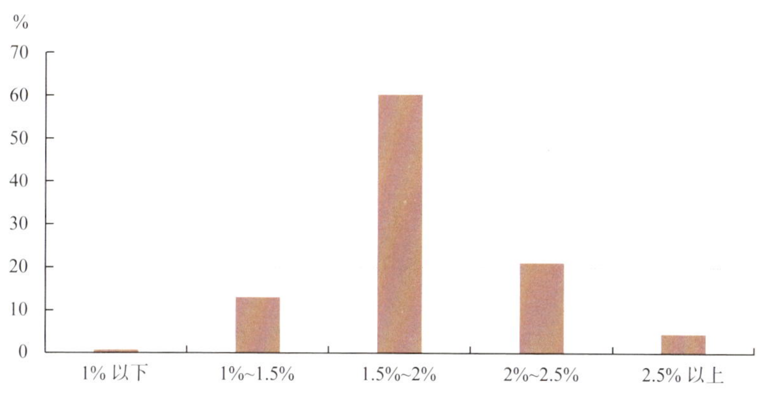

图 1–41　对商业银行未来五年不良贷款率的判断

商业银行不良贷款率的变动与其信贷资产配置结构紧密相关。从工商银行、农业银行、中国银行、建设银行、交通银行、招商银行六家商业银行公布的对公类资产配置结构来看，自2018年以来，各家商业银行普遍提高了高信用等级信贷资产配置的比重，且2020年在疫情冲击之下，各家商业银行高等级资产配置比重延续了持续增加态势。预计未来3~5年内，商业银行的信贷资产结构整体呈现优化趋势。同时，考虑到监管部门对商业银行的不良资产认定和处置监管要求趋严，商业银行的不良资产处置将会更加积极。未来五年，我国商业银行的不良贷款率有望保持在1.5%~2%的合理区间。

（四）商业银行实际不良贷款率：2%~3%

调查结果显示，47.37%的经济学家认为2021年我国商业银行体系实际不良贷款率为2%~3%，16.32%的经济学家认为是3%~4%，15.79%的经济学家认为是2%以下，13.68%的经济学家认为是5%以上，6.84%的经济学家认为是4%~5%（见图1–42）。

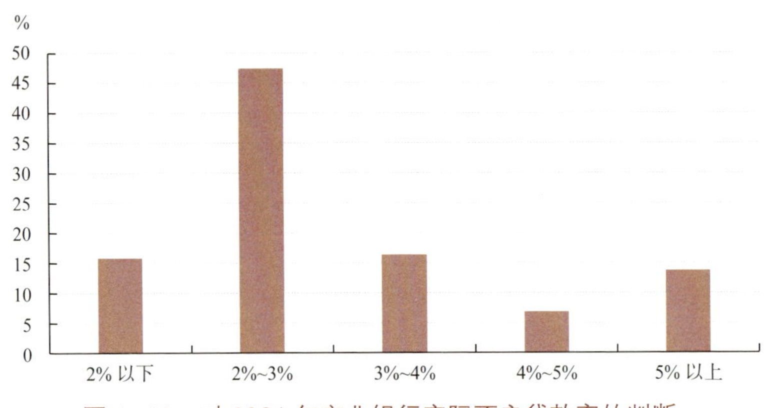

图 1-42　对 2021 年商业银行实际不良贷款率的判断

商业银行的真实不良贷款率主要取决于商业银行的实际贷款违约率和同期的不良资产处置状况。从工商银行、农业银行、中国银行、建设银行、交通银行、招商银行六家商业银行披露的信贷资产违约概率来看，对公类贷款的违约概率普遍在2.50%以上，部分商业银行对公类贷款的违约概率达到4%以上。住房抵押贷款的违约概率相对较低，仅为1%左右，但信用卡类贷款和其他零售类贷款违约概率则保持在较高水平，且商业银行间差异较大。考虑到部分商业银行存在不良贷款的风险暴露和处置速度慢于不良贷款新生成的情况，我国商业银行体系实际不良贷款率或在2%~3%之间。

（五）2022年中小银行风险：小幅上升

调查结果显示，39.41%的受访者认为2022年我国中小银行风险将小幅上升，31.86%的受访者认为是基本持平，19.70%的受访者认为是小幅下降，6.90%的受访者认为是大幅上升，2.13%的受访者认为是大幅下降（见图1-43）。

中小银行特有的客户结构和经营管控模式决定了地方中小银行风险的特殊性。一是地方中小银行主要服务对象是地方中小微企业、“三农”客户及一些地方政府性融资平台，导致中小银行所面临的信用风险要高于大型银行。二是国家对于普惠型贷款给予一定的政策倾斜，压低了普惠型政策性贷款的市场收益水平。三是地方中小银行主要实控人为地方政府，地方政府往往对中小银行的信贷投放产生较大的影响。2022年，考虑到中小普惠型客户反复面临疫情冲击、地方政府债务风险持续释放等多重因素，地方中小银行的风险或整体呈现小幅抬升态势。

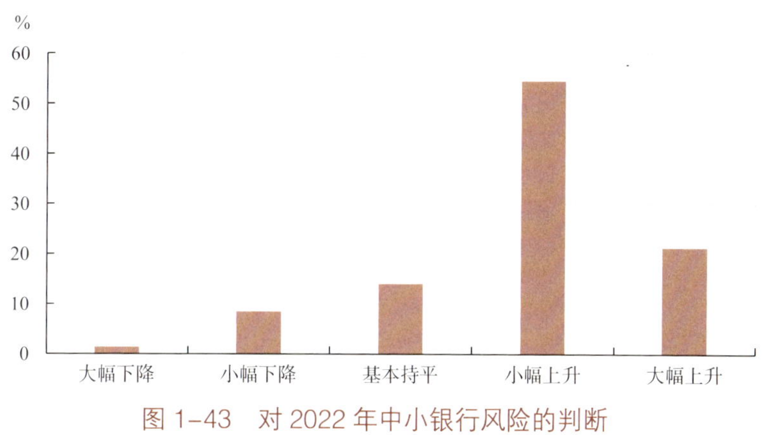

图 1-43　对 2022 年中小银行风险的判断

（六）2022年信托业违约风险：小幅上升

调查结果显示，54.52%的受访者认为2022年我国信托违约风险将小幅上升，21.35%的受访者认为是大幅上升，14.12%的受访者认为与2021年基本持平，8.54%的受访者认为是小幅下降，1.48%的受访者认为是大幅下降（见图1-44）。

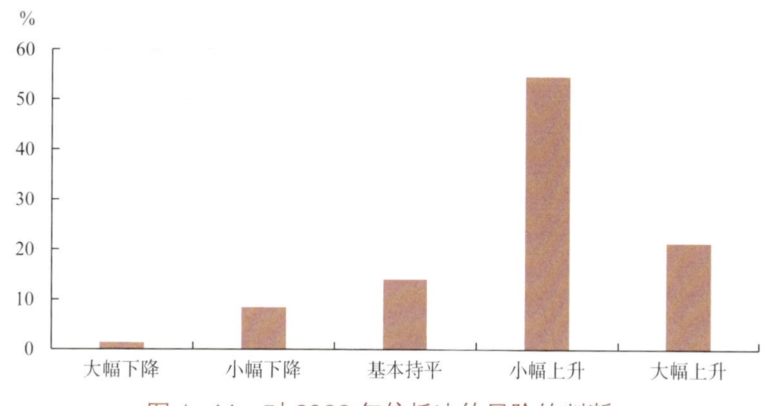

图 1-44　对 2022 年信托违约风险的判断

2022年，我国信托违约风险仍然存在较大上行压力。一是“资管新规”要求信托产品向净值化转型，传统通道业务逐渐被清理，资金池业务的运作不断标准化、规范化，信托业以往的刚性兑付模式被打破，信托业长期积累的风险隐患正逐步显现。二是由于部分信托公司通过高收益吸收资金建造资金池以偿还需兑付资金，并借助通道类业务向房地产企业和地方融资平台提供融资，在房地产调控持续推进、严控地方政府隐性负债及地方融资平台融资政策收紧的背景下，投向房地产和地方融资平台的存量信托产品面临较大的再融资和信用风险暴露压力。

八、对我国金融不良资产处置的判断

（一）2022年银行业不良贷款处置速度：小幅加快

调查结果显示，63.49%的经济学家认为2022年我国银行业机构不良资产处置速度将小幅加快，17.46%的经济学家认为会基本持平，12.70%的经济学家认为将小幅放慢，6.35%的经济学家认为会大幅加快，没有经济学家认为会大幅放慢。综合来看，预计2022年银行业不良资产处置速度将小幅加快（见图1–45）。

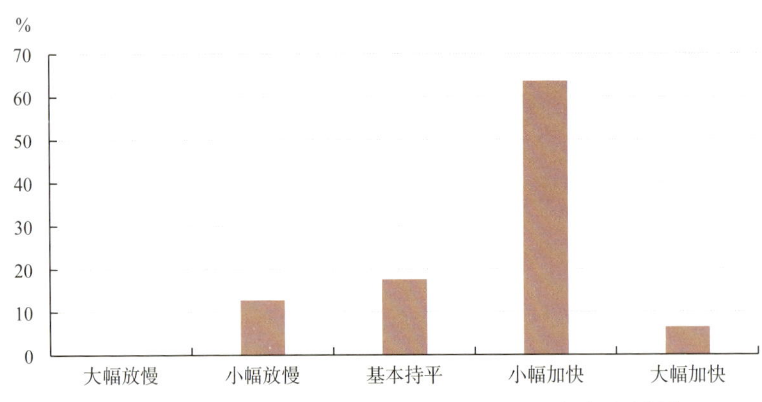

图 1–45　对 2022 年银行业不良贷款处置速度的判断

2017年以来，全国银行业金融机构共处置不良资产超过11万亿元。2022年，一方面，银保监会要求商业银行做实资产质量，这将推动商业银行加快风险资产暴露；另一方面，银保监会曾指出，保持银行业不良贷款处置力度不减，要求资产管理公司加大不良资产的收储力度，为商业银行的不良资产处置创造条件。另外，商业银行经营绩效的持续好转，也为商业银行推动不良资产处置创造了有利条件。考虑到2022年经济增长面临较大压力，信用风险暴露持续上升等因素，银行业机构不良资产处置速度将小幅加快。

（二）不良资产处置工作的重点：鼓励地方政府协调不良资产处置和前瞻性加大不良资产损失准备计提力度

调查结果显示，52.38%的经济学家认为推动不良资产处置工作的重点是鼓励地方政府协调不良资产处置，49.21%的经济学家认为是前瞻性加大不良资产损失准备计提力度，46.03%的经济学家认为是加快不良资产市场投资主体培育，44.44%的经济学家认为是支持金融机构创新处置手段，36.51%的经济学家认为是完善不良资产处置法律法规，30.16%的经济学家认为是对小微企业不良贷款处置给予财政补贴，20.63%的经济学家认为是督促银行加快出售不良资产（见图1–46）。

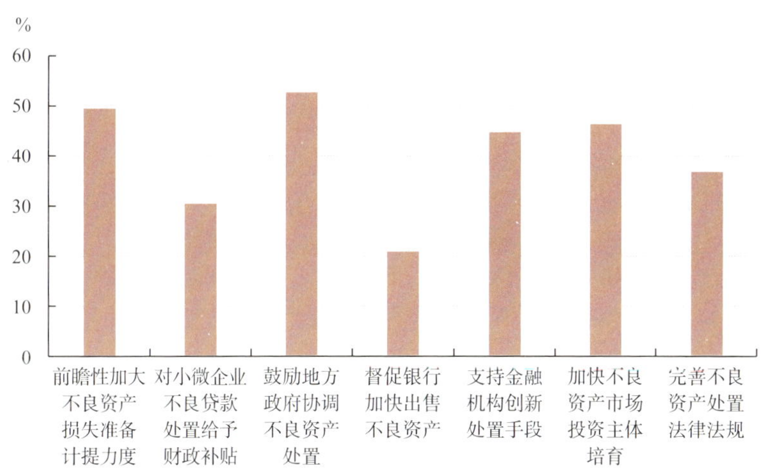

图 1–46 对推动不良资产处置工作的判断

不良资产的暴露和及时处置不仅与商业银行的经营绩效紧密相关，也与监管部门的监管要求、不良资产市场的活跃程度紧密相关。推动不良资产处置工作不仅要为不良资产的识别和认定提供政策支持，也要围绕不良资产市场培育、不良资产的高效处置等提供便利和创造条件。从不良资产市场处置的业务实践来看，处置业务往往涉及复杂的债权债务关系，因此，支持金融机构前瞻性加大不良资产损失准备计提力度，注重提升不良资产市场规范运行和活跃度，以及鼓励地方政府积极协调处置过程都将是推动不良资产处置的重要举措。

（三）“十四五”期间地方政府在不良资产处置中的作用：小幅增强

调查结果显示，46.03%的经济学家预计“十四五”期间地方政府在不良资产处置中的积极作用将小幅增强，38.10%的经济学家预计将明显增强，7.94%的经济学家预计将保持不变，6.35%的经济学家预计将小幅减弱，1.59%的经济学家预计将明显减弱（见图1–47）。

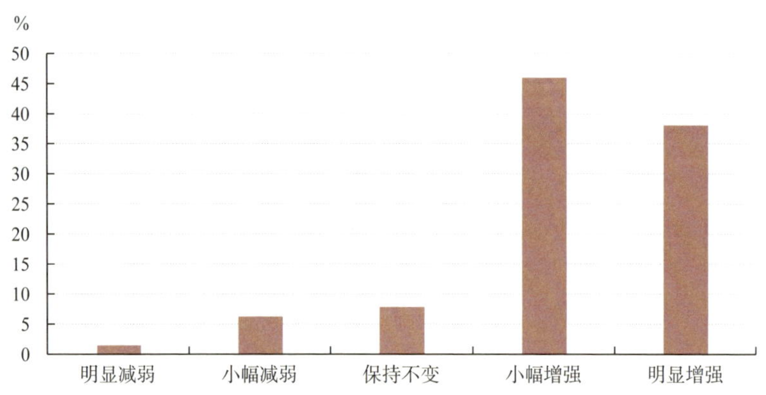

图 1–47　对“十四五”期间地方政府在不良资产处置中作用的判断

2021年4月30日，中共中央政治局会议强调，要防范化解经济金融风险，建立地方党政主要领导负责的财政金融风险处置机制。从高速增长转向高质量发展是风险易发高发的时期，要坚持底线思维，防范化解各种重大风险特别是系统性风险，着力用高质量发展来从根本上防范化解各类风险，实现稳增长和防风险的长期均衡。从房地产、地方融资平台、地方国有企业和地方大型民营企业的风险处置实践来看，地方政府的积极介入对于推动重大风险的处置和化解发挥了不可替代的作用。可以预计，“十四五”期间地方政府在不良资产处置中的作用将更加积极。

（四）个人破产法对推动不良资产处置：具有一定积极影响

调查结果显示，68.25%的经济学家认为个人破产法规的实施对推动不良资产处置和风险化解具有一定的积极影响，17.46%的经济学家认为具有一定的消极影响，7.94%的经济学家认为无影响，4.76%的经济学家认为将具有明显的消极影响，1.59%的经济学家认为将具有明显的积极影响（见图1–48）。

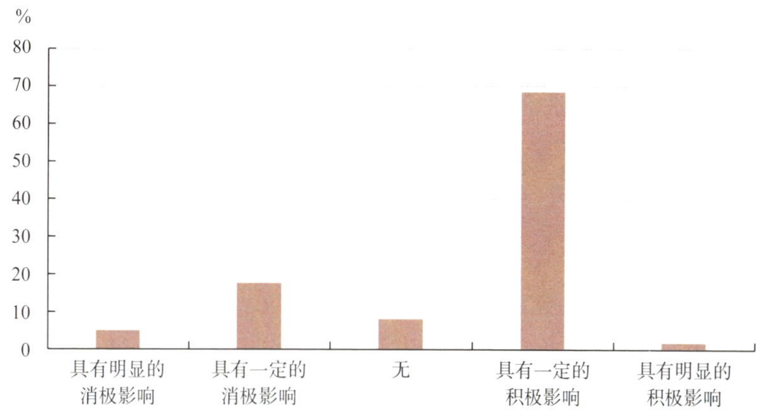

图 1–48　对个人破产法推动不良资产处置和风险化解效果的判断

2021年3月，我国境内首部个人破产法规《深圳经济特区个人破产条例》正式实施。从债务人的角度而言，个人破产制度为诚实而不幸的债务人提供救济，可以帮助债务人释放长期生产潜能，降低债务清偿带来的社会成本和稳定风险。从债权人的角度而言，个人破产法规可以有效遏制广泛存在的失信问题，实现公平受偿，提升债权清偿率，优化营商环境。从长远来看，个人破产法规可以促使债权人和监管部门更为及时地认识到个人信用风险，从而采取适当救济手段，避免损失扩大和外溢。

（五）个贷类不良资产处置的有效方式：不良资产证券化

调查结果显示，69.84%的经济学家认为个贷类不良资产处置方式中最为有效的是不良资产证券化，66.67%的经济学家认为是成立专门清收机构，57.14%的经济学家认为是委托处置，23.81%的经济学家认为是现金清收，12.70%的经济学家认为是反委托处置（见图1-49）。

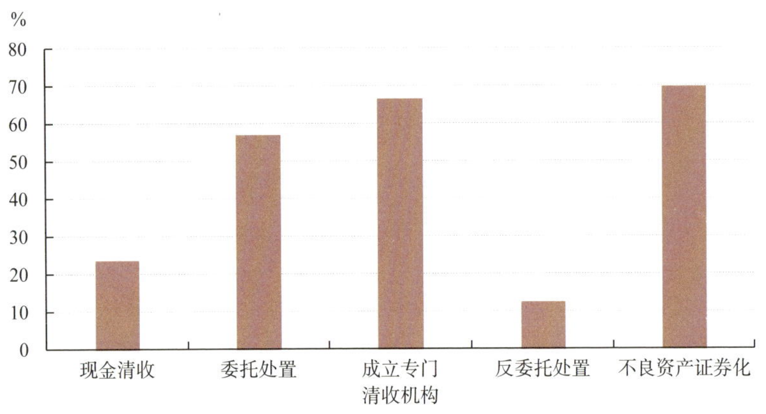

图 1-49　对个贷类不良资产处置有效方式的判断

2021年，监管部门正式批准开展个人不良贷款批量转让试点。从个贷类不良资产的处置实践来看，个贷类不良贷款的最终处置回收主要依赖原始权益人或者第三方催收机构，而个贷类不良资产证券化的尽调、估值和回收等同样依赖第三方中介机构。资产管理公司开展个贷类不良资产批量收购和处置的交易结构将非常接近个贷类不良资产证券化的业务结构。同时，个贷类不良贷款具有较强的分散性和现金流可预测性，具有较好的资产证券化基础。推动个贷类不良资产证券化或是资产管理公司开展个贷类不良资产批量收购和处置的首选策略。

九、小结

展望2022年，在新冠肺炎疫情的冲击下，百年变局加速演进，外部环境更趋复杂严峻和不确定，我国经济发展面临需求收缩、供给冲击、预期转弱的三重压力，经济增速下行压力较大。从政策层面来看，积极的财政政策要提升效能，更加注重精准、可持续，保证财政支出强度，加快支出进度，适度超前开展基础设施投资。货币政策将坚持“以我为主”，全年或将通过降准、碳减排支持工具等再贷款工具，以结构性降息的方式，推动信用扩张以支持总需求扩张。

从金融风险的角度看，我国金融体系整体风险可控，但中小银行、信托公司、房地产、地方融资平台等领域风险仍存在小幅上行压力。从外部风险来看，美国对华政策和疫情防控形势仍然存在很大的不确定性。从房地产行业领域风险来看，2021年下半年以来的房地产企业“爆雷”风险将得到控制，但民营房地产企业受到的冲击较为严重，房地产行业不良率或将有所上升。推动房地产行业兼并重组和增强房地产调控政策协调将是稳妥有序做好房地产领域风险处置化解工作的关键举措。

从不良资产暴露的角度来看，当前金融体系不良资产风险尚未完全暴露，整体银行业金融机构的真实不良贷款率或在2%~3%。未来3~5年，银行业中小金融机构的不良率或将进一步上升，但上升幅度和空间相对有限。从不良资产的处置和风险化解的情况来看，2022年银行业金融机构仍将持续推动不良资产的处置工作。中央强调要建立地方党政主要领导负责的财政金融风险处置机制，地方政府将在房地产、地方融资平台和高风险金融机构等风险处置中扮演更加重要的角色和发挥更为关键的作用。2021年，深圳市出台我国境内首部《深圳经济特区个人破产条例》，个人破产制度的推广和实施将推动金融机构和债务人采取更加积极主动的态度来处理个人债权债务关系。2021年监管部门允许开展个贷类不良资产转让试点，资产管理公司或将加快探索以不良资产证券化的方式推动个贷类不良资产的批量处置。

第二部分

商业银行观点

自2021年以来，新冠肺炎疫情对我国经济增长和宏观政策的扰动逐步减弱，但疫情期间采取的延期还本付息的贷款后续将陆续到期，同时房地产企业信用违约风险加大，这些因素将直接或间接地对商业银行信贷资产质量产生一定程度的影响，商业银行不良资产处置压力将有所上升，相关风险将进一步加大。另外，在利率市场化改革深入推进、金融加大服务实体经济的背景下，商业银行盈利预计将稳中趋缓，银行间分化将进一步加剧。本部分通过对来自商业银行的受访者进行问卷调查，预判2022年商业银行信贷资产质量的变化、面临的风险及不良资产市场的相关情况。

一、受访者概况

本次问卷调查共回收有效问卷215份，受访者为银行风险管理、资产保全、不良资产处置等相关岗位的一线业务骨干，工作经验较丰富，专业能力较强，对银行信贷资产的实际风险状况、不良资产市场情况及监管政策都有比较深入的了解。他们的预判能较为客观地反映商业银行信贷资产质量、风险状况和不良资产市场的真实情况，问卷调查结果具有较高的可信度。

从受访者所在银行类型分布情况看，46.98%的受访者来自国有大型商业银行，29.30%来自股份制商业银行，来自城市商业银行和农村商业银行的受访者占比分别为14.88%和6.51%（见图2–1）。根据银保监会有关数据，截至2021年12月，按境内口径统计，商业银行总资产合计284.48万亿元，国有大型商业银行、股份制商业银行、城市商业银行、农村商业银行的资产规模占比分别为46.61%、21.51%、15.84%、16.04%。本次调查受访者所在银行类型分布情况与我国各类型商业银行规模情况基本匹配，受访者所属银行类型分布抽样较为合理。

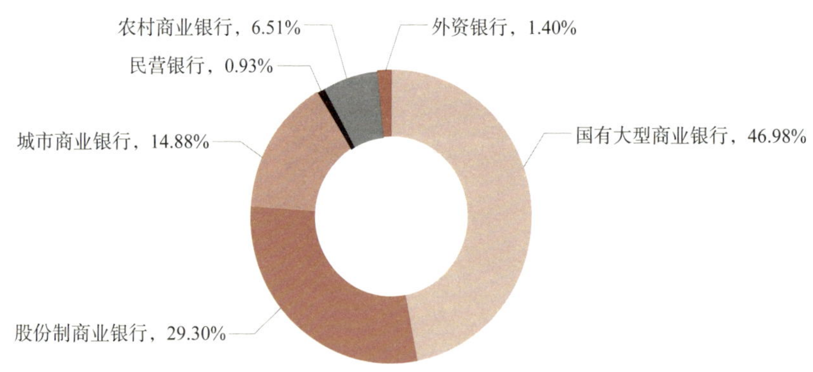

图 2–1　受访者所在银行类型分布

从受访者所在银行区域分布情况看，华北地区的受访者占比为30.23%，东北地区和华东地区的受访者占比分别为23.26%和18.14%，位于华南地区、华中地区、西南地区和西北地区的受访者占比分别为10.23%、7.91%、6.05%

和4.19%。总体来看，来自华北、东北和华东地区的受访者居多，这与我国金融机构所在地的分布情况基本一致，具有较强的统计代表性（见图2-2）。

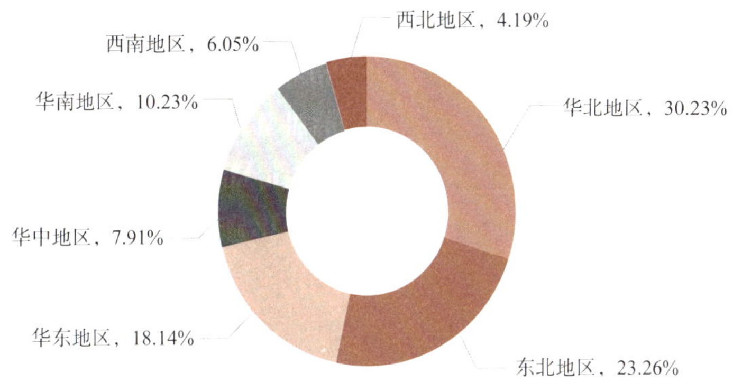

图 2-2　受访者所在银行区域分布

二、宏观经济与政策对商业银行信贷资产质量的影响

（一）预计2022年我国货币政策走向：中性偏松

调查结果显示，57.21%的受访者认为2022年我国货币政策中性偏松，3.72%的受访者认为整体偏松，认为中性偏紧和整体收紧的受访者占比分别为26.98%和12.09%（见图2-3）。

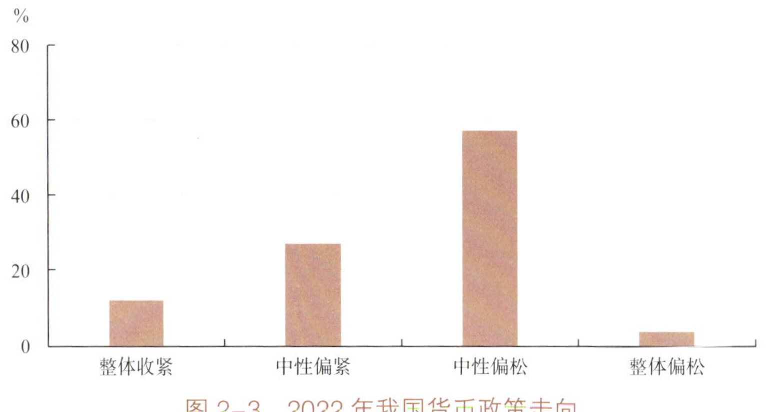

图 2-3　2022 年我国货币政策走向

从调查结果看，多数受访者认为2022年我国货币政策中性偏松。课题组认为主要原因是受宏观经济下行压力加大及实体经济结构性不均衡的影响。一是我国宏观经济下行压力加大。2022年若无进一步的逆周期宏观政策，我国GDP增速仍难言乐观。虽然“十四五”规划没有明确制定GDP增速目标，但习近平总书记指出“我国经济有希望、有潜力保持长期平稳发展，到‘十四五’末达到现行的高收入国家标准，到2035年实现经济总量或人均收入翻一番”，这对未来15年我国宏观经济增速仍有不小的要求。二是实体经济结构不均衡问题仍然突出，部分行业和中小微企业融资难、融资贵的问题仍未得到有效解决。自2021年以来，原材料价格高涨，利润不断向上游采矿和中游原材料行业集中，挤压了中游装备制造、下游消费制造等领域的毛利率。预计随着2022年宏观经济下行压力加大，需求端将进一步承压，相关行业和中小微企业的投资和盈利情况不容乐观，需要相对宽松的货币政策，进一步降低企业的融资成本。对此，2021年12月10日召开的中央经济工作会议指出“2022年稳健的货币政策要灵活适度，保持流动性合理充裕”，奠定了货币宽松的政策基调。

（二）全面降准对服务实体经济的作用：较为明显

调查结果显示，52.56%的受访者认为此次降准对于服务实体经济的作用较为明显，4.65%的受访者认为作用非常显著，认为效果较小的受访者占比为41.40%，仅有1.40%的受访者认为没有效果（见图2-4）。

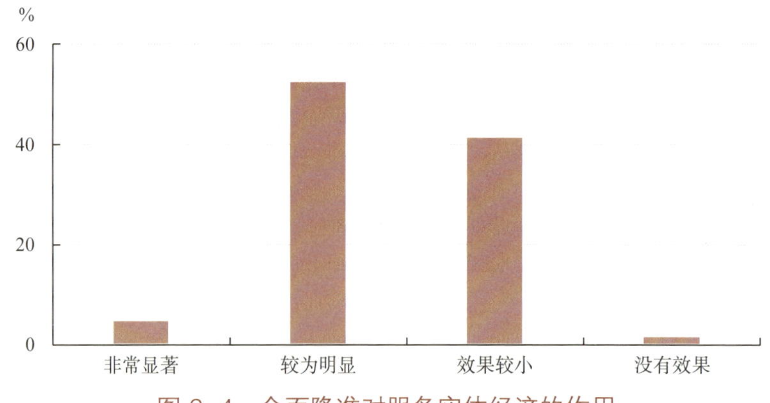

图 2-4　全面降准对服务实体经济的作用

2021年7月15日，人民银行下调金融机构存款准备金率0.5个百分点（不含已执行5%存款准备金率的金融机构），这是2021年首次降准，目的是优化金融机构的资金结构，提升金融服务能力，更好地支持实体经济发展。2021年12月15日，人民银行再次下调金融机构存款准备金率0.5个百分点（不含已执行5%存款准备金率的金融机构），释放长期资金约1.2万亿元。此次下调后，金融机构加权平均存款准备金率为8.40%。此次降准在保持流动性合理充裕的同时，有效增加金融机构支持实体经济的长期稳定资金来源，增强金融机构资金配置能力，引导金融机构加大对实体经济特别是中小微企业的支持力度。同时，人民银行开展了1年期MLF和100亿元7天期逆回购操作，有效维护了银行体系流动性合理充裕。从调查结果看，多数受访者认为全面降准对服务实体经济的作用较为明显。

（三）深化利率市场化改革对降低企业财务成本、减轻企业经营负担的作用：比较大

调查结果显示，46.98%的受访者认为利率市场化改革的深入推进对降低企业财务成本、减轻企业经营负担的作用比较大，7.91%的受访者认为非常大，45.12%的受访者认为效果比较小或几乎没有效果（见图2-5）。

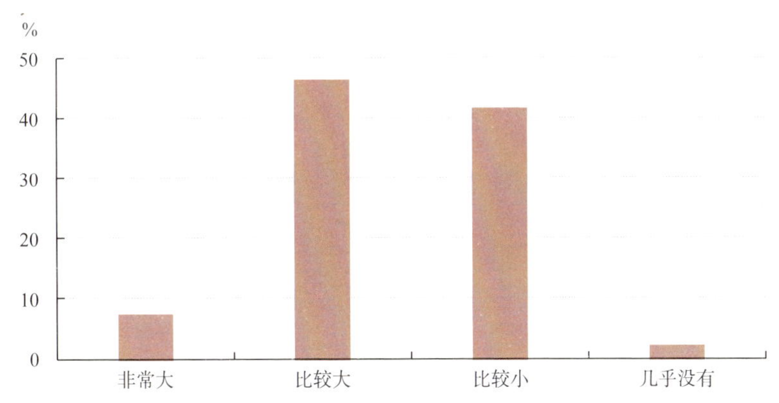

图 2-5　深化利率市场化改革对降低企业财务成本、减轻企业经营负担的作用

2021年，我国利率市场化改革向纵深推进，在贷款市场报价利率（LPR）改革进一步深入的基础上，对存款定价机制进行了改革，继续促进金融系统

向实体经济让利。2021年6月21日，市场利率定价自律机制优化了存款利率自律上限的确定方式，将原本由存款基准利率一定倍数形成的存款利率自律上限，改为在存款基准利率基础上加上一定基点确定，利率定价自律机制由工商银行等15家金融机构作为核心成员。在LPR改革深化的背景下，如果中长期存款利率下行，会传导到贷款环节，进而推动银行更好地降低实体经济的融资成本。因此，调整存款定价机制可推动实际贷款利率下降，引导金融系统向实体经济让利。存款定价机制调整是利率市场化大势所趋，需要注意的是，存款定价机制调整并不等于调息，其主要目的是降低银行负债成本，从而提升为实体经济降成本的空间。对实体企业来说，存款利率定价改革推进利率市场化，畅通利率传导过程，中长期存款利率下降将带动实体企业的融资成本随之下行。

（四）《全球系统重要性银行总损失吸收能力管理办法》对我国银行业的最大影响：提高风险管理水平与经营能力

调查结果显示，56.28%的受访者认为《全球系统重要性银行总损失吸收能力管理办法》对我国银行业的最大影响是提高风险管理水平与经营能力，认为最大影响是驱使银行业调整资产负债结构的受访者占比是16.74%，分别有15.35%和11.63%的受访者认为最大影响是加大业务收缩风险和增大资本压力（见图2–6）。

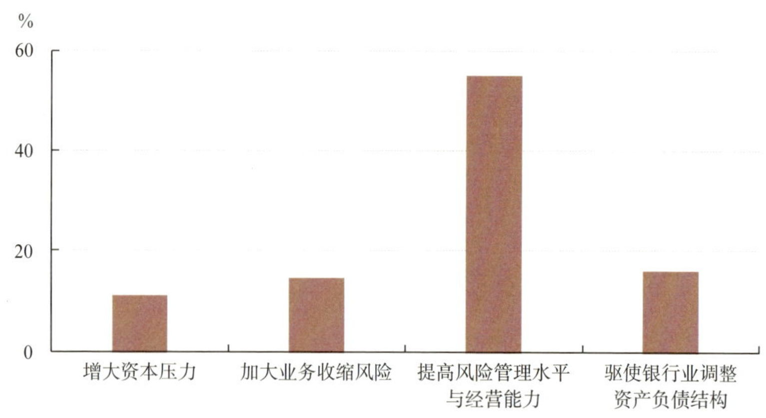

图 2–6　《全球系统重要性银行总损失吸收能力管理办法》对我国银行业的最大影响

2021年10月29日，人民银行会同银保监会和财政部发布了《全球系统重要性银行总损失吸收能力管理办法》，标志着我国全球重要性银行总损失吸收能力（TLAC）监管体系落地。2011年以来，工商银行、农业银行、中国银行、建设银行陆续入选全球系统重要性银行名单。2015年G20通过金融稳定理事会（FSB）提交的《全球系统重要性银行总损失吸收能力条款》，明确了总损失吸收能力的国际标准。此次TLAC管理办法参考国际监管规则制定，对全球系统重要性银行的风险加权比率、杠杆率、可纳入TLAC的工具等具体内容做了规定。总体来看，对系统重要性银行进一步加强管理，有利于促进其稳健经营和健康发展，防范系统性金融风险，维护金融体系稳健运行，更好地服务实体经济。从短期看，部分银行将面临一定的资本压力，合规成本和经营压力增大，但从长期看，则有助于提高国内银行的风险管理水平与经营能力。

（五）2022年房地产市场的价格走势：基本持平

调查结果显示，认为2022年房地产市场价格与2021年基本持平的受访者占比为45.58%，认为整体下跌的受访者占比为26.98%，认为整体上涨的受访者占比仅为3.72%，另外，有23.72%的受访者认为市场分化进一步加剧（见图2–7）。

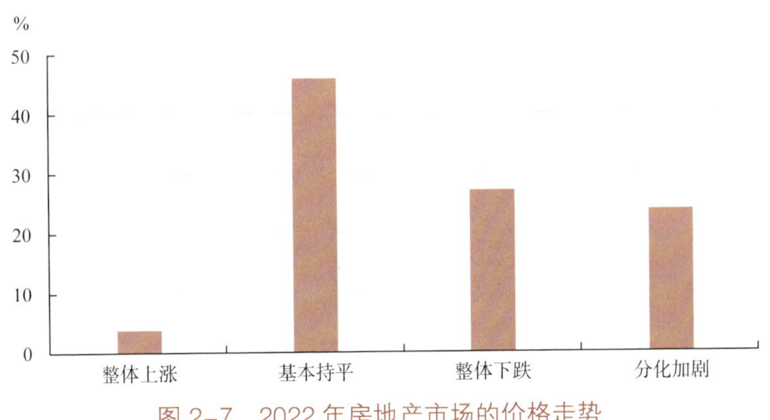

图 2–7　2022 年房地产市场的价格走势

2021年，我国房地产长效机制不断完善，房地产税扩大改革试点、土地“两集中”等政策相继推出，引发市场强烈反响，对房价上涨形成一定程度的抑制。第三季度以来，房地产调控政策持续收紧，叠加部分房地产企业出现债务违约风险，导致购房者观望情绪上升，房地产市场降温明显。2021年9月29日，人民银行联合银保监会召开房地产金融工作座谈会，对金融部门实施房地产金融审慎管理的提法由原来的“持续加强”“深化”转为“准确把握和执行好”。2021年11月，人民银行表态“要维护房地产市场平稳健康发展”，银保监会要求“稳地价、稳房价、稳预期，遏制房地产金融化泡沫化倾向，健全房地产调控长效机制，促进房地产业稳定健康发展”。在监管部门的密集表态下，房地产市场逐步回归常态化。在“三稳”政策下，预计2022年房价将与2021年基本持平。

（六）2022年房地产企业信用违约风险与2021年相比：小幅上升

调查结果显示，58.60%的受访者认为与2021年相比，2022年的房地产企业信用违约风险将小幅上升，13.02%的受访者认为将大幅上升，两者合计占比71.62%，20.00%的受访者认为几乎持平，认为小幅下降和大幅下降的受访者占比分别为6.98%和1.40%，两者合计占比8.38%（见图2-8）。从调查结果看，多数受访者认为2022年房地产企业信用违约风险将继续上升。

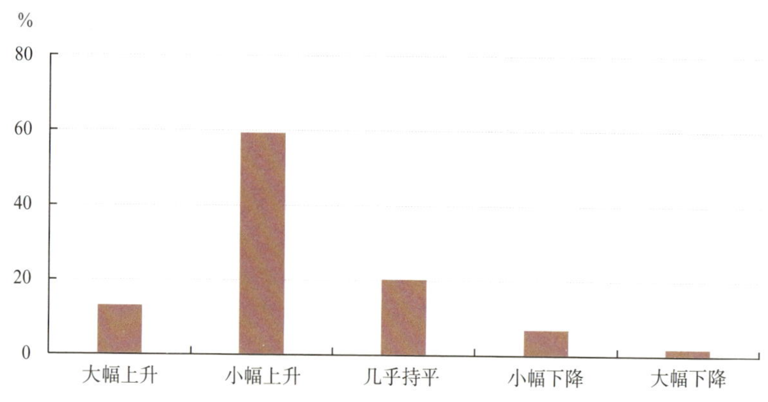

图 2-8　2022 年房地产企业信用违约风险较 2021 年的变化

前几年，随着房地产行业野蛮快速发展，相关风险不断累积。为避免引发系统性金融风险，相关部门不断收紧调控政策，银行业对房地产融资整体收缩。自2021年以来，多家房地产开发商出现了流动性紧张的问题，部分龙头企业也出现违约事件，引发市场高度关注。房地产企业违约风险频发引发连锁反应，金融机构收紧风险敞口，房地产企业销售形势不佳，导致国内房地产企业资金链紧张进一步加剧。虽然目前房地产企业采取了一定措施，风险暂未持续扩大，但房地产企业面临的销售回款少和融资额度受限的局面仍未得到有效缓解。未来，随着更多房地产企业债券陆续到期，高杠杆房地产企业在流动性收缩下风险将进一步暴露，因此预计2022年房地产企业信用违约风险将进一步上升。

（七）2021年恒大等房地产企业信用违约事件对银行资产质量的影响：比较严重

调查结果显示，47.91%的受访者认为2021年恒大等房地产企业信用违约事件对银行资产质量造成比较严重的影响，40.93%的受访者认为影响比较有限，认为影响非常严重的受访者占比为10.23%，认为几乎没有影响的受访者占比为0.93%（见图2-9）。

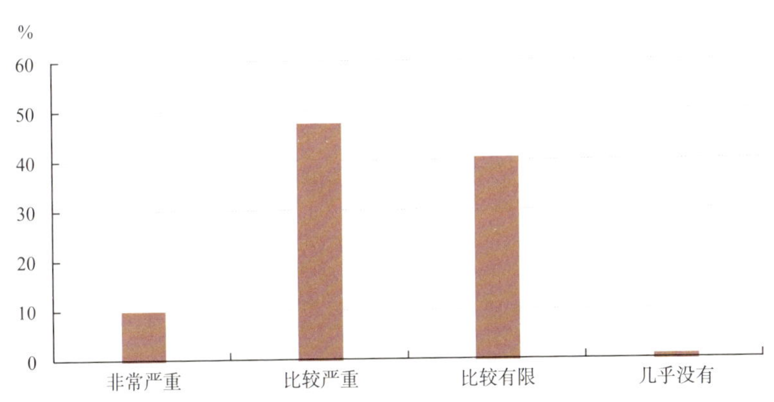

图2-9　2021年恒大等房地产企业信用违约事件对银行资产质量的影响

自2021年以来，房地产市场调控不断升级，监管从拿地、销售、融资等方面全方位进行调控，房地产企业资金面持续承压，信用违约风险加剧，恒大等大型房地产企业出现信用违约事件，对商业银行资产质量造成严重影响。从上市商业银行2021年中报数据看，多家上市银行房地产业贷款不良呈现全线上升态势，房地产行业不良率骤增。招商银行6月末房地产业贷款余额超过4000亿元，不良贷款余额较2020年末剧增264%至43.3亿元，不良率较2020年底的0.30%上升至1.07%。而在这之前，招商银行房地产业不良贷款余额、不良率连续两年显著“双降”。城商行方面，上海银行6月末房地产业不良贷款率为2.73%，相比2020年末上升0.34个百分点。相关银行人士表示，部分房地产企业出现实质性违约，相关贷款下迁为不良，导致上半年房地产业不良贷款净增加较多，房地产企业信用违约对银行的资产质量产生了较大影响。

（八）2022年商业银行房地产新增信贷规模与2021年相比：下降10%以内

调查结果显示，29.30%的受访者认为，与2021年相比，2022年商业银行房地产新增信贷规模将下降5%~10%，25.12%的受访者认为下降5%以内，9.77%的受访者认为下降10%以上，三者合计占比64.19%；25.12%的受访者认为与2021年相比，2022年商业银行房地产新增信贷规模增长将低于5%，8.84%的受访者认为增长5%~10%，1.86%的受访者认为增长10%以上，三者合计占比35.82%（见图2-10）。

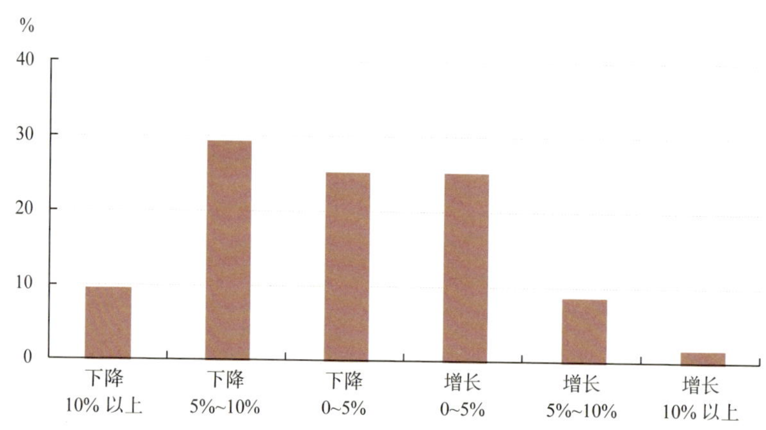

图 2-10　2022 年商业银行房地产新增信贷规模较 2021 年的变化

近两年，房地产相关政策逐步收紧，房地产税试点范围扩大、土地出让“两集中”政策加速落地，房地产市场降温明显。房地产企业融资、销售两端受限，尤其是“三道红线”、房地产贷款集中度管理等政策对房地产企业融资造成更直接的冲击，不少房地产企业出现经营困难及流动性困难，诸多大型房地产企业出现了债务违约事件。根据前文调查结果，商业银行受访者普遍认为2022年房地产企业信用违约风险将进一步上升，可见商业银行对于2022年房地产企业的融资将更趋谨慎。预计2022年商业银行对房地产的新增信贷规模将进一步收缩。

（九）人民银行推出的碳减排支持工具对商业银行的最大吸引力：提供更优资产配置

调查结果显示，39.07%的受访者认为人民银行推出的碳减排支持工具对商业银行的最大吸引力是为银行提供更优资产配置，21.40%的受访者认为可以改善银行负债成本，18.60%的受访者认为可以优化银行资产结构，另外分别有10.70%和10.23%的受访者认为稳定银行资产质量和碳减排支持工具的高净息差最具有吸引力（见图2-11）。

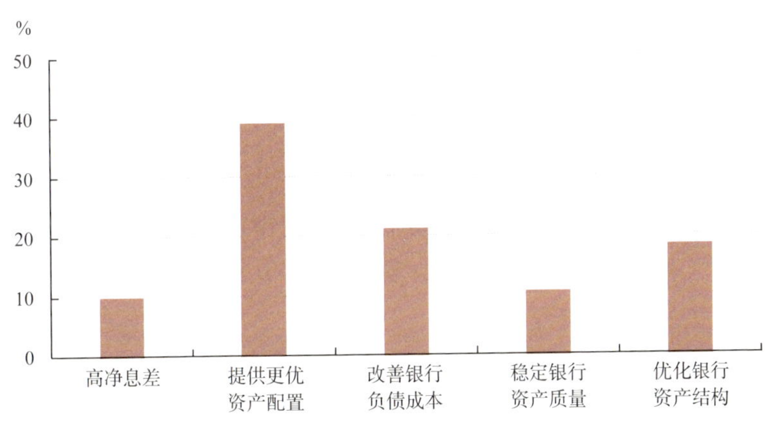

图 2-11　人民银行推出的碳减排支持工具对商业银行的最大吸引力

2021年11月8日，人民银行推出碳减排支持工具，引导金融机构向清洁能源、节能环保、碳减排技术等重点领域提供贷款。其中，银行向企业提供的贷款与同期限档次LPR持平，人民银行按照贷款本金的60%为金融机构提供资金支持，利率为1.75%。碳减排支持工具发放对象为全国性银行。与“先借后贷”的MLF有所区别，碳减排支持工具采用“先贷后借”模式，可以理解为再贷款模式，即银行向相关行业投放贷款后，再向人民银行申请“报销”，从而能够以1.75%的成本获取贷款本金60%的资金。

当前，商业银行“难贷款”与“贷款难”并存。一方面，企业有效信贷需求不足，商业银行信贷投放缺乏较好项目。另一方面，企业经营内外部环境不佳，陷入较为严重的贷款难“怪圈”。尤其是绿色环保产业领域的相关企业贷款更难，如清洁能源、节能环保、碳减排技术等相关企业大都起步晚、规模小、盈利弱甚至亏损，前景存在不确定性，且缺乏有效的押品，往往不为银行信贷所青睐。而此次碳减排支持工具的实施，可有效缓解上述矛盾。碳减排支持工具1年期贷款利率为1.75%，比同期1年期支农再贷款、支小再贷款利率低0.50%。显然，碳减排支持工具可让金融机构获得较低利率的再贷款支持，可促进金融机构支持“双碳”产业经济，同时也有助于推动银行资产配置多元化。在目前地产、城投等领域融资受限的监管背景下，碳减排工具有望引导银行丰富资产投向，提升银行资产配置能力。

（十）为应对疫情采取的延期还本付息贷款和信用贷款的风险程度：比较大

调查结果显示，59.53%的受访者认为为应对疫情采取的延期还本付息贷款和信用贷款的风险程度比较大，33.49%的受访者认为风险程度比较小，认为风险非常大和几乎没有风险的受访者占比分别为6.51%和0.47%（见图2–12）。

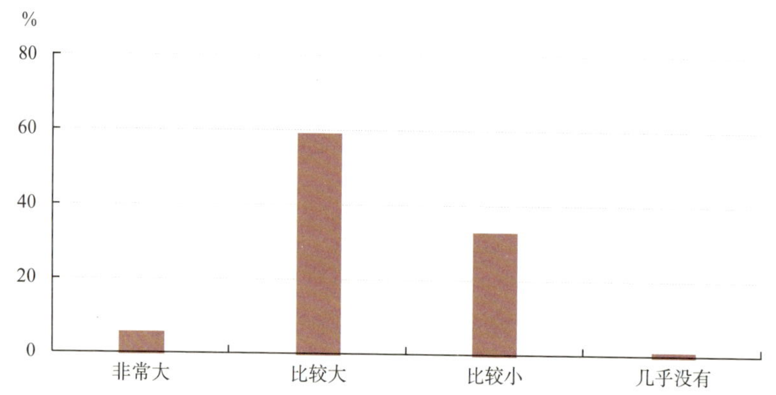

图 2–12　为应对疫情采取的延期还本付息贷款和信用贷款的风险程度

为应对疫情对中小微企业的冲击，2020年3月1日，银保监会会同人民银行等五部委联合印发《关于对中小微企业贷款实施临时性延期还本付息的通知》，对符合条件、流动性遇到暂时困难的中小微企业贷款，给予临时性延期还本付息安排。后有关部门先后三次出台相关政策，继续实施普惠小微企业贷款延期还本付息政策，普惠小微企业贷款延期还本付息政策延期至2021年12月31日。正常情况下，贷款到期，银行按期收回本金和利息，贷款业务结束，银行所承担的风险消失。若资金到期未收回，银行就面临风险。而到期续贷的资金，大多因为借款人资金周转不开，存在财务压力。在这种情况下，银行面临的风险比新发放的贷款要高，这类延期贷款将有一定比例转变成不良贷款。商业银行应对延期贷款客户进行摸排，提前做好预案和风险应对措施。

（十一）2022年银行理财子公司亟须解决的问题：提升风险管控能力

调查结果显示，34.42%的受访者认为2022年银行理财子公司亟须解决的问题是提升风险管控能力，21.40%的受访者认为是平稳过渡非标资产，12.56%的受访者认为是拓展销售渠道，9.30%的受访者认为是发挥与母行的协同效应，认为是增加人才储备和压降存量理财产品规模的受访者占比均为8.37%，认为是加大研发投入的受访者占比为5.58%（见图2-13）。

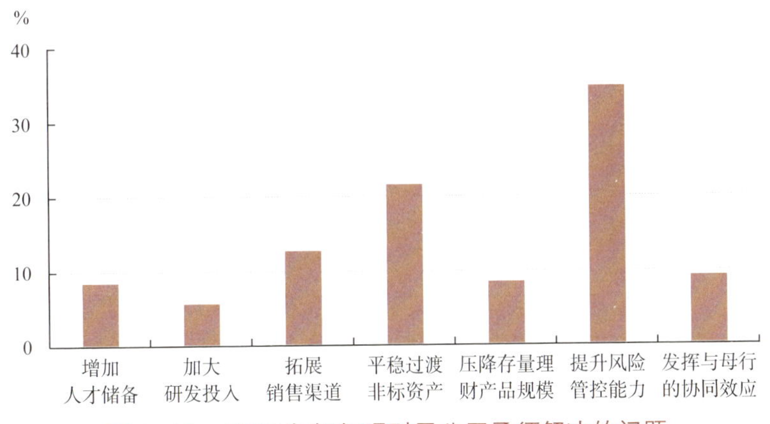

图 2-13　2022 年银行理财子公司亟须解决的问题

自2018年“资管新规”颁布以来，银行理财产品结构、资产配置等都加快了转型进程。自2019年开始，商业银行理财子公司有序获批并开业。据不完全统计，截至2020年12月，全国已有24家银行系理财子公司获批筹建。与发展相对成熟的公募基金公司相比，银行理财子公司仍处于初创阶段，未来在投研能力、人员招聘、产品体系、销售渠道、投资禀赋方面仍需要探索。作为独立法人，很多基本责任需要理财子公司自行承担，如风险防控能力。2021年初，人民银行正式宣布“资管新规”过渡期延长到2021年底，但仍有一些银行难以实现平稳过渡。不过，即便继续推迟过渡期限，也并不是走回头路，新产品仍按照“资管新规”的要求推进。这与调查结果相一致，即短期内商业银行理财子公司亟须解决的问题是提升风险管控能力和平稳过渡非标资产。

（十二）现金管理类“理财新规”[①]对商业银行经营运作的主要影响：分歧较大

调查结果显示，29.77%的受访者认为现金管理类“理财新规”对商业银行经营运作的主要影响是银行理财产品净值化转型的压力增大，27.91%的受访者认为是现金理财产品规模扩张受到限制，20.93%的受访者认为是中间业务收入增速受到影响，资本补充压力增大，21.40%的受访者认为是现金理财产品收益率下降（见图2-14）。

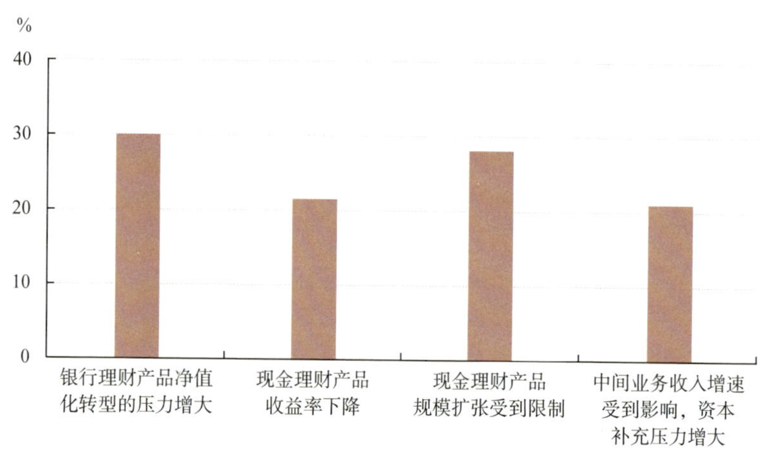

图 2-14 现金管理类“理财新规”对商业银行经营运作的主要影响

① 2021年6月11日，银保监会、人民银行联合制定并发布《关于规范现金管理类理财产品管理有关事项的通知》（以下简称“理财新规”），要求相关产品在投资范围、资产期限、流动性、赎回要求等方面在过渡期内整改。

"理财新规"是在"资管新规"过渡期，伴随业务发展而产生的监管要求。一方面，当前的银行现金管理类理财产品是"资管新规"过渡期的创新产物，是银行理财转型过程中的重要产品类型。另一方面，现金管理类理财产品缺乏明确的风险防范要求，享受了较大的监管红利，存在套利和产生"小资金池"的风险。"理财新规"的落地，标志着银行现金管理类理财产品正式被纳入监管范畴，执行与货币基金基本一致的监管标准。从银行系理财业务方面看，商业银行理财结构将发生变化，净值化转型压力加大。从银行经营方面看，中间业务收入增速或受到影响，资本补充压力增大。经过整改后，现金管理类产品相对货币基金的收益和流动性优势弱化，相关产品规模扩张受到限制。

（十三）金融科技发展对商业银行影响最大的领域：开放银行

调查结果显示，32.09%的受访者认为金融科技发展对银行影响最大的领域是开放银行，24.65%的受访者认为是财富管理，认为是绿色金融的受访者占比21.86%，认为是存贷款和跨境金融的受访者占比分别为14.88%和6.51%（见图2-15）。

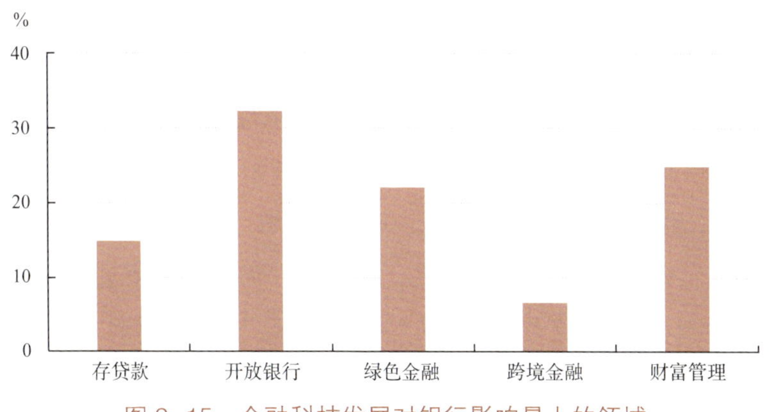

图 2-15　金融科技发展对银行影响最大的领域

大数据、云计算、区块链、人工智能等金融科技的发展，大力推动了商业银行的业务转型，对优化银行获客、黏客、活客和留客的全流程管理，以及提升客户服务体验等方面都产生了深远影响。商业银行可以利用大数据分析和生物识别，在保证客户隐私和数据安全的前提下，基于客户个人信息和金融行为数据完善客户画像，识别客户特征，发掘潜在客户，实现精准营销。同时，也可以利用人工智能等技术，加快智能语音、智能客服和智能网点建设，实现金融服务的自动响应、精确分析和加速解决，全面提高服务效率和客户体验。调查结果显示，金融科技发展对银行影响最大的领域是开放银行。开放银行以开放模式协同服务客户，秉持开放、共享的互联网思维，代表未来多层次、宽领域、深度融合的新型银行业态，是传统银行数字化转型的必由之路，是平台化、生态化商业模式对银行价值链的重塑。同时，金融科技对银行财务管理、绿色金融业务领域也产生较大的影响，但对银行存贷款、跨境金融影响相对较小。未来商业银行需要进一步推进业务场景创新和科技创新，加快科技深度融合金融业务的进程，支撑场景金融高效、灵活和持续运营。

（十四）数字货币的应用对金融业务体系的最大影响：提高支付体系效率

调查结果显示，31.63%的受访者认为数字货币的应用对金融业务体系的最大影响是提高支付体系效率，认为是维护金融安全稳定的受访者占比为22.79%，认为是削弱第三方支付、提升普惠金融水平、提高人民币国际竞争力的受访者占比分别为16.28%、14.88%、14.42%（见图2-16）。

随着数字经济的飞速发展，数字化成为货币流通与支付领域的一种趋势。近两年，我国数字货币布局取得突破性进展，试点城市不断扩容，其对银行业乃至全社会的影响逐步显现。人民银行发行的数字货币称为数字人民币，简称e-CNY。数字人民币以广义账户体系为基础，履行货币的基本职能，定位于替代现金（M_0），与纸币、硬币完全等价，是具有价值特征和无限法偿性的可控匿名支付工具。自数字人民币开展试点以来，银行业通过将数字人民币、数字信息技术与金融场景交互融合，重构、调整和优化自身经营模式，对内可以实现降本增效，对外可以开辟新增长点，促使金融业务体系发生深层次变化。从调查结果看，多数受访者认为数字货币的应用对金融业务体系的最大影响是提高支付体系效率。数字人民币不需要银行间清算，“点对点”实现支付即结算。数字人民币即时到账，商户资金周转效率提高，货币在银行系统的流通速度加快，货币支付体系效率提高。也有不少受访者认为数字货币的应用对金融业务体系的最大影响是维护金融安全稳定。人民银行作为数字货币发行机构，可以掌握更完整的信息，凭借大数据、人工智能等技术分析交易数据和资金流向，可以有效打击洗钱、恐怖融资和逃税等违法犯罪行为，有效维护金融稳定。

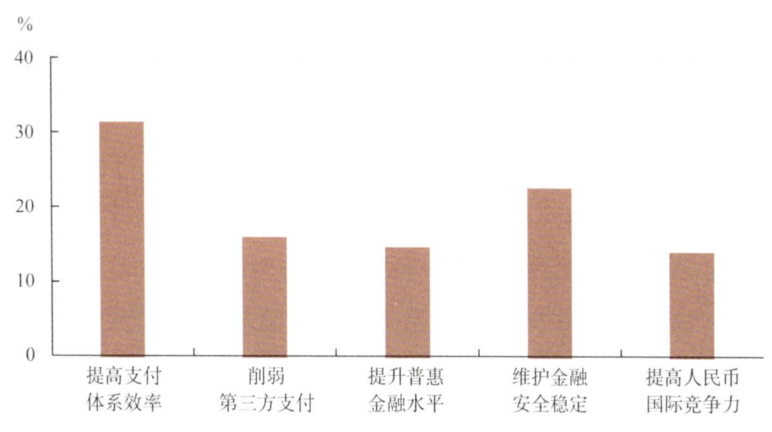

图 2-16　数字货币的应用对金融业务体系的最大影响

三、商业银行面临的主要风险

（一）2022年商业银行新增信贷规模与2021年相比：增长5%以内

调查结果显示，41.86%的受访者认为与2021年相比，2022年商业银行新增信贷规模的增长在5%以内，25.58%的受访者认为增长5%~10%，3.72%的受访者认为增长10%以上，三者合计71.16%；18.14%的受访者认为与2021年相比，2022年商业银行新增信贷规模下降5%以内，8.84%的受访者认为下降5%~10%，1.86%的受访者认为下降10%以上，三者合计28.84%（见图2–17）。

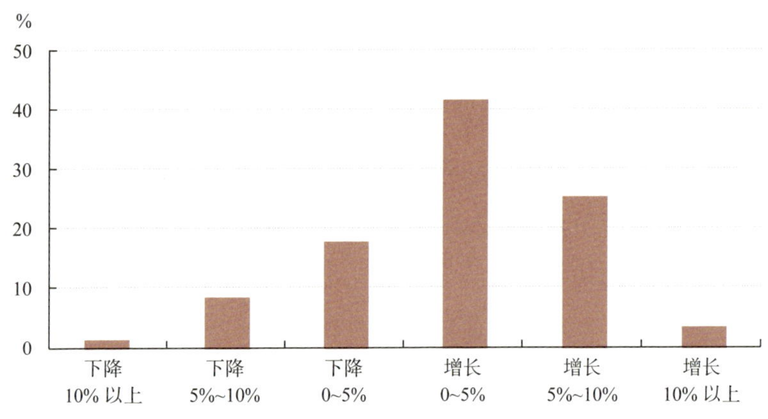

图 2-17　2022 年商业银行新增信贷规模较 2021 年的变化

与2021年调查结果对比可以发现，认为商业银行新增贷款规模增长范围在0~5%的受访者比例从37.21%上升至41.86%，可见，多数受访者认为与2021年相比，2022年商业银行新增信贷规模将继续增加，但受访者对2022年商业银行新增信贷规模的预期更加趋于保守。根据人民银行数据，截至2021年11月，金融机构新增人民币贷款累计为16.72万亿元，同比增长2.83%，而2020年同期同比增长19.3%。上述变化可能有以下两个方面的原因：一是2020年为应对疫情冲击，人民银行综合运用降准、中期借贷便利、公开市场操作、再贷款、再贴现等货币政策工具，保持市场流动性合理充裕。2021年，随着全国新冠疫苗接种人数增加，国内疫情得到有效控制，货币政策精准调控，更加有针对性地提供信贷支持。二是2021年新增人民币贷款基数较高，对市场主体的支持力度已经较大，2022年贷款规模保持相对稳定增长或可以满足相关需求。

（二）2022年商业银行贷款投放增长最快的行业：节能环保产业

调查结果显示，40.47%的受访者认为2022年银行贷款投放增长最快的行业是节能环保产业，30.23%的受访者认为是高新技术产业，17.67%的受访者认为是健康养老产业，认为2022年银行贷款投放增长最快的行业是国防军工产业、批发和零售业的受访者占比分别为7.44%、4.19%（见图2-18）。

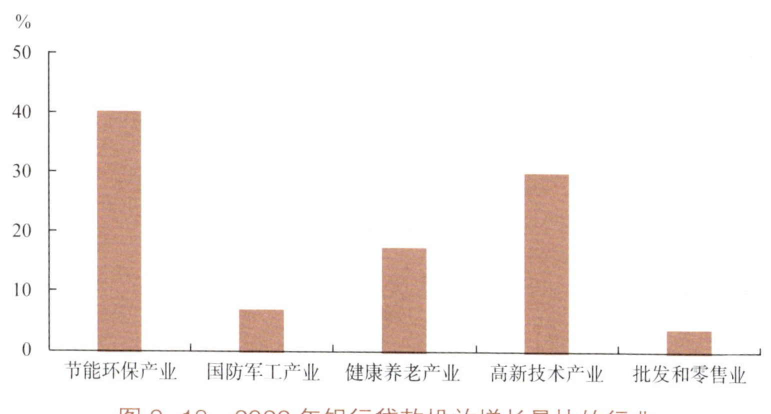

图 2-18　2022 年银行贷款投放增长最快的行业

我国提出二氧化碳排放力争于2030年前达到峰值，努力争取2060年前实现碳中和的目标，即碳达峰碳中和目标。从节能环保产业看，碳达峰碳中和目标将传导到每个具体领域，倒逼全社会加快调整优化产业结构、能源结构。在此目标下，"十四五"时期节能环保产业迎来新的发展机遇，信贷业务对绿色产业、低碳产业的支持力度必然继续加大，各类银行业金融机构的绿色金融实践与创新步伐进一步加快。节能环保产业有望成为未来一段时期银行信贷投放最快的行业。而高新技术产业是以高新技术为基础，从事一种或多种高新技术及其产品的研究、开发、生产和技术服务的企业集合，是知识密集、技术密集的产业类型，代表未来产业发展的方向，是国家技术实力和产品优势的重要体现，对社会经济发展具有不可估量的作用。此外，第七次全国人口普查结果显示，我国60岁及以上人口已达2.64亿人，预计"十四五"时期这一数字将突破3亿人，我国将从轻度老龄化进入中度老龄化阶段。调查结果显示，高新技术产业和健康养老产业的相关信贷投放也将有较快增长。

（三）2022年商业银行绿色信贷规模与2021年相比：小幅增加

调查结果显示，36.74%的受访者认为与2021年相比，2022年商业银行绿色信贷规模将小幅增加，认为大幅增加的受访者占比32.09%，两者合计68.83%；21.40%的受访者认为2022年商业银行绿色信贷规模与2021年基本持平；分别有7.91%和1.86%的受访者认为与2021年相比，2022年商业银行绿色信贷规模将小幅减少和大幅减少，两者合计占比9.77%（见图2-19）。

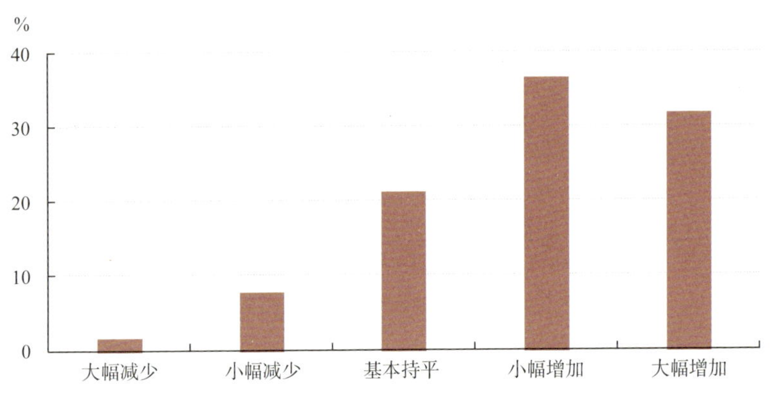

图 2-19　2022 年商业银行绿色信贷规模较 2021 年的变化

近年来，银行业加速布局绿色金融领域，随着我国碳达峰碳中和目标的提出，我国绿色发展进入了新阶段，银行业绿色金融市场持续扩大，绿色贷款规模快速增长。一方面，围绕传统绿色金融业务，发展绿色信贷、绿色租赁、绿色债券等绿色金融业务，为企业提供综合性绿色金融服务。另一方面，随着全国性统一碳市场落地，碳市场、碳交易等将带来庞大的业务空间，碳交易资金清算结算、碳市场履约、碳资产保值增值、碳资产质押融资等创新型金融产品可为商业银行带来较大发展机遇。人民银行发布的《2021年三季度金融机构贷款投向统计报告》显示，截至2021年第三季度末，本外币绿色贷款余额14.78万亿元，同比增长27.90%，比上季度末高1.4个百分点，高于各项贷款增速16.5个百分点。从调查结果看，2022年我国商业银行绿色信贷规模将进一步增加。

（四）商业银行互联网贷款业务的进一步规范对业务扩张和盈利影响最大的银行类型：城市商业银行

调查结果显示，34.88%的受访者认为商业银行互联网贷款业务的进一步规范，对城市商业银行业务扩张和盈利影响最大，24.65%的受访者认为影响最大的是股份制商业银行，21.86%的受访者认为是民营银行，认为影响最大的是农村商业银行和国有大型商业银行的受访者占比分别为9.30%和8.84%，仅有0.47%的受访者认为是外资银行（见图2-20）。

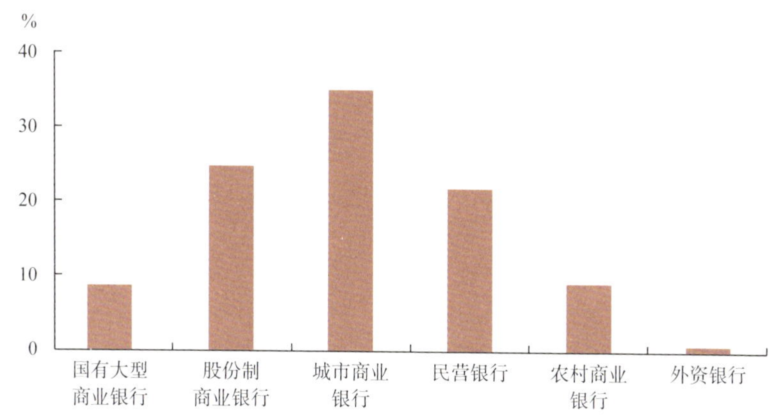

图 2-20　商业银行互联网贷款业务的进一步规范对业务扩张和盈利影响最大的银行类型

2021年2月20日，银保监会办公厅印发《关于进一步规范商业银行互联网贷款业务的通知》，进一步规范商业银行互联网贷款业务，要求商业银行强化风险控制主体责任，独立开展互联网贷款风险管理，自主完成对贷款风险评估和风险控制具有重要影响的风控环节，严禁将关键环节外包。该通知明确了三项定量指标，包括出资比例、集中度指标、限额指标。此外，该通知严控跨区域经营，明确地方法人银行不得跨注册地辖区开展互联网贷款业务。在经济规模没有明显增长的前提下，本土区域的客户量、存款量、融资需求基本上是比较稳定的，该通知将全国范围内的银行竞争焦点下压到省市等地方区域，加剧了区域内的银行贷款业务的竞争，这必将对城市商业银行的业务扩张和盈利产生明显影响。

（五）2022年受访者所在银行补充资本最倾向使用的方式：差异较大

调查结果显示，17.21%的受访者认为2022年其所在银行补充资本最倾向使用的方式是发行二级资本债，14.88%的受访者认为是留存收益转增资本，13.02%的受访者认为是发行永续债，认为是定向增发、发行优先股、IPO的受访者占比分别为12.56%、12.09%、11.16%，分别有7.91%、5.58%、4.65%、0.93%的受访者认为2022年其所在银行补充资本最倾向使用的方式是引进战略投资者、地方政府专项债、可转债和其他（见图2–21）。

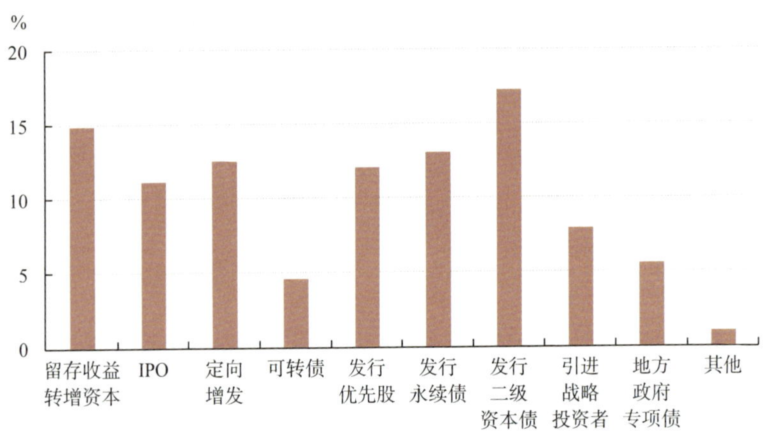

图 2–21　2022 年受访者所在银行补充资本最倾向使用的方式

随着我国以资本监管为核心的现代商业银行监管体系不断完善，资本作为银行风险承担的底线，已经成为银行日常经营管理中的硬约束，资本的稀缺性日益凸显。商业银行补充资本的途径主要包括内生资本补充与外源资本补充两种方式。其中，内生资本补充主要来源于商业银行的利润留存。自2020年以来，商业银行加大支持实体经济和减费让利力度，利润增速有所放缓，内生资本补充能力明显下降，更多依靠股权或债权等外源性融资实现资本补充。从调查结果看，不同银行最倾向的资本补充方式差异较大，这可能与各银行客观实际情况不同有关。另外，选择发行二级资本债方式补充资本的受访者占比相对较高，二级资本债是传统的资本补充方式，发行范围广，是各类银行补充资本的重要手段。

（六）2022年中小银行面临的最大风险：不良资产压力上升

调查结果显示，54.42%的受访者认为2022年中小银行面临的最大风险是不良资产压力上升，19.53%的受访者认为是净息差收窄，17.67%的受访者认为是资本充足率水平较低，认为是流动性比例下降的受访者占比仅为8.37%（见图2-22）。

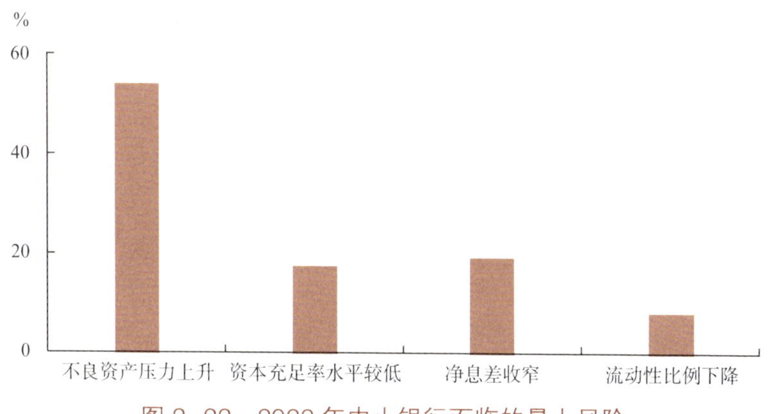

图 2-22　2022 年中小银行面临的最大风险

自2019年以来，受金融监管政策、宏观形势变化及疫情影响，过去中小银行高速发展中积累的问题开始显现，风险事件频发，且在盈利能力、资产规模扩张、资产质量、资本充足水平、公司治理方面均面临困境。从调查结果看，多数受访者认为2022年中小银行面临的最大风险是不良资产压力上升。原因主要有三个方面：一是中小银行定位于服务区域经济发展，为中小企业提供金融支持，与地区经济发展水平密切相关，与全国性银行相比，面临更大的信用风险。二是在不良资产的认定标准趋严后，曾经通过各种监管套利隐匿的不良真实暴露。三是受疫情影响，货币政策保持总量宽松，且陆续推出无还本续贷、延期还本付息等措施，推迟了不良风险暴露，中小银行资产质量持续承压，风险敞口较大。

（七）防范和化解中小银行风险最有效的措施：规范中小银行公司治理

调查结果显示，36.74%的受访者认为防范和化解中小银行风险最有效的措施是规范中小银行公司治理，36.28%的受访者认为是推进中小银行兼并重组，20.00%的受访者认为是拓宽中小银行资本补充渠道，认为是严格落实属地监管原则的受访者占比仅为6.98%（见图2-23）。

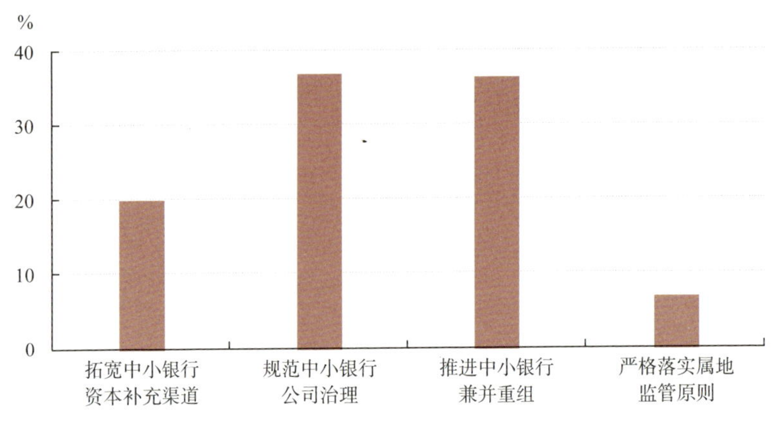

图 2-23　防范和化解中小银行风险最有效的措施

中小银行作为金融市场的参与主体之一，是发展普惠金融、服务中小民营企业的重要力量。自2008年国际金融危机以来，中小银行资产规模总体保持高速增长，但是风险也相应地快速增加。自2019年以来，随着金融监管及宏观形势变化，部分中小银行相继爆发风险事件。行业变化叠加疫情冲击，使防范和化解中小银行风险尤为迫切。根据调查结果，主要有三个方面的措施最为有效：一是规范中小银行公司治理，强化“三会一层”及董事、监事和高管的履职评估和问责，强化高管人员任职资格管理，建立健全透明高效、相互制衡、适合中小银行特点的公司治理机制。二是推进中小银行兼并重组，通过市场途径整合资源，增强中小银行盈利能力和抵御风险能力。三是拓宽中小银行资本补充渠道，通过发行二级资本债、可转债、永续债、小微金融债等外源性融资创新资本补充路径，以及使用增资扩股、发行地方政府专项债券等方式，帮助中小银行补充资本金。

调查结果显示，48.37%的受访者认为中小银行兼并重组的主要目标是增强抵抗风险的能力，认为是实现资源整合的受访者占比为14.88%，认为是提升经营效率和形成规模效应的受访者占比分别为13.49%和13.02%，认为是化解金融风险的受访者占比为10.23%（见图2-24）。

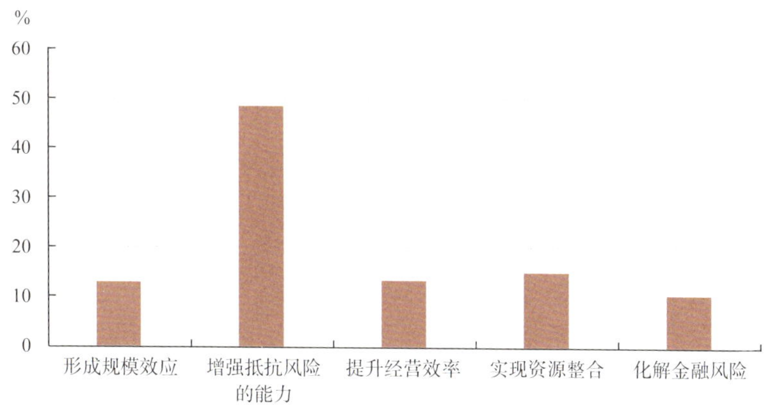

图 2-24 中小银行兼并重组的主要目标

自2021年以来，中小银行“抱团取暖”的兼并重组浪潮再起。银保监会多次强调将大力推进中小银行的改革重组工作，尤其是市场化重组工作。截至2021年8月末，已有四川、山西、辽宁等地出现中小城市商业银行兼并重组省级银行的案例。从调查结果来看，中小银行兼并重组的最主要目标是增强抵抗风险的能力，该调查结果与上述防范和化解中小银行最有效的措施的调查结果相呼应。

四、商业银行不良贷款供应规模、资产类别和价格预期

（一）2021年商业银行不良率的公开数据与实际情况相比：小幅低估

调查结果显示，50.23%的受访者认为2021年商业银行不良率的公开数据与实际情况相比被小幅低估，19.07%的受访者认为被大幅低估，两者合计占比69.30%；25.58%的受访者认为基本一致；分别有4.65%和0.47%的受访者认为被小幅高估和大幅高估，两者合计占比5.12%（见图2-25）。从调查结果看，多数受访者认为2021年商业银行不良率的公开数据是被低估的。

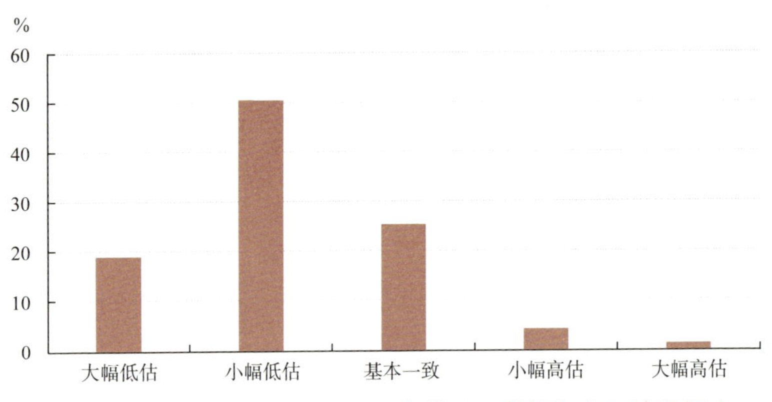

图 2-25　2021 年商业银行不良率的公开数据与实际情况相比

根据银保监会公开数据，截至2021年第三季度，我国商业银行不良贷款余额为2.83万亿元，不良率为1.75%。课题组对“商业银行不良率的公开数据与实际情况相比”这个问题进行多年连续跟踪调查，结果显示，多数受访者认为商业银行不良率的公开数据是被小幅低估的。课题组认为主要原因有两个方面：一是近年来宏观经济增速放缓，不少企业盈利能力变差，造成商业银行信贷资产质量有所下迁，有些银行采取了一定的风险缓释措施，暂未暴露相关风险，但潜在风险犹存。二是为应对疫情冲击，采取的延期还本付息贷款和信用贷款的风险程度较大，潜在风险尚未暴露，随着相关应对政策退出，风险逐步显现，商业银行不良率将有一定幅度的上升。另外值得注意的是，与上年调查结果相比，认为商业银行不良率的公开数据与实际情况相比被小幅低估的受访者占比略有上升，认为被大幅低估的受访者占比略有下降，可能原因是近两年商业银行不良资产处置力度加大，不良率水平与之前相比更接近实际情况。

（二）关注类资产中转变为不良贷款的比例：20%~30%

调查结果显示，25.58%的受访者认为关注类资产中转变为不良贷款的比例是20%~30%，分别有23.26%和21.40%的受访者认为关注类资产中转变为不良贷款的比例是10%~20%和30%~40%，认为关注类资产中转变为不良贷款的比例是10%以下、50%以上、40%~50%的受访者比例分别为13.95%、

8.37%、7.44%（见图2–26）。

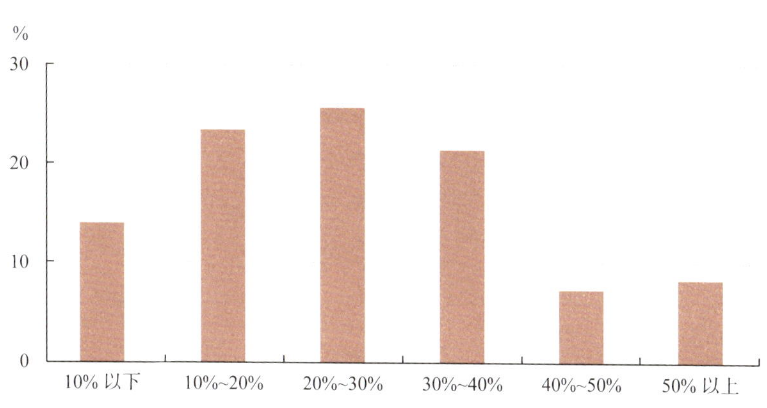

图 2–26 关注类资产中转变为不良贷款的比例

从调查结果看，多数受访者认为有20%~30%的关注类贷款将转变为不良贷款。截至2021年第三季度末，我国商业银行关注类贷款为3.76万亿元，20%~30%的比例为0.75万亿~1.13万亿元。截至2021年第三季度，我国商业银行不良贷款余额为2.83万亿元，0.75万亿~1.13万亿元的预计不良贷款尤应引起重视。2021年调查结果显示，多数受访者认为关注类贷款可能转变为不良贷款的比例是30%~40%，对比可见，受访者认为关注类贷款转变为不良贷款的比例有所下降。课题组认为一方面是由于疫情逐渐常态化，商业银行从业者对关注类贷款的质量有了比较稳定的预期。另一方面是由于前期严监管政策，商业银行已对银行贷款进行了严格分类，如将逾期90天以上贷款计入不良等，关注类贷款实际质量有所提升。

（三）将资产质量可能下迁的关注类资产提早纳入不良资产处置范围的必要性：比较大

调查结果显示，47.91%的受访者认为将资产质量可能下迁的关注类资产提早纳入不良资产处置范围的必要性比较大，23.72%的受访者认为非常大，两者合计71.63%。28.38%的受访者认为将资产质量可能下迁的关注类资产提早纳入不良资产处置范围的必要性比较小或几乎没有（见图2–27）。

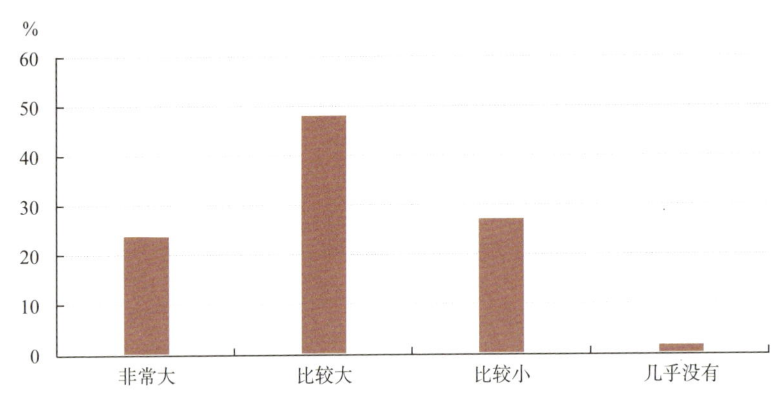

图 2-27　将资产质量可能下迁的关注类资产提早纳入不良资产处置范围的必要性

银行贷款可分为正常、关注、次级、可疑和损失五类，后三类属于不良贷款。关注类贷款进一步恶化就会下迁为不良贷款，因此关注类贷款是预测不良贷款的重要指标。从调查结果看，多数受访者认为将资产质量可能下迁的关注类资产提早纳入不良资产处置范围很有必要。未来可对关注类贷款进一步分类管理，设定相关监测指标，如果相关关注类资产质量有异常变动，则提早纳入不良资产处置范围，及时考虑处置预案、消除风险隐患，进一步有效提升商业银行信贷资产质量。

（四）2022年商业银行处置不良贷款的紧迫性与2021年相比：更加紧迫

调查结果显示，50.23%的受访者认为与2021年相比，2022年商业银行处置不良贷款的紧迫性更强，44.65%的受访者认为基本持平，5.12%的受访者认为有所减弱（见图2-28）。

从调查结果看，多数受访者认为2022年商业银行处置不良贷款的紧迫性与2021年相比有所增强。受宏观经济下行压力加大以及疫情冲击等影响，商业银行不良资产压力逐步增大，为此，商业银行应积极拓宽不良资产处置渠道并加大处置力度。未来，随着前期为应对疫情采取的延期还款付息等政策陆续到期，商业银行相关不良风险将逐步暴露，预计2022年商业银行处置不良贷款的紧迫性将进一步增加。

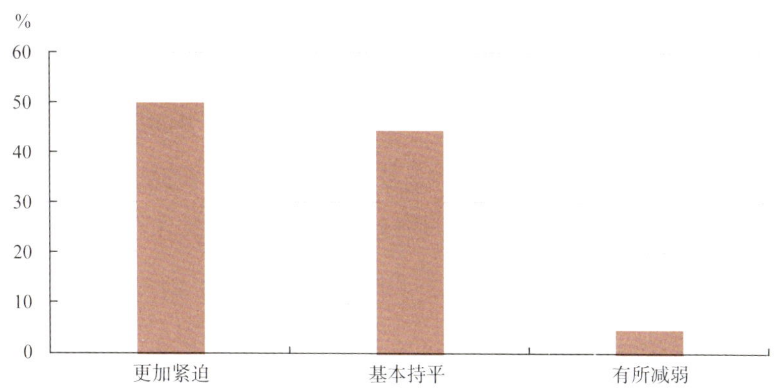

图 2-28　2022 年商业银行处置不良贷款的紧迫性较 2021 年的变化

（五）2022年不良资产处置压力最大的银行类型：城市商业银行

调查结果显示，35.81%的受访者认为2022年不良资产处置压力最大的银行类型是城市商业银行，分别有19.07%和17.67%的受访者认为是民营银行和股份制商业银行，认为是农村商业银行和国有大型商业银行的受访者占比分别为15.35%和11.63%，认为是外资银行的受访者占比仅为0.47%（见图2-29）。

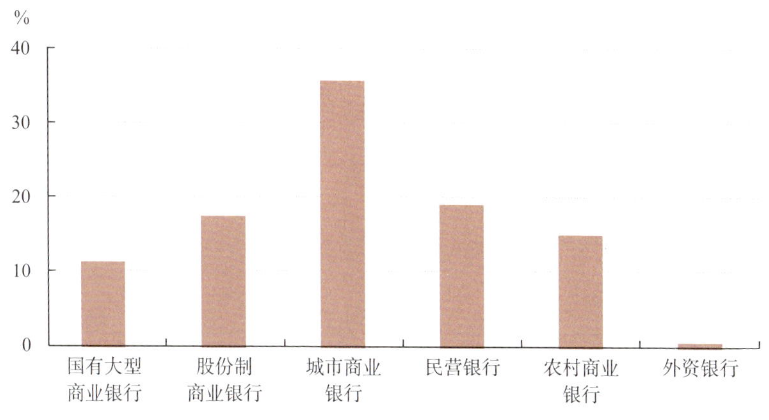

图 2-29　2022 年不良资产处置压力最大的银行类型

从调查结果看，城市商业银行是2022年不良资产处置压力最大的银行类型，这与上年调查结果一致。根据银保监会公开数据，截至2021年第三季度，我国城市商业银行不良贷款率为1.82%，农村商业银行不良贷款率为3.59%，两者的不良率均远高于我国商业银行1.75%的整体不良率。课题组认为，2022年城市商业银行和农村商业银行的不良资产处置压力均比较大，但部分城市商业银行已经上市，受公众及监管关注度比较高，尤其是在包商银行、锦州银行等一系列城市商业银行风险事件之后，城市商业银行的风险逐步暴露出来，相关不良资产及其处置受到更为广泛的关注。

（六）受访者所在银行2022年新增不良贷款规模与2021年相比：基本持平

调查结果显示，39.53%的受访者认为2022年其所在银行新增不良贷款规模与2021年基本持平；分别有26.51%和4.65%的受访者认为与2021年相比，其所在银行2022年新增不良贷款规模将小幅增加和大幅增加，两者合计占比31.16%；分别有26.05%和3.26%的受访者认为与2021年相比，其所在银行2022年新增不良贷款规模将小幅降低和大幅降低，两者合计占比29.31%（见图2-30）。可见，多数受访者认为2022年其所在银行新增不良贷款规模与2021年基本持平。

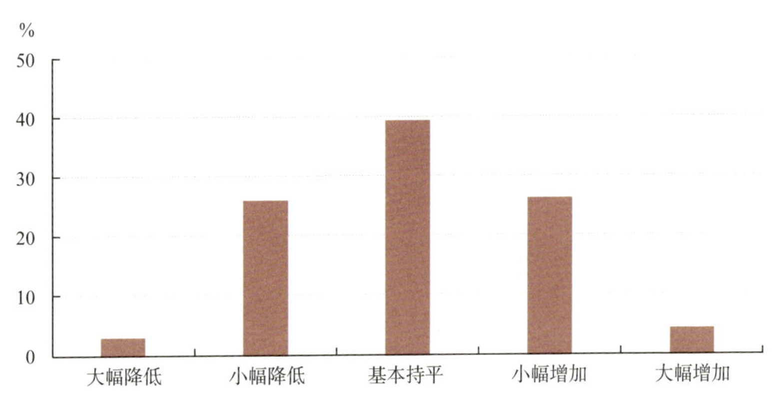

图 2-30　受访者所在银行 2022 年新增不良贷款规模较 2021 年的变化

纵向看，2019年多数受访者选择小幅增加，2020年多数受访者选择小幅降低，2021年和2022年多数受访者选择基本持平，由此可以看出，针对新增不良贷款规模的变化情况，受访者观点发生了从小幅降低到小幅增加，再到基本稳定的趋势变化。这种变化与我国宏观经济形势、金融监管形势及疫情影响密切相关。2018年末发生疫情之前，宏观经济形势基本稳定，多数受访者预计2019年新增不良贷款规模与2018年相比将有小幅降低。2019年金融监管政策开始收紧，市场普遍认为2020年金融行业风险将加速暴露，因此多数受访者预计2020年新增不良贷款规模与2019年相比将有一定幅度的上升。疫情暴发后，我国政府快速响应，在世界范围内首先相对有效地控制住疫情，并出台了一系列风险缓释措施，随着宏观经济初步企稳及新冠疫苗接种覆盖率进一步提高，市场预期逐渐变好，因此近两年多数受访者认为银行新增不良贷款规模变化不大，基本稳定。

（七）受访者所在银行2022年合计面向市场推出资产包本金总规模：30亿元以下

调查结果显示，32.09%的受访者认为其所在银行2022年合计面向市场推出资产包本金总规模在30亿元以下，22.33%的受访者认为在50亿~100亿元，认为在30亿~50亿元、在100亿~200亿元的受访者占比分别为18.60%、13.95%，认为其所在银行2022年合计面向市场推出资产包本金总规模在300亿~400亿元、在400亿元以上和在200亿~300亿元的受访者占比分别为5.12%、4.19%和3.72%（见图2-31）。

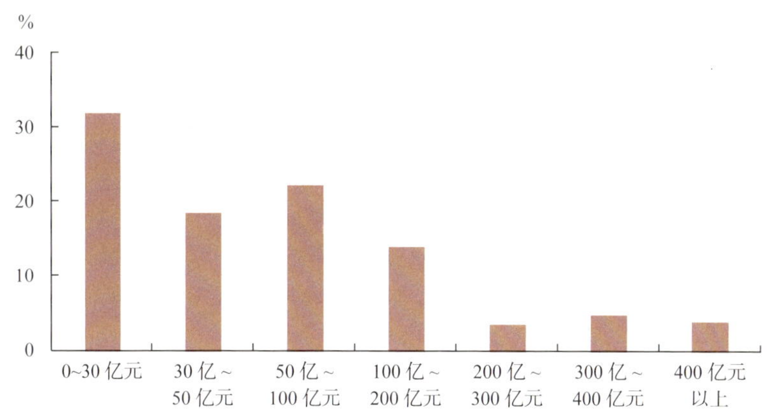

图 2-31　受访者所在银行 2022 年合计面向市场推出资产包本金总规模

商业银行是不良资产一级市场的供给方，其推出不良资产包的大小、质量、组包方式等对不良资产市场有着直接影响。商业银行一方面会根据银行需处置不良资产的实际情况进行组包，另一方面会根据不良资产一级市场需求方的需求相应作出调整。随着我国不良资产市场参与主体不断扩容，不良资产市场的需求方逐渐形成“5+地方系+银行系+外资系+N”的竞争格局，商业银行推出不良资产包规模的大小更加灵活多样。总体来看，中小型资产包处置周期较短，对投资者产生的资金、流动性压力较小，有利于分散风险，更受投资者青睐。而大型资产包占用资金量大，处置周期长，准入门槛相对较高。为了吸引更多潜在投资者，提升资产包的竞争力，商业银行会有针对性地推出中小型资产包，市场情况与调查结果较为一致。

（八）2022年受访者所在银行向市场推出不良资产最主要类型：可疑类和次级类

调查结果显示，36.74%的受访者认为2022年其所在银行向市场推出的不良资产最主要类型是可疑类，36.28%的受访者认为是次级类，认为是损失类的受访者占比为26.98%（见图2-32）。从调查结果看，2022年受访者所在银行向市场推出的不良资产类型中次级类和可疑类均占比较高。

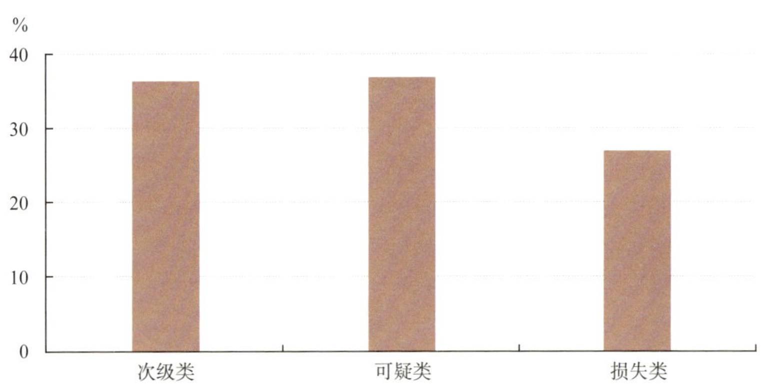

图 2-32　2022 年受访者所在银行向市场推出的不良资产类型

将近几年调查结果进行对比可以发现，2019年受访者所在银行向市场推出的不良资产类型中损失类居多，2020年可疑类居多，2021年次级类居多，

2022年可疑类和次级类均占比较高。可见，受访者所在银行向市场推出的不良资产质量逐年提升、企稳，而后有所下降。课题组认为，商业银行向市场推出的不良资产类型，主要与三个方面的因素密切相关：一是新增不良贷款规模，二是不良资产处置压力，三是前期不良资产处置情况。此外，也与宏观环境、监管政策等外部因素有关。前几年，在商业银行加大不良资产处置力度之后，质量相对较差的存量不良资产已得到有效处置，不良资产整体质量有所提升。2022年受访者认为其所在银行向市场推出的不良资产质量有所下降，或因宏观经济下行压力加大、实体经济并未明显好转及疫情反复等因素，对商业银行不良贷款质量产生了一定的负面影响。

（九）受访者所在银行2022年推出的资产包价格与2021年相比：基本持平

调查结果显示，56.74%的受访者认为2022年其所在银行面向市场推出的资产包价格与2021年基本持平，23.72%的受访者认为小幅降低，17.21%的受访者认为小幅提高，另有2.33%的受访者认为大幅降低和大幅提高（见图2-33）。可见，多数受访者认为2022年其所在银行面向市场推出的资产包价格与2021年基本持平。

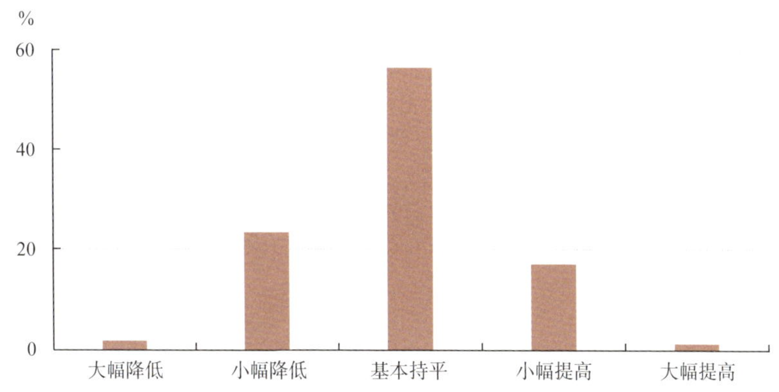

图 2-33　受访者所在银行 2022 年推出资产包的价格较 2021 年的变化

近三年，不良资产包的价格预期趋稳。从前文看，商业银行2022年推出不良资产的紧迫性更强，推出的资产包质量可能有所下降，但资产包价格却并未有下降预期。课题组认为主要有三个方面的原因：第一，随着第五家全国性金融资产管理公司的成立、外资不良资产管理公司的进入、地方资产管理公司的进一步扩容及其他金融机构的加入，不良资产需求方市场主体进一步增加，市场竞争更加激烈，供需双方在原有价格上达到一个新的平衡。第二，在前些年大幅度化解不良资产时，质量相对较差的商业银行不良资产已基本处置完毕，目前存量不良资产相对比较优质，处置则相对容易，因此近几年不良资产包价格比较平稳。第三，目前不良资产市场仍属卖方市场，银行作为不良资产的供给方，存在一定惜售行为，如果达不到预期价格，银行将暂停出售相关资产包，待符合条件后再售出，这也在客观上造成了不良资产包价格比较平稳。

五、商业银行处置不良资产的主要方式

（一）2022年商业银行处置不良资产的最主要方式：不良资产转让

调查结果显示，45.58%的受访者认为2022年商业银行处置不良资产的最主要方式是不良资产转让，认为是坏账核销的受访者占比为26.05%，认为是清收和债务重组的受访者占比均为12.56%，认为是债转股的受访者占比3.26%（见图2-34）。

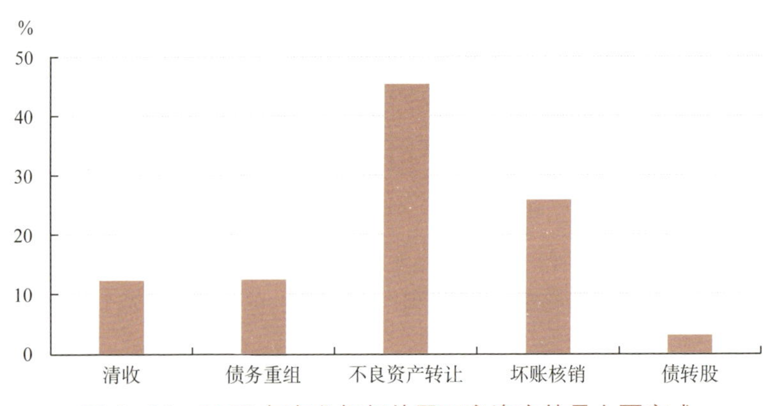

图 2-34　2022 年商业银行处置不良资产的最主要方式

从调查结果看，2022年商业银行处置不良资产的最主要方式仍是不良资产转让。不良资产转让能快速降低商业银行不良贷款率，但需牺牲一定的回收率，是商业银行常用的不良资产处置方式。与2021年调查结果相比，选择不良资产转让的受访者占比上升了5个百分点，说明2022年不良资产处置压力有所上升，这与前文2022年商业银行处置不良贷款的紧迫性更强的调查结果一致。坏账核销也是商业银行处置不良资产的常用方式，坏账核销须追究相关人员责任，且核销后要比照表内不良贷款的管理方式，建立资产保全和追收制度，加强管理。除不良资产转让、坏账核销之外，传统不良资产处置方式还有清收、债务重组等。另外，债转股、资产证券化、互联网处置等创新类不良资产处置方式的应用也在逐步增加。但从目前看，商业银行处置不良资产仍以不良资产转让为主。

（二）2022年影响银行选择不良资产处置方式的最主要因素：考核压力

调查结果显示，35.35%的受访者认为2022年影响商业银行选择不良资产处置方式的最主要因素是考核压力，20.47%的受访者认为是市场环境，认为是自身处置能力和回收率的受访者占比分别为16.28%和11.16%，认为是行政司法环境、处置周期和其他的受访者合计占比为16.75%（见图2-35）。

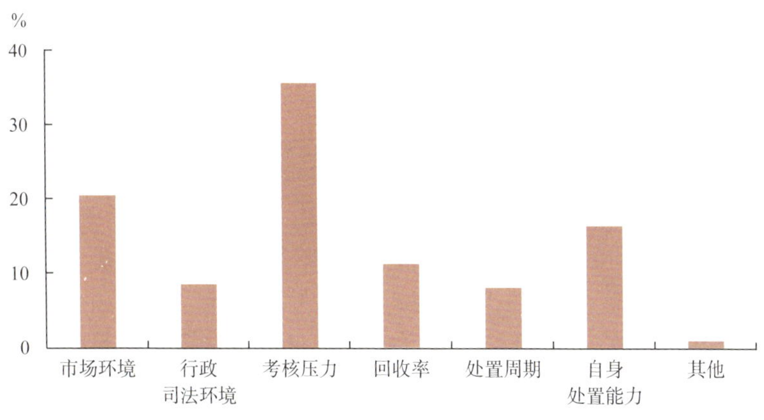

图 2-35　2022 年影响银行选择不良资产处置方式的最主要因素

不良资产处置方式各有利弊，商业银行在选择不良资产处置方式时受多方面因素制约。从近几年调查结果看，考核压力、市场环境、自身处置压力始终是排在前三的影响商业银行不良资产处置方式的主要因素，排在其次的依次是回收率、行政司法环境、处置周期等其他因素，这与前几年调查结果一致。受疫情影响，宏观环境及不良资产处置环境发生了深刻变化，但对商业银行来说，考核压力依然是影响商业银行选择不良资产处置方式的最主要因素。

（三）2022年商业银行处置不良贷款的主要动机：降低不良贷款率

调查结果显示，51.16%的受访者认为2022年商业银行处置不良贷款的主要动机是降低不良贷款率，19.07%的受访者认为是加快现金回收，认为是满足监管要求、保全信用资产和追求更高回收率的受访者占比分别为11.63%、10.70%和7.44%（见图2-36）。

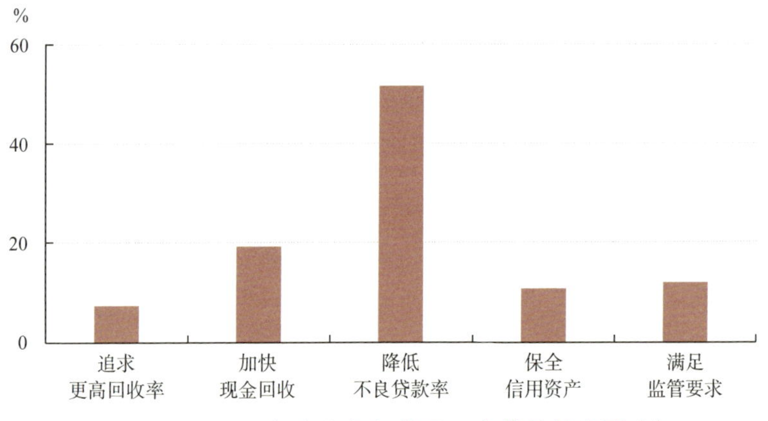

图 2-36　2022 年商业银行处置不良贷款的主要动机

从近几年调查结果纵向看，最近几年商业银行处置不良贷款的主要动机均为降低不良贷款率。受宏观经济下行压力加大、金融监管整体趋严及疫情等多方面因素影响，商业银行不良资产上升压力增大，商业银行加大不良资产处置力度、降低不良贷款率的压力也随之加大。对此，银保监会等监管机构多次作出风险预警，提示相关机构提早谋划、积极应对。可见，加大不良资产处置力度、降低不良贷款率依然是2022年商业银行处置不良贷款着重考虑的因素。

（四）商业银行在转让不良资产时最倾向的合作方：全国性金融资产管理公司

调查结果显示，69.30%的受访者认为商业银行在转让不良资产时最倾向的合作方是全国性金融资产管理公司，分别有14.88%和8.37%的受访者认为是地方资产管理公司和金融资产投资公司（AIC），另外有7.45%的受访者认为是国内民营资产管理公司、外资机构与互联网平台，没有受访者选择中介机构（见图2–37）。

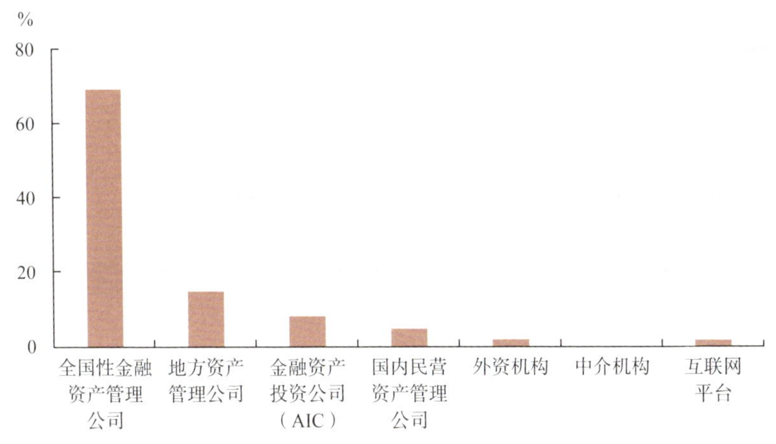

图 2–37　商业银行在转让不良资产时最倾向的合作方

调查结果显示，商业银行在转让不良资产时最倾向的合作方是全国性金融资产管理公司，也就是原有的华融、长城、东方、信达四大资产管理公司，以及2020年新成立的中国银河资产管理有限责任公司。从纵向对比来看，2020年、2021年的调查结果显示分别有85.85%、73.95%的受访者认为商业银行在转让不良资产时最倾向的合作方是全国性金融资产管理公司，从数据上看，全国性金融资产管理公司的市场地位在一定程度上有所下降。近年来，随着不良资产市场规模不断增加，不良资产一级市场需求方的参与主体更加丰富，除了地方资产管理公司，商业银行、外资机构、互联网平台也纷纷加入，随着市场不断扩容，竞争压力逐渐增大，全国性金融资产管理公司优势略有削弱，但仍居主导地位。

（五）新一轮债转股对化解不良资产的作用：分歧较大

调查结果显示，认为新一轮债转股对化解不良资产的作用比较小和非常小的受访者占比分别为44.19%和5.58%，两者合计占比49.77%；认为比较大和非常大的受访者占比分别为41.86%和8.37%，两者合计占比50.23%（见图2-38）。可见，受访者关于新一轮债转股对化解不良资产的作用的看法分歧较大。

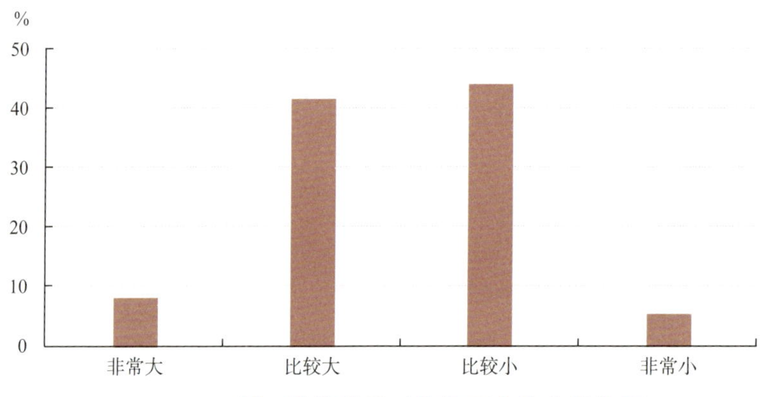

图 2-38　新一轮债转股对化解不良资产的作用

从调查结果看，对于新一轮债转股化解不良资产的作用，受访者分歧较大，认为作用比较大和比较小的受访者占比均较高。与上年调查结果相比，选择新一轮债转股对化解不良资产作用比较大的受访者占比从38.60%上升到41.86%。总体来看，受访者整体看法从作用比较小转变为分歧较大，可见一部分受访者观点发生了转变。课题组认为，前期债转股进行转股的贷款类型主要是正常类，很少涉及不良贷款，所以当时多数受访者认为新一轮债转股对商业银行降低不良资产压力的效果比较有限。但随着新一轮债转股的深入推进，个别质量有下迁风险的正常类贷款也进行了市场化债转股，这对化解商业银行潜在不良资产起到一定作用，因此有部分受访者观点也随之发生了变化。

（六）当前开展新一轮市场化债转股的最大障碍：不良贷款转股定价难

调查结果显示，35.35%的受访者认为当前开展新一轮市场化债转股的最大障碍是不良贷款转股定价难，认为是股权退出难的受访者占比为25.58%，认为是项目交易机制匮乏的受访者占比为21.86%，另外有17.21%的受访者认为是资本占用大和信息、资源、人员等要素缺乏（见图2–39）。

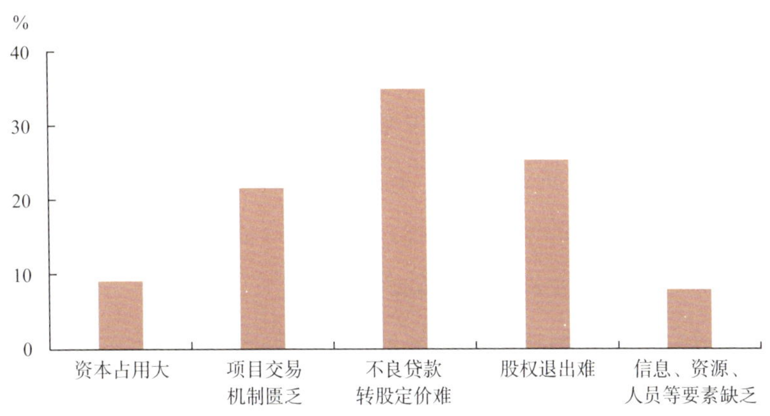

图 2–39 当前开展新一轮市场化债转股的最大障碍

自2016年新一轮市场化债转股启动以来，就存在诸多困难，如募集资金难、目标企业难选择、持有期间管理难及股权退出难等。在新一轮债转股启动的早期，股权退出难是债转股项目落地不及预期的主要因素，其次是不良贷款转股定价难。但从此次调查结果看，多数受访者认为，当前开展新一轮市场化债转股的最大障碍是不良贷款转股定价难，其次是股权退出难。随着市场化债转股的不断推进，市场主体各方不断博弈，同时市场机制也在不断完善，如多层次产权交易市场逐步建立健全，市场化债转股面临的形势也在发生新的变化，股权退出虽仍存在一定困难，但已不是主要矛盾。而不良贷款转股定价难，主要是因为新一轮市场化债转股主要遵循市场化、法治化原则，在转股价格和条件等方面都体现了市场化、法治化的明显特点。由于存在信息不透明、不对称等原因，企业和金融机构往往按照有利于自己的方式进行估值，对价值判断存在分歧，很难在短期内达成各方都认可的公允的债权转让，尤其是不良类贷款的定价，可能面临较大的折扣，给银行带来一定的资产损失压力。所以目前新一轮债转股的转股类型仍以正常类为主，很少涉及不良类。未来，如何进一步建立和完善合理的债转股定价机制，是加快推进新一轮债转股亟待解决的问题。

六、小结

商业银行部分共收到有效问卷215份，受访者所在机构、地区分布与我国商业银行基本情况及地区分布情况基本匹配，具有较好的代表性。受访者主要是银行风险管理、资产保全、不良资产处置等相关岗位的一线业务骨干，对市场情况和监管政策较为熟悉，问卷调查结果具有较高的可信度。通过对调查结果进行统计分析，主要得出如下结论：

宏观经济与政策对商业银行信贷资产质量有重要影响。调查结果显示，与多数发达经济体货币政策边际收紧不同，多数受访者认为2022年我国货币政策将中性偏松。2021年我国进行了两次全面降准，多数受访者认为全面降准对服务实体经济的作用较为明显。多数受访者认为，利率市场化改革的不断深入对降低企业财务成本、减轻企业经营负担的作用比较大。多数受访者认为，《全球系统重要性银行总损失吸收能力管理办法》对我国银行业的最大影响是提高风险管理水平与经营能力，碳减排支持工具对商业银行的最大吸引力是可以提供更优的资产配置。多数受访者认为，随着房地产长效机制相关政策的不断推进，2022年我国房地产市场价格将与2021年基本持平。2021年恒大等房地产企业信用违约事件对商业银行信贷资产质量造成比较严重的影响，预计2022年房地产企业信用违约风险将有小幅上升，商业银行对房地产的新增信贷规模将进一步收缩。为应对疫情对中小微企业的冲击，人民银行、银保监会等部门进一步延长还本付息政策和信用贷款政策至2021年底，多数受访者认为这部分贷款的风险程度比较大。多数受访者认为，2022年银行理财子公司亟须解决的问题是提升风险管控能力，金融科技对商业银行影响最大的领域是开放银行业务，数字货币应用对金融业务体系最大的影响是提高支付体系效率。

受宏观经济下行压力加大及疫情等因素影响，商业银行面临的主要风险出现了新的变化。多数受访者认为，2022年商业银行新增信贷规模与2021年相比将有小幅增长，2022年银行信贷投放增长最快的行业是节能环保行业。随着“双碳”目标的提出和相关政策的不断推进，2022年商业银行绿色信贷规模与2021年相比将有小幅增加。2021年，银保监会印发《关于进一步规范商业银行互联网贷款业务的通知》，多数受访者认为，商业银行互联网贷款业务的进一步规范对城市商业银行的业务扩张和盈利影响最大。多数受访者认为，2022年中小银行面临的最大风险是不良资产压力上升，规范中小银行公司治理是防范和化解中小银行风险最有效的措施。

商业银行作为不良资产一级市场的供给方，其不良贷款供应规模、资产类别和预期价格对不良资产市场有着直接影响。多数受访者认为，2021年商业银行不良率的公开数据被小幅低估，预计2022年有20%~30%的关注类贷款将转变为不良贷款，将资产质量可能下迁的关注类资产提早纳入不良资产处置范围的必要性比较大。调查结果显示，多数受访者认为其所在银行2022年新增不良贷款规模与2021年基本持平，2022年城市商业银行不良资产处置压力最大，与2021年相比，2022年商业银行处置不良贷款的紧迫性更强。多数受访者认为其所在银行2022年向市场推出的不良资产类型主要为可疑类和次级类，资产包本金总规模在30亿元以下，价格与2021年基本持平。

关于商业银行处置不良资产的方式与手段，多数受访者认为，2022年商业银行处置不良资产最主要的方式是不良资产转让，考核压力是2022年影响商业银行选择不良资产处置方式的最主要因素。调查结果显示，商业银行处置不良贷款的主要动机是降低不良贷款率，在转让不良资产时最倾向的合作方是全国性金融资产管理公司。随着新一轮市场化债转股的不断推进，受访者关于新一轮债转股化解不良资产的作用及开展相关业务的最大障碍的观点都发生了新的变化，对于化解不良资产的作用，部分受访者观点从效果比较小转变为效果比较大，关于开展新一轮债转股的最大障碍，多数受访者从选择股权退出难转变为选择不良贷款转股定价难。

第三部分

资产管理公司观点

资产管理公司作为金融体系中专业的不良资产经营处置机构，服务于供给侧结构性改革，利用专业优势和技能，在国有大型企业提质增效、民营企业危机救助、资本市场纾困、产业优化升级、服务中小金融机构风险化解等领域发挥重要作用，维护了金融安全和社会稳定。本部分通过对资产管理公司从业人员进行问卷调查，研究了影响不良资产市场的内外部因素，分析了不良资产一、二级市场的发展现状及前景，以期为有效发挥资产管理公司在跨周期调节方面的独特优势、进一步提升服务实体经济质效、畅通国民经济多层次良性循环、服务经济社会高质量发展提供经营与决策参考。

一、受访者概况

本次调查共回收有效问卷220份，受访者主要为全国性金融资产管理公司、地方资产管理公司的业务骨干，在不良资产收购、处置等领域，具有较高的专业素养和丰富的从业经验，熟悉不良资产市场现状及政策导向，能够从专业的视角，对金融不良资产市场竞争格局、发展趋势、业务发展方向等作出合理判断。

从受访者所在地区分布情况来看，按比例进行降序排列，依次为华北地区、西北地区、华东地区、华南地区、华中地区、西南地区和东北地区，占比分别为22.27%、18.64%、15.45%、12.73%、11.36%、10.00%和9.55%，基本覆盖了国内主要地区全国性金融资产管理公司省级分公司和地方资产管理公司（见图3-1）。整体来看，受访者地区分布较为均衡，样本具有良好的代表性，调查结果能够比较充分地反映出资产管理公司对中国金融不良资产市场特征的判断。

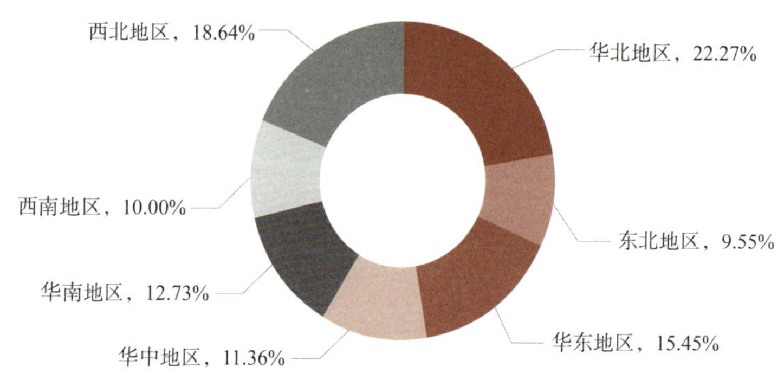

图 3-1　受访者所在经营单位地区分布

二、不良资产一级市场业务开展情况

在不良资产一级市场中，商业银行是主要供给端，以单户或打包转让的方式，剥离不良资产。资产管理公司是主要需求端，作为金融不良资产市场的一级批发商，收购商业银行转让的单户或整包金融不良资产。本部分重点分析不良资产一级市场的业务开展情况，以及对金融不良资产市场的判断。

（一）2021年不良资产包收购价格较2020年变化：有所分化

调查结果显示，32.27%的受访者认为2021年金融不良资产包收购价格与2020年基本持平；22.73%的受访者认为下降幅度为0~10%，15.91%的受访者认为下降幅度为10%~20%，5.45%的受访者认为下降幅度超过20%；16.36%的受访者认为上升幅度为0~10%，6.36%的受访者认为上升幅度为10%~20%，0.91%的受访者认为上升幅度超过20%（见图3-2）。

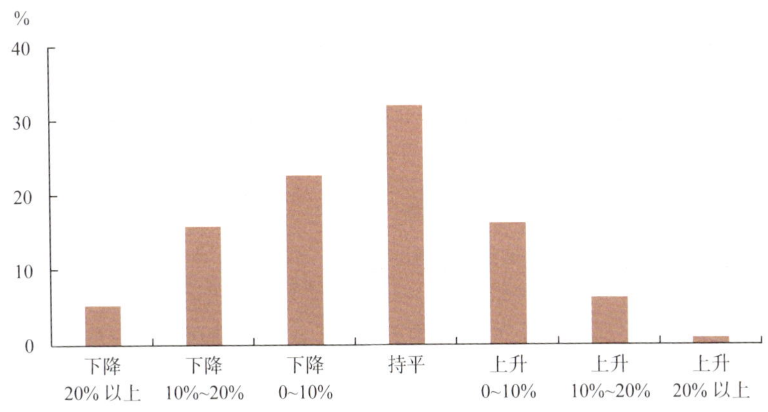

图 3-2　2021 年不良资产包收购价格较 2020 年的变化

从调查结果来看，2021年资产包价格存在一定分化趋势，认为金融不良资产包价格基本持平的受访者占比有所下降。总体来看，金融不良资产一级市场批量转让的资产包数量与往年相比有所下降，特别是下半年不良资产一级市场总体上呈现阶段性供给减少的情况，经济较发达、传统不良资产交易活跃的华东、华中、华南和华北地区一级市场推包规模同比下降明显。但是资产包的价格并未全部延续之前逐步下探的趋势，在不良资产市场发展较为成熟的部分地区，资产包价格保持了相对稳定甚至少数地区出现一定程度的反弹，而不良资产市场交易不太活跃的地区，由于存量资产的消化处置受经济环境下行压力加大、疫情反复等因素影响，处置进度普遍不达预期，资产包价格延续稳中有降的态势。

（二）2021年不良资产市场供给变化：有所分化

调查结果显示，32.27%的受访者认为疫情导致2021年不良资产市场供给小幅增加，5.45%的受访者认为大幅增加；20.45%的受访者认为无明显变化；29.55%的受访者认为小幅减少，12.27%的受访者认为大幅减少（见图3-3）。

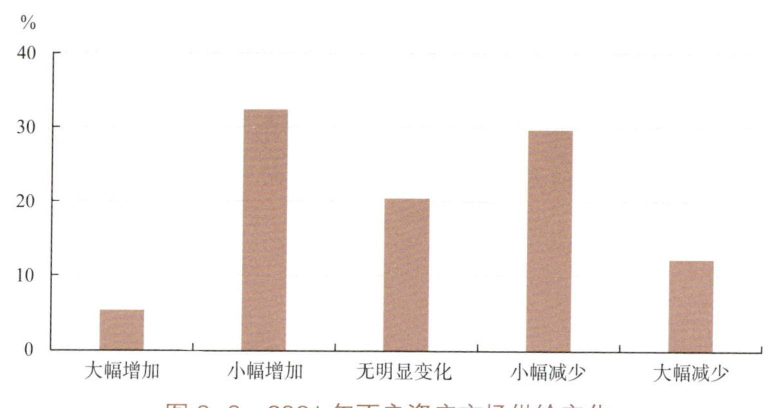

图 3-3　2021 年不良资产市场供给变化

调查结果显示，不良资产一级市场供给呈现分化的趋势，超过四成的受访者认为2021年不良资产市场供给规模有所下降。据不完全统计，2021年第一季度不良资产一级市场批量转让的资产包数量环比有所下降，第二季度金融不良资产成交规模出现了比较明显的回升。经过近几年对不良资产的持续压降和处置，国有大型商业银行不良率和不良贷款余额呈现持续下降趋势，银行降低利润增长要求，采用核销方式处置不良资产的比例有所增加，供给端银行推包数量有所减少，金融机构推包债权金额出现小幅回落。在经济发展较为发达的地区，2021年下半年以来不良资产一级市场推出资产包规模明显萎缩，而在经济发展相对较慢的地区，一级市场供给规模反而有所增加，市场分化较为明显。

（三）推进个人不良贷款批量转让对不良资产市场供给的影响：无明显变化

调查结果显示，43.18%的受访者认为推进单户对公不良贷款和批量个贷转让对不良资产市场供给的影响是小幅增加，3.64%的受访者认为大幅增加；49.09%的受访者认为无明显变化；3.64%的受访者认为将小幅减少，0.45%的受访者认为将大幅减少（见图3-4）。

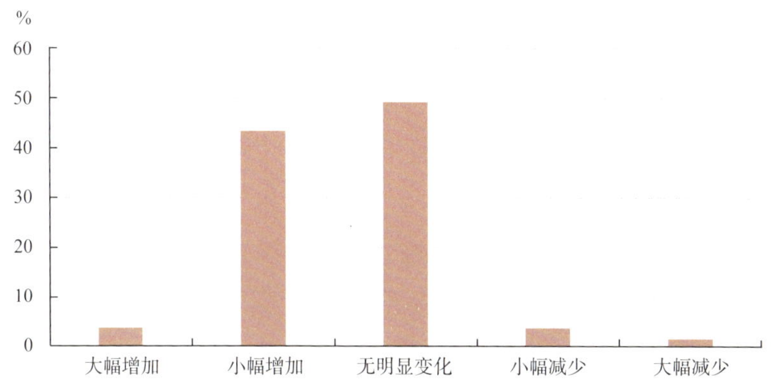

图 3-4　推进个贷不良批量转让对不良资产市场供给的影响

与上年调查结果相比，认为监管机构推进单户对公不良贷款和批量个人不良贷款转让试点增加了不良资产市场供给的受访者占比大幅下降。2021年初，银保监会印发了《关于开展不良贷款转让试点工作的通知》（以下简称《通知》），拓宽了不良资产转让类别，增加了个人不良贷款的批量转让。《通知》下发之前，个贷不良不能批量转让，只能清收和核销，没有系统性的处置渠道，此次下发的《通知》，规定了转让试点的范围包括批量个人不良贷款，以试点方式拓展了不良资产处置的渠道和方式，拓宽了不良资产转让的范围，为银行处置个贷不良资产提供更多选择。总体来看，此次批量转让试点范围以个人消费信用贷款、信用卡透支、个人经营类信用贷款为主，银行推出纯信用类个贷不良资产批量转让规模相对有限，对不良资产一级市场供给影响较小。

（四）资产管理公司对个人不良贷款批量转让的态度：较为谨慎

调查结果显示，35.45%的受访者认为资产管理公司对参与个人不良贷款批量转让的态度是较为谨慎，18.18%的受访者认为参与态度是非常谨慎；26.36%的受访者认为参与态度是一般；17.27%的受访者认为参与态度是较为积极，仅有2.73%的受访者认为参与态度是非常积极（见图3–5）。

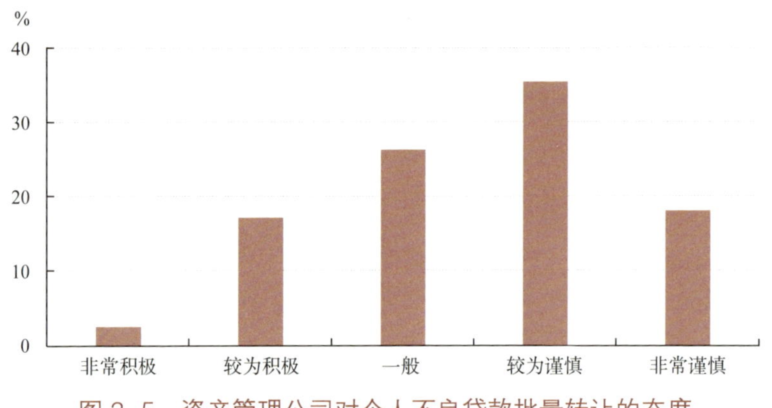

图 3–5　资产管理公司对个人不良贷款批量转让的态度

资产管理公司不良资产业务以处置对公不良资产为主，而个贷不良业务与对公不良资产业务区别较大，目前资产管理公司个人不良贷款方面的处置经验还有所欠缺。《通知》规定不能二次转让，如果资产管理公司受让相关个人不良贷款，需自行组建催收团队，建立相应的催收制度、投诉处理制度、个人信息保护制度，配备相应机构和人才队伍，处置成本较高。个贷不良具有金额小、催收难、工作量大的特点，资产管理公司专业人员有限，难以满足大量个贷催收工作的要求。同时，个贷不良资产禁止二次转让也影响了资产管理公司参与的积极性。如果委外催收，则需要资产管理公司重点关注委外催收机构的合规风险。此次批量转让试点范围内个贷不良都是纯信用资产，预计处置回收率较低，较高的成本投入和较低的回收预期进一步降低了资产管理公司积极参与处置的意愿，从调查结果来看，资产管理公司对参与个贷不良资产批量转让业务的态度比较谨慎。

（五）预计2022年银行类金融机构推出不良资产规模较2021年变化：小幅上升

调查结果显示，40.91%的受访者预计2022年商业银行推出不良资产规模较2021年将小幅上升，1.36%的受访者预计将大幅上升；34.55%的受访者预计将基本持平；20.00%的受访者预计将小幅下降，3.18%的受访者预计将大幅下降（见图3-6）。

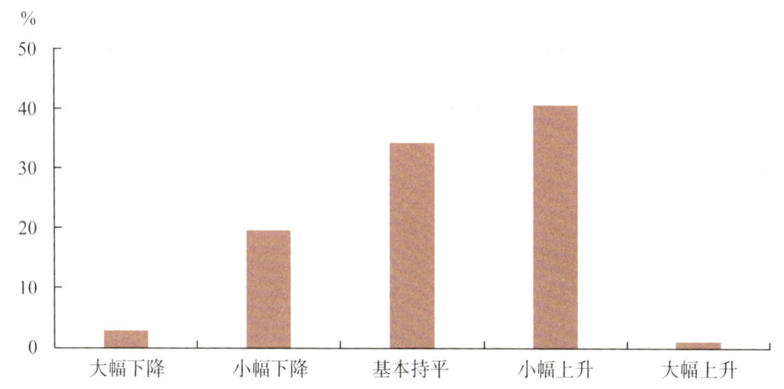

图 3-6　预计 2022 年银行类金融机构推出不良资产规模较 2021 年的变化

从调查结果来看，预计2022年商业银行推出不良资产规模将较2021年小幅上升的受访者较上一年度44%的调查结果下降了约3%。整体来看，近两年受访者认为商业银行推出的不良资产规模将小幅上升的占比均较高。经过近几年对不良资产的持续压降和处置，国有大型商业银行不良率和不良贷款余额呈现持续下降趋势。但我国经济恢复性增长呈现不平衡态势，部分区域金融风险有所抬升，中小企业经营状况持续恶化，以传统产业为主的中小企业面临产业升级优化等压力，导致中小金融机构不良率和不良资产余额上升。尤其是在部分经济发展相对滞后的地区，城市商业银行和农村商业银行面临较大的资产质量下行压力。由于疫情因素影响，监管机构放宽了对小微企业不良贷款的容忍度，如果未来经济复苏缓慢导致中小企业偿还能力不足，则该部分补贴性贷款将逐步劣变为不良贷款，进一步加剧中小金融机构风险隐患。此外，地方中小金融机构的很多长期贷款与地方融资平台相关，地方融资平台偿债能力变差也将直接影响中小金融机构的贷款质量，将持续为不良资产的供给带来新的增量。

（六）预计2022年信托等非银行金融机构推出不良资产规模较2021年的变化：小幅上升

调查结果显示，49.55%的受访者预计2022年信托等非银行金融机构推出不良资产规模较2021年将小幅上升，9.55%的受访者预计将大幅上升；33.18%的受访者预计将基本持平；5.91%的受访者预计将小幅下降，1.82%的受访者预计将大幅下降（见图3-7）。

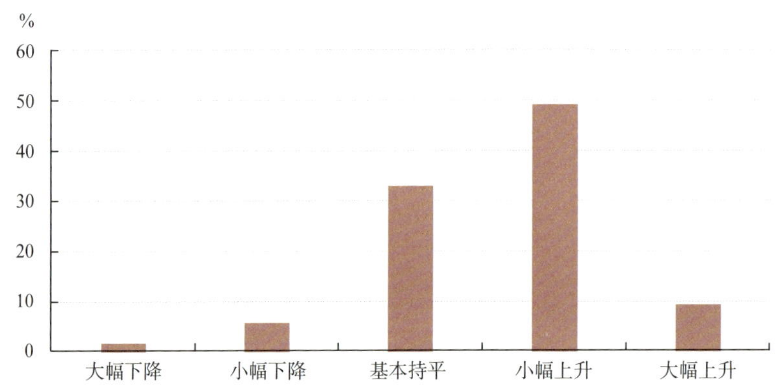

图 3-7　预计 2022 年信托等非银行金融机构推出不良资产规模较 2021 年的变化

截至2020年底，61家信托公司公布的自营资产数据中信用风险资产规模总计为6983.12亿元，同比增幅15.46%，行业资产风险率创历史新高。“三道红线”政策下房地产企业融资渠道收紧，房地产信托违约突出，信托业风险化解压力、不良资产剥离需求持续加大。2021年债券违约风险有所抬升，其中中央企业债务违约风险上升，信用风险常态化暴露。公开数据显示，违约风险主要集中在制造业和房地产业，个别大型房地产企业出现债务违约情况，多家大型房地产企业出现流动性紧张问题，引发市场关注。鉴于2021年信托等非银行金融机构推出的不良资产规模显著升高，多数受访者预计2022年信托等非银行金融机构推出的不良资产规模较2021年将小幅上升。

（七）银保监会推进信托公司与专业机构合作处置风险资产对信托业不良资产处置规模的影响：小幅增加

调查结果显示，46.82%的受访者认为2022年信托等非银行金融机构推出不良资产规模较2021年将小幅上升，11.82%的受访者认为将大幅上升；31.82%的受访者认为无明显变化；9.55%的受访者认为将小幅下降，没有受访者认为将大幅下降（见图3-8）。

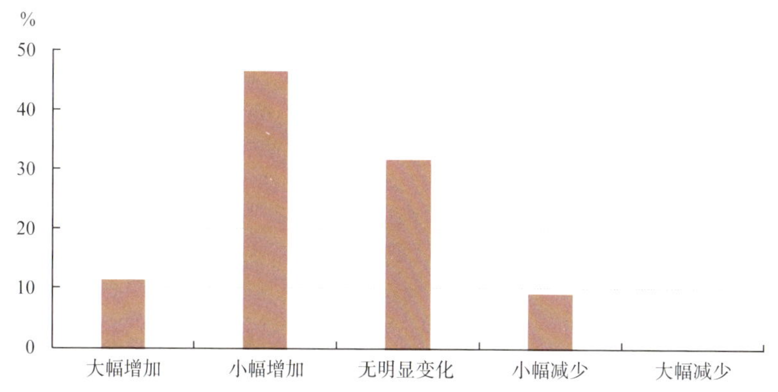

图 3-8　信托公司与专业机构合作处置对信托业不良资产处置规模的影响

2021年4月28日，银保监会下发《关于推进信托公司与专业机构合作处置风险资产的通知》（银保监办发〔2021〕55号），同意信托公司与资产管理公司等专业机构合作处置信托公司固有不良资产和信托风险资产，并要求信托公司风险资产打折转让，推进信托公司风险资产化解。上述政策不仅可以让资产管理公司在“大不良”的范畴内拓展不良供给来源，还有助于解决长期以来资产管理公司介入信托不良时遇到的定价难题。随着经济下行和监管趋严，信托类不良资产开始出现上升态势，行业资产风险率创历史新高，信托公司处置不良资产的意愿也明显增强。合计接近六成的受访者预计银保监会推进信托公司与专业机构合作处置风险资产将促使2022年信托业不良资产处置规模增加。

（八）房地产市场风险加速暴露对2022年不良资产供给的影响：小幅增加

调查结果显示，60.45%的受访者认为房地产市场风险加速暴露对2022年不良资产供给的影响是小幅增加，23.18%的受访者认为是大幅增加；12.73%的受访者认为将无明显变化；3.64%的受访者认为将小幅减少，没有受访者认为将大幅减少（见图3-9）。

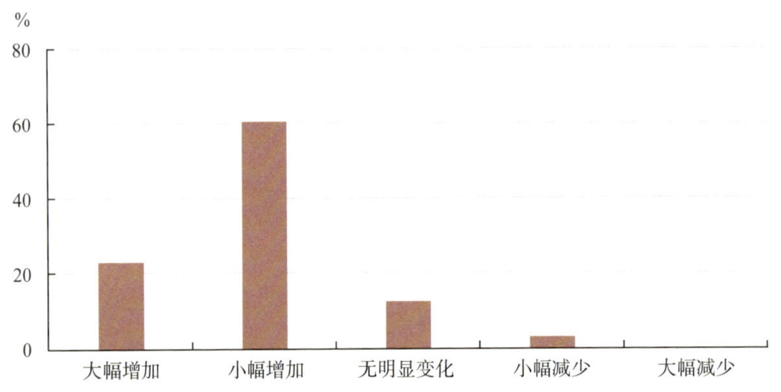

图 3-9　房地产市场风险加速暴露对 2022 年不良资产供给的影响

超过八成的受访者认为房地产市场风险的加速暴露将使2022年不良资产供给的规模增加。自2021年以来，住房金融政策保持高压态势，监管层加大推动房地产行业去杠杆力度，加强金融机构房贷集中度限额管理，严防信贷资金违规流入房地产行业，重点房地产企业融资“三道红线”及楼市调控政策不断升级，商业银行对房地产企业授信周期有所拉长。在此背景下，高杠杆运营的房地产企业流动性压力不断加大，部分体量规模巨大的房地产企业已经出现债务风险，多家上市银行的房地产不良贷款额呈现全线上升态势，房地产企业违约成为当前债券市场的主要风险点，未来不排除部分房地产企业风险继续暴露的可能性。随着房地产调控的持续深入，房地产市场下行压力较大，商品房销售持续放缓，这对现金流本就紧张的部分龙头和小型房地产企业而言，其短期债务和长期偿债压力将进一步加大，部分银行房地产行业不良贷款呈现全线上升态势，行业风险值得关注。

（九）受房地产行业风险影响最大的金融机构：信托等非银行金融机构

调查结果显示，59.55%的受访者认为受房地产市场风险影响最大的金融机构是信托等非银行金融机构；25.00%的受访者认为是地方性商业银行；11.36%的受访者认为是股份制商业银行；3.64%的受访者认为是国有大型商业银行；0.45%的受访者认为是其他（见图3-10）。

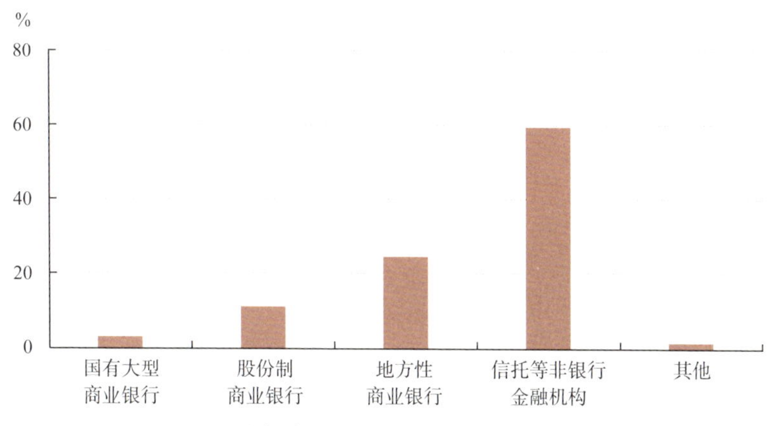

图 3-10　受房地产行业风险影响最大的金融机构

调查显示，约六成受访者认为信托等非银行金融机构受房地产行业风险影响最大，约三成受访者认为是地方性商业银行。2021年房地产行业信托产品违约现象比较突出，房地产投向集合信托违约金额上升趋势明显，房地产的集合信托规模大幅下降。在“三道红线”、贷款集中度管理制度等政策调控下，部分银行房地产不良贷款率和余额出现“双升”，加大了银行不良资产处置压力。未来一段时期随着房地产企业信用风险、城投风险等的加速暴露，部分地方中小金融机构经营持续承压，风险隐患比较突出，不良资产处置压力较大。而国有大型商业银行资本实力雄厚，房地产贷款占比稳步压降，信贷资产结构持续优化，房地产行业贷款敞口风险可控，不良资产处置压力相对较小。

（十）除盈利空间外，资产管理公司收购不良资产时最关注的因素：处置能力

调查结果显示，59.09%的受访者认为资产管理公司收购不良资产时最关注的因素是处置能力；28.64%的受访者认为是风险控制；4.55%的受访者认为是资金来源；5.91%的受访者认为是市场占有率；1.36%的受访者认为是行政干预；0.45%的受访者认为是其他因素（见图3-11）。

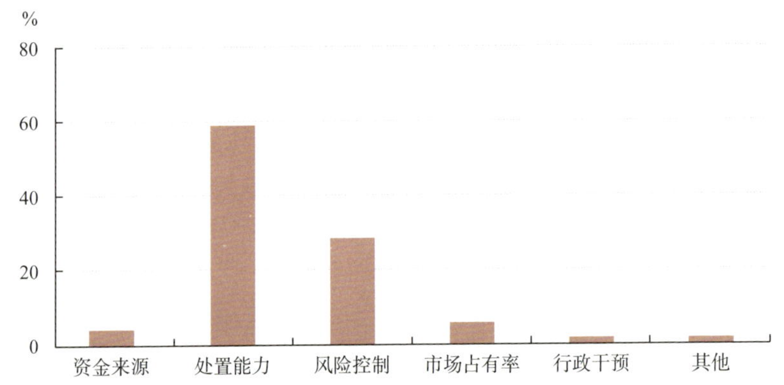

图 3-11　除盈利空间外，资产管理公司收购不良资产时最关注的因素

从调查结果来看，约六成的受访者认为资产管理公司收购不良资产时最关注的因素是处置能力，约三成的受访者认为是风险控制。与往年调查结论不同的是资产管理公司在收购不良资产时更加注重不良资产的处置能力。近年来，随着经济增速的放缓，不良资产市场规模不断扩大，全国性金融资产管理公司经过数年资产包的积极收购，存量资产规模较大，受制于经济下行阶段资产处置缓慢情况的影响，资金成本和资本占用压力的不断加大，资产管理公司不良资产收储能力趋于饱和，资产包收购意愿明显下降。受疫情因素影响，银行资产质量持续承压，推出的资产包资产质量也存在一定劣变趋势。一级市场供需两端对未来资产包内的价值判断分歧加大。与往年调查结果相比，处置能力已经成为资产管理公司收购资产包时考虑的最为重要因素。

（十一）影响资产管理公司成功收购银行不良资产的最主要障碍：处置难度增大、价格分歧

调查结果显示，25.91%的受访者认为影响资产管理公司成功收购银行不良资产的最主要障碍是处置难度增大；21.82%的受访者认为是价格分歧；19.55%的受访者认为是自身收购与处置能力有限；16.36%的受访者认为是买方竞争激烈；8.64%的受访者认为是银行实际出售意愿不强；7.73%的受访者认为是市场供给阶段性不足（见图3-12）。

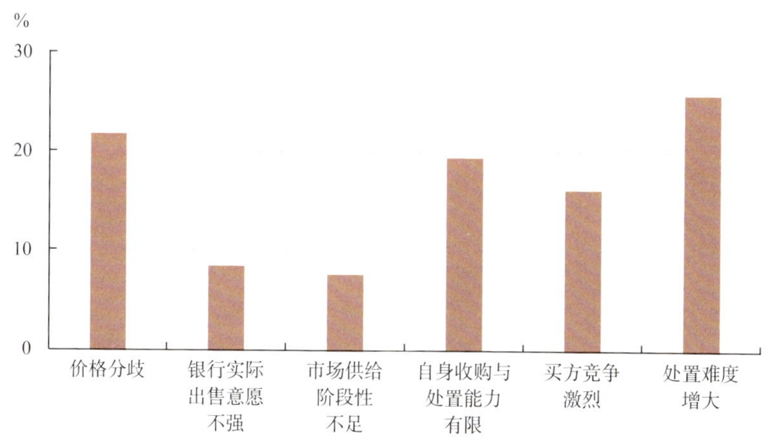

图 3-12 影响资产管理公司成功收购银行不良资产的最主要障碍

从调查结果来看，受访者对影响资产管理公司成功收购银行不良资产的最主要障碍因素判断比较分散。除处置难度增大、价格分歧外，自身收购处置能力和买方竞争激烈也成为影响资产管理公司成功收购银行不良资产的主要障碍之一。由于经济下行和疫情的冲击，不良资产的处置面临融资成本上升和处置难度增加的双重挑战。当前资产包质量受疫情影响有所下滑，资产包内在价值不确定性增加。全国性金融资产管理公司前几年资产包收储规模较大，收储能力趋于饱和，资产包收购规模显著下降，大型商业银行前期为应对疫情因素影响，计提了较为充分的拨备，同时降低了对利润的要求，银行有更加充分的操作空间和更加充裕的时间通过内部核销的方式处置不良资

产，阶段性减少了不良资产一级市场的供给，一定程度上加剧了需求端的市场竞争。

（十二）资产管理公司偏好收购的抵押资产类别依次为：住宅类、工业土地、商业地产

调查结果显示，62.73%的受访者认为资产管理公司偏好收购的抵押资产类别是住宅类地产；22.73%的受访者认为是工业土地；9.09%的受访者认为是商业地产；5.45%的受访者认为是工业厂房（见图3-13）。

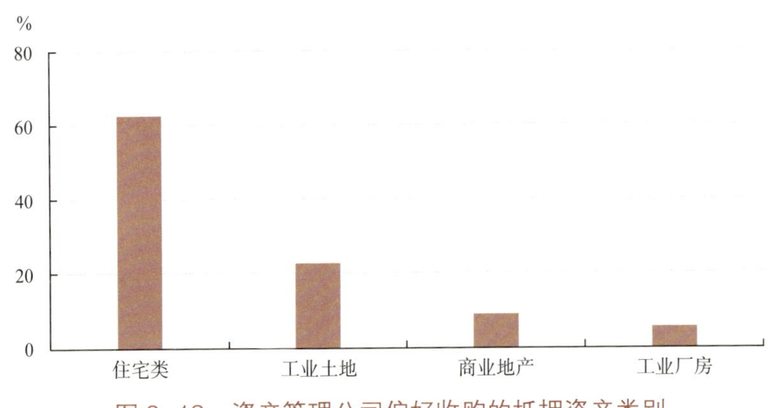

图 3-13　资产管理公司偏好收购的抵押资产类别

2021年，实体经济风险持续暴露，在实行房地产限购、房地产贷款集中度管理等政策背景下，土地市场拍卖成交价格走高，土地成交率有所抬升，房产成交率有所下滑。从调查结果来看，资产管理公司最偏好的依然是住宅类抵押资产，其市场透明度高、易于通过拍卖形式进行处置，但与上年调查结果相比，选择住宅类抵押资产的受访者占比出现一定幅度下降，选择工业土地的受访者占比则小幅上升。随着经济的逐步复苏，部分经济发达地区制造业已出现触底反弹迹象，部分经济发达地区区位较好的工业土地逐渐受到投资者的关注。偏好商业地产的资产管理公司仍然较少，经济下行压力叠加互联网电商冲击，导致全国范围内商业地产、写字楼租赁市场出现明显疲软。

（十三）2021年资产管理公司处置不良资产时较多采用的处置方式：债权转让

调查结果显示，61.36%的受访者表示2021年资产管理公司在处置不良资产时采用较多的处置方式是债权转让；16.82%的受访者认为是配资或延期收款等合作方式；14.55%的受访者认为是债权重组；7.27%的受访者认为是债权清收（见图3-14）。

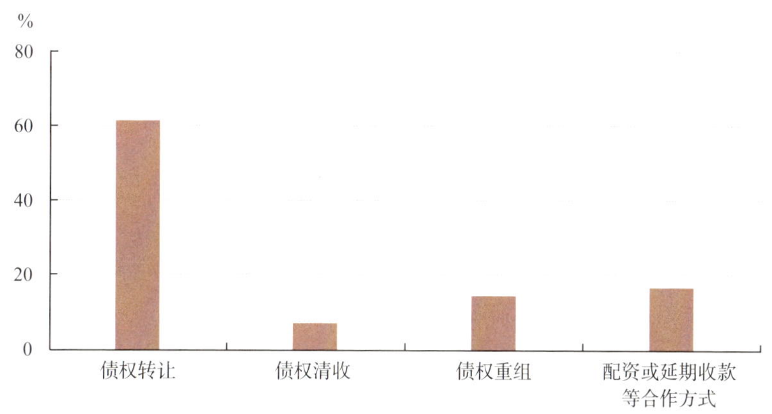

图 3-14　资产管理公司处置不良资产时较多采用的处置方式

从调查结果来看，当前资产管理公司处置不良资产的最主要途径是债权转让，配资或延期收款也是资产管理公司处置不良资产的重要方式之一。随着经济增速的放缓，资产价格持续下行，大量收购的不良资产给资产管理公司带来了较高的资金成本和较大的资本占用压力，资产管理公司更倾向于通过债权转让的方式处置不良资产，以加快存量资产的快速周转，实现资金的快速回收。配资或延期收款等合作方式近几年发展比较迅速，受到供需两端的认可：一方面，有效缓解了二级市场投资者的资金压力，促进了资产管理公司与社会资本的合作，借助社会资本在特定领域的优势提升了资产处置效率；另一方面，客观上加快了资产管理公司的处置进度，提前实现部分处置回收也有助于降低不良资产的风险敞口。

（十四）2021年推出资产包规模显著上升的金融机构：城市商业银行、股份制商业银行

调查结果显示，29.55%的受访者认为2021年推出的资产包规模与2020年相比增长幅度较为明显的是城市商业银行；28.18%的受访者认为是股份制商业银行；12.73%的受访者认为是国有大型商业银行；12.27%的受访者认为是非银行金融机构；11.36%的受访者认为是农村商业银行；4.55%的受访者认为是开发性与政策性银行；1.36%的受访者认为是民营银行（见图3-15）。

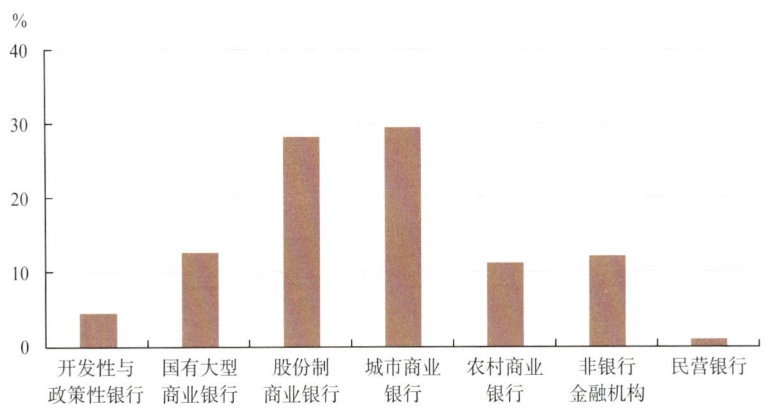

图 3-15　2021 年推出资产包规模显著上升的金融机构

从调查结果来看，2021年推出资产包规模较2020年显著上升的金融机构是股份制商业银行和城市商业银行，非银行金融机构的不良资产处置规模也呈现明显上升趋势。疫情对银行资产质量产生冲击，不同类型的商业银行资产质量呈现分化趋势。国有大型商业银行资本实力雄厚，资产质量较好，不良率水平已经基本处于行业均值以下，不良资产处置压力相对较小，股份制商业银行新增不良资产也逐步趋于平稳。而地方中小金融机构由于中小企业经营状况受疫情冲击恶化，导致不良率和不良资产余额上升，尤其是在部分经济发展相对滞后的地区，城市商业银行和农村商业银行面临较大的资产质量下行压力。如果未来经济复苏缓慢导致中小企业偿还能力不足，为应对疫情冲击定向发放给中小企业的补贴性贷款将逐步劣变为不良贷款，将进一步

加大中小金融机构的风险隐患。2021年国有大型商业银行金融不良资产招标规模同比降幅明显，而城市商业银行和农村商业银行招标规模则同比上升，其中农村商业银行增幅最为明显。未来一段时期随着房地产企业信用风险、城投风险等的加速暴露，部分尾部中小金融机构持续经营承压，风险隐患突出，不良资产处置压力较大。

三、不良资产二级市场业务开展情况

在不良资产二级市场中，资产管理公司是主要供给端，各类投资主体是主要需求端，向各类投资主体转让不良资产是资产管理公司的主要处置方式之一。本部分重点分析不良资产二级市场中，资产管理公司的业务开展情况及对金融不良资产市场的判断。

（一）2021年资产管理公司处置速度变化：减慢

调查结果显示，33.18%的受访者认为小幅减慢，10.45%的受访者认为大幅减慢；26.82%的受访者认为基本不变；24.55%的受访者认为小幅加快，5.00%的受访者认为大幅加快（见图3-16）。

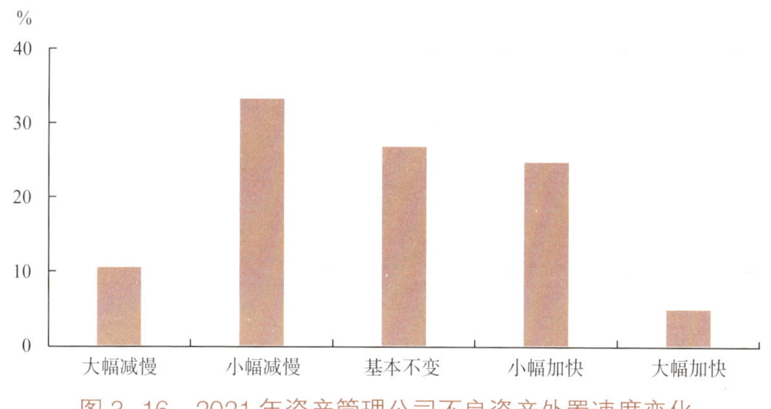

图 3-16　2021 年资产管理公司不良资产处置速度变化

2020年受疫情严重冲击，不良资产二级市场参与者收购意愿有所下降，二级市场较为低迷，资产管理公司处置速度被迫减慢，不良资产二级市场的处置面临融资成本上升和处置难度增加的双重挑战。2021年为应对经济复苏动能趋缓的压力，中央加大了稳增长政策力度，更加注重跨周期调节，宏观经济政策逐步向稳增长方向微调，货币政策进一步加大了对中小企业和困难行业的纾困帮扶力度，财政政策通过专项债发行提速、加快财政支出速度等措施发挥更大作用，促进宽货币向宽信用转换。随着7月人民银行全面降准，政策环境方面更加有利于不良资产处置，与上年同期相比处置回收速度有所提升。调查结果也显示，与上年相比，选择处置速度放缓的受访者比例有所下降，表明不良资产二级市场交易活跃度随着经济的恢复和政策力度的加大逐步提高，二级市场处置环境有所回暖。

（二）2021年资产管理公司处置难度变化：小幅增加

调查结果显示，与2020年相比，51.36%的受访者认为疫情导致2021年不良资产处置难度小幅增加，15.45%的受访者认为大幅增加；24.55%的受访者认为基本不变；8.18%的受访者认为处置难度小幅降低，0.45%的受访者认为大幅降低（见图3-17）。整体来看，2021年资产管理公司不良资产处置难度较2020年有所增加。

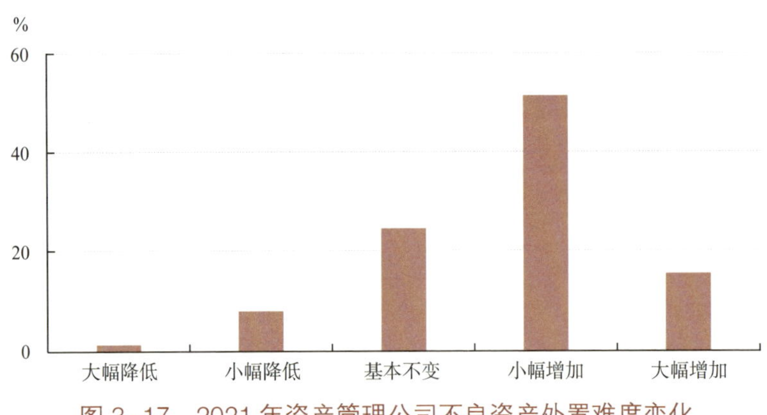

图 3-17　2021 年资产管理公司不良资产处置难度变化

2021年我国经济运行开局良好，但经济复苏动能持续减弱，经济恢复不平衡、基础不稳固的问题比较突出，企业经营有所分化，复苏进程明显放缓，经济呈现“动能弱化，韧性增强”的态势。大宗商品价格上涨抬升原材料成本，挤压中小企业利润，加之部分地区疫情反弹使消费、服务业受到扰动，结合汛期等短期因素，使原材料供应及产品交付不畅，造成部分中下游行业和中小微企业生产经营较为困难。民营企业投资行为仍然比较谨慎，不良资产市场活跃度不高。从调查情况来看，随着跨周期政策力度的不断加大，政策环境方面更加有利于不良资产处置，但房地产行业风险的大面积爆发削弱了经济复苏和政策环境带来的利好，降低了投资者对资产内在价值的预期。综合来看，不良资产处置难度与2020年相比有小幅增加。

（三）2021年资产管理公司不良资产处置回收率平均水平：20%以下

调查结果显示，26.82%的受访者认为其所在单位2021年不良资产处置回收率平均水平在20%以下；17.27%的受访者认为在20%~25%；15.45%的受访者认为在25%~30%；16.82%的受访者认为在30%~35%；12.73%的受访者认为在35%~40%；10.91%的受访者认为在40%以上（见图3–18）。

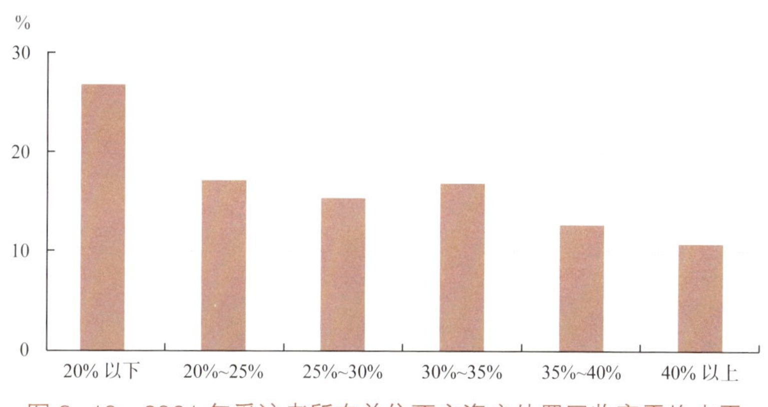

图 3–18 2021 年受访者所在单位不良资产处置回收率平均水平

从调查结果来看，与2020年相比，2021年资产管理公司处置回收率平均水平呈现明显下滑的特点，选择处置回收率30%以上的受访者占比明显降低，而选择20%以下的受访者占比显著上升。不良资产处置回收率平均水平通常与不良资产所在区域、资产质量、收购价格、处置方式、经济环境等因素密切相关，因此不同地区、不同经验、不同清收能力的受访者所在单位不良资产处置回收率平均水平存在一定差异。近年来，多数资产管理公司为减轻资金成本和资本占用压力，加快了对存量不良资产的处置速度，在对不良资产价值的有效挖掘方面有所舍弃，这也导致不良资产二级市场供给增加，不良资产整体价格进一步下行，从而进一步增加了不良资产的处置难度。受疫情因素影响，银行资产质量持续承压，推出的资产包资产质量存在一定程度的下降趋势，影响了资产包的处置回收率。2021年受疫情反复和经济复苏动能减弱的影响，不良资产处置回收率平均水平进一步下降，在处置不良资产时更多地提高存量资产的周转效率，以量补价的趋势明显。

（四）2021年资产管理公司不良资产平均处置周期：小幅延长

调查结果显示，52.27%的受访者认为其所在单位2021年不良资产平均处置周期小幅延长，14.09%的受访者认为大幅延长；22.27%的受访者认为基本不变；10.45%的受访者认为小幅缩短，0.91%的受访者认为大幅缩短（见图3-19）。

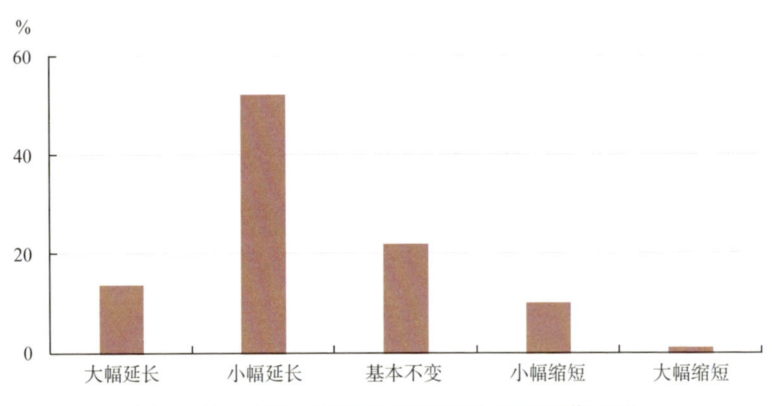

图 3-19　2021 年不良资产平均处置周期变化

自2020年以来，不良资产市场活跃度下降，资产价格持续下行，不良资产处置难度加大，处置周期显著延长，二级市场的处置面临融资成本上升和处置难度增加的双重挑战。2021年第一季度受疫情反复影响，不良资产市场资产包的转让处置进度有所下降，随着国内疫情得到有效控制，金融不良资产成交规模、成交价格出现了比较明显的回升，特别是在不良资产市场发展较为成熟的部分地区，资产包价格出现一定程度的反弹，其他主要地区的资产包价格则保持了相对稳定。下半年人民银行全面降准，货币政策边际宽松，政策环境方面更加有利于不良资产处置，第三季度以来不良资产处置与上半年相比处置回收速度明显提升，不良资产二级市场交易活跃度逐步提高。从调查情况来看，与2021年相比，认为处置周期显著延长的受访者占比有所下降，疫情对不良资产处置周期的影响有望逐步消退，二级市场处置环境有所回暖。

（五）2021年资产管理公司处置不良资产面临的主要难点：市场不活跃

调查结果显示，51.82%的受访者认为2021年资产管理公司处置不良资产面临的主要难点是市场不活跃；19.55%的受访者认为是资产价格下行；10.91%的受访者认为是融资渠道和融资成本受限；10.45%的受访者认为是同业竞争激烈；5.00%的受访者认为是行政司法环境；2.27%的受访者认为是监管约束（见图3-20）。

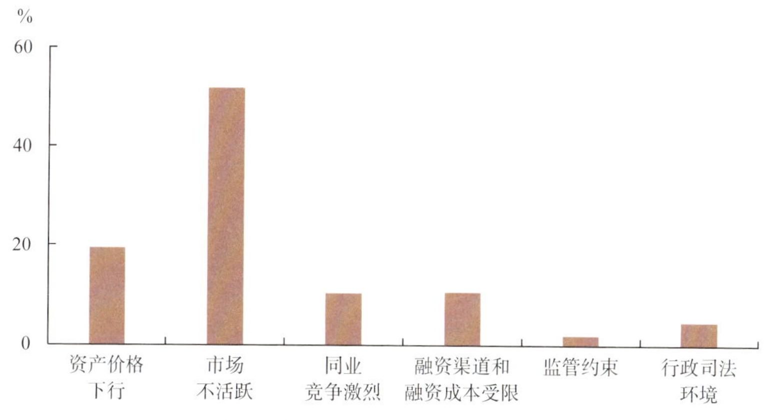

图 3-20 2021 年资产管理公司处置不良资产面临的主要难点

资产价格变化、市场活跃程度、同业竞争情况、融资渠道和融资成本、监管环境、行政司法环境等，是影响资产管理公司不良资产处置的主要因素。调查结果显示，超过半数受访者认为市场不活跃是2021年资产管理公司处置不良资产面临的主要难点，资产价格下行也是影响不良资产处置的主要因素。自2020年以来，疫情对不良资产市场影响显著。一方面，疫情的冲击加剧了不良资产二级市场投资主体对未来经济不确定性的担忧。另一方面，银行资产包质量也出现一定程度下滑，二级市场投资人参与意愿下降，资产包收购态度更加谨慎，不良资产处置出清难度进一步增大。为应对经济复苏动能趋缓的压力，中央加大了稳增长政策力度，更加注重跨周期调节，宏观经济政策逐步向稳增长方向微调，随着经济的复苏和政策效果的逐步显现，不良资产市场活跃度将逐步提升。

（六）2021年不良资产处置环境变化：保持稳定

调查结果显示，37.27%的受访者认为2021年不良资产处置环境小幅趋冷，6.36%的受访者认为不良资产处置环境大幅趋冷；36.82%的受访者认为不良资产处置环境基本不变；19.09%的受访者认为不良资产处置环境小幅回暖，0.45%的受访者认为不良资产处置环境大幅回暖（见图3-21）。

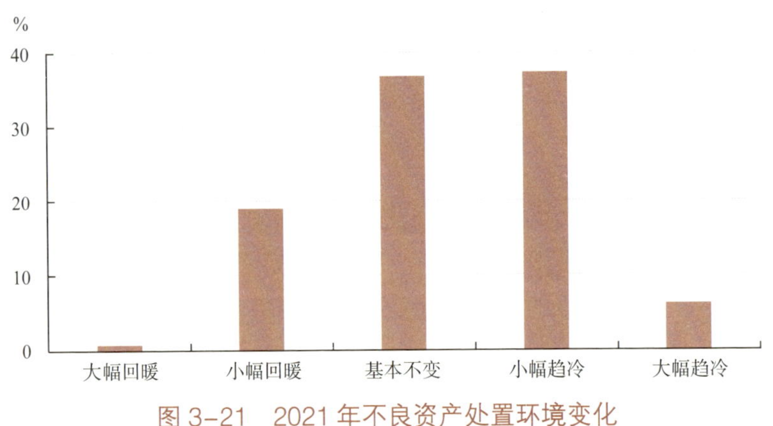

图 3-21　2021 年不良资产处置环境变化

2021年，随着逆周期调节的必要性下降，在经济提质增效需求的背景下，为平衡通胀与经济发展，货币政策开始从稳增长向去杠杆切换，逐步回归常态。但我国经济恢复不平衡、基础不稳固的问题比较突出，部分行业恢复较慢，部分服务业和小微企业生产经营面临困难，民营企业投资行为仍然比较谨慎，投资活跃度不高。2021年第二季度，我国经济增长动能出现减弱态势，经济复苏进程明显放缓。为应对经济复苏动能趋缓压力，中央加大稳增长政策力度，随着人民银行全面降准，政策环境方面更加有利于不良资产处置，不良资产处置与上半年相比处置回收速度明显提升，不良资产二级市场交易活跃度逐步提高，二级市场处置环境有所回暖。

（七）2021年资产管理公司线上处置规模变化：无明显变化

调查结果显示，47.73%的受访者认为2021年资产管理公司线上处置规模无明显变化；32.73%的受访者认为小幅增加，12.27%的受访者认为大幅增加；5.91%的受访者认为小幅减少，1.36%的受访者认为大幅减少（见图3-22）。

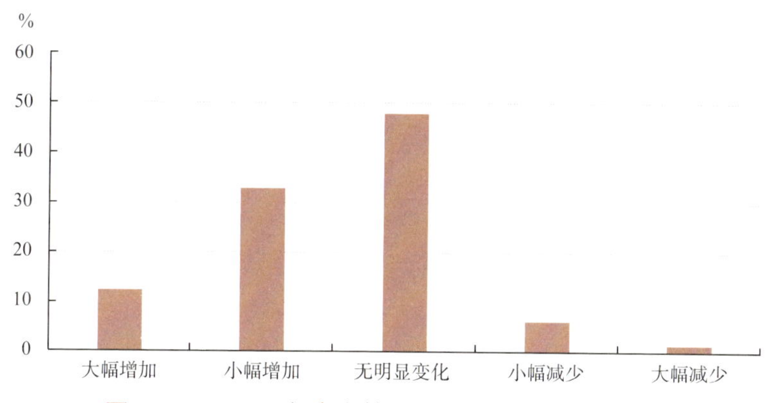

图 3-22 2021 年资产管理公司线上处置规模变化

近半数受访者认为2021年资产管理公司线上处置规模无明显变化，同时超过四成的受访者表示线上处置规模有所增加，表明线上处置规模正在逐步增加，但是存在结构性差异，区域差别比较明显。在经济较为发达、金融不良资产交易活跃、不良资产信息更加对称的地区，线上处置方式采用更为普遍。此外，由于东北地区不良资产二级市场机构活跃度低，未能形成持续的产业链条，二级市场缺乏专业或具备一定规模的下游处置服务商，金融机构在处置不良资产时更多尝试通过网络拍卖的方式加大不良资产处置营销力度。中西部地区采用线上处置方式较少，处置规模变化不大。

（八）2021年线上处置对资产管理公司不良资产处置效率的影响：无明显变化

调查结果显示，58.18%的受访者认为2021年资产管理公司线上处置对不良资产处置效率的影响是无明显变化；31.36%的受访者认为是小幅提高处置效率，5.45%的受访者认为是大幅提高处置效率；3.64%的受访者认为是小幅降低处置效率，1.36%的受访者认为是大幅降低处置效率（见图3-23）。

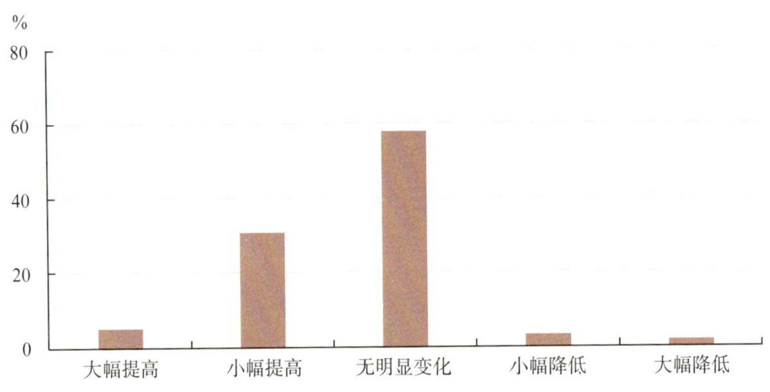

图 3-23　2021 年线上处置对资产管理公司不良资产处置效率的影响

现有的线上处置方式主要以不良资产线上推介会及网络拍卖为主。以“线上+线下”的模式处置不良资产，有助于疏通处置信息传播渠道，发现更多潜在投资人，提升资产透明度，降低处置信息不对称。但仍有接近六成的受访者认为线上处置对所在单位的不良资产处置效率影响不明显，近四成受访者认为线上处置提高了其所在单位的不良资产处置效率，但影响仍然不明显。从2021年前三个季度的整体情况来看，金融不良资产网络拍卖的挂拍金额小幅上升，华东、东北地区金融不良资产网络拍卖交易较为活跃，东北地区金融不良资产挂拍金额大幅增长。全国性金融资产管理公司在网络拍卖市场份额占比较高，农村商业银行、城市商业银行、地方资产管理公司、农村信用合作社、股份制商业银行等其他金融机构也是金融不良资产网络交易市场的重要参与主体，多数银行的挂拍金额也呈现快速增长现象，特别是地方中小银行挂拍金额增势强劲，这既反映网络拍卖这一新型处置手段在地方中小银行的有效推广，也映射了地方中小银行资产质量不断承压的经营现状。

（九）2022年资产管理公司应采取的处置策略：适当加快处置速度

调查结果显示，受访者观点集中于适当加快处置速度，55.00%的受访者认为2021年资产管理公司应适当加快不良资产处置速度，11.82%的受访者认为应大幅加快处置速度；12.73%的受访者认为应保持原有速度；19.55%的受访者认为应适当放慢处置速度，0.91%的受访者认为应大幅放慢处置速度（见图3-24）。

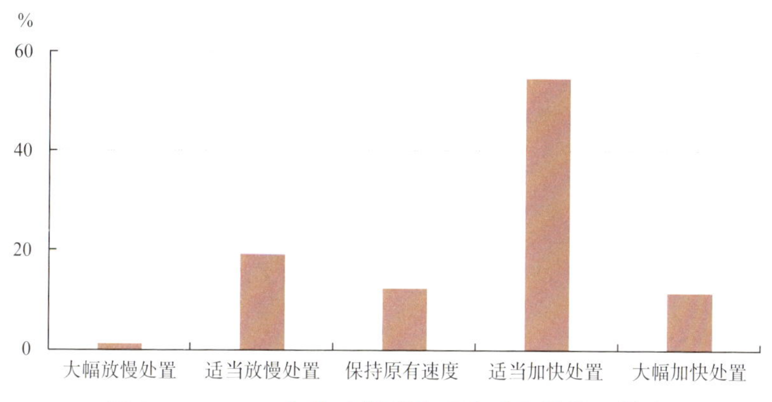

图 3-24　2022 年资产管理公司应采取的处置策略

2021年部分服务业和小微企业生产经营面临困难，民营企业投资行为仍然比较谨慎，投资活跃度不高。进入下半年，我国经济增长动能出现减弱态势，部分区域金融风险有所抬升。房地产泡沫化、金融化倾向严重，居民债务大部分与房地产市场相关，导致风险互溢增强。相当数量的地方融资平台债务率持续快速上升，偿债风险不断加大。部分大中型企业债务违约比例上升，企业面临兑付压力，风险可能沿着债务链条向其他金融领域扩散，加剧金融机构的信用风险。部分中小金融机构形势更加严峻，处置不良资产的需求进一步加大。2020年末金融机构给中小微企业的贷款总量超过15万亿元，企业杠杆率显著上升，中小微企业信贷逆周期扩张，随着经济复苏放缓，预计将有一定比例下迁为不良资产，银行不良率上升概率较大。经济复苏动能放缓和疫情反弹加重了投资者对未来不确定性的担忧，影响了资产的正常处置流程，客观上延长了资产管理公司的不良资产处置周期，资产管理公司需要主动加快处置速度，以缓解资金成本、资本占用等方面的压力。

（十）2022年二级市场不良资产投资的预期年化收益率：10%以上

调查结果显示，39.55%的受访者认为二级市场投资人投资不良资产的预期年化收益率在10%~15%；25.00%的受访者认为在15%~20%；23.18%的受访者认为在20%以上；12.27%的受访者认为在10%以下（见图3-25）。

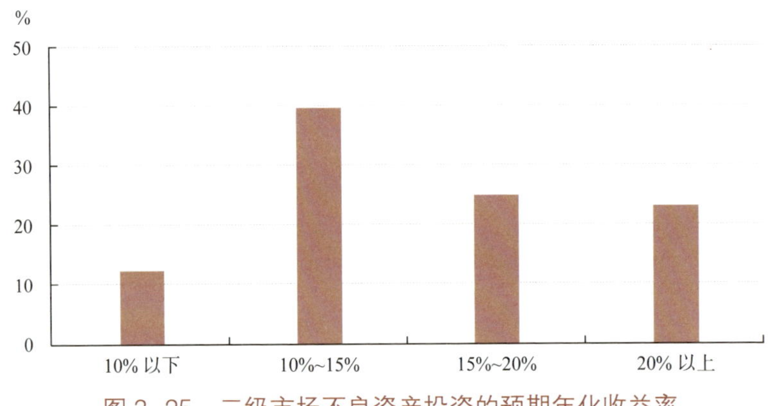

图 3-25　二级市场不良资产投资的预期年化收益率

从调查结果来看，投资人预期年化收益率整体水平与疫情之前相比显著下滑。2020年国内金融不良资产市场受疫情的冲击，成交量、成交金额大幅萎缩，2021年第一季度受疫情反复影响，不良资产一级市场批量转让的资产包数量环比有所下降，第二季度国内疫情得到控制，金融不良资产成交规模、成交价格出现了比较明显的回升，特别是在不良资产市场发展较为成熟的地区，资产包价格出现一定程度的反弹，银行不良资产包价格虚高使行业投资回报率大幅降低，对于许多市场投资主体而言，盈利空间受到大幅挤压。目前来看，资产价格仍处于下行通道，不良资产处置难度较大，预期年化收益率在15%以上的受访者占比与疫情之前相比下滑幅度较大，投资者对不良资产收益率预期或已处于底部，并在一定时期内保持相对稳定。

（十一）预计2022年投资人参与不良资产投资的态度：相对谨慎

调查结果显示，50.91%的受访者认为2022年投资人参与不良资产投资的态度相对谨慎，16.82%的受访者认为会非常谨慎；17.27%的受访者认为会保持平稳；15.00%的受访者认为会相对积极，没有受访者认为会非常积极（见图3-26）。

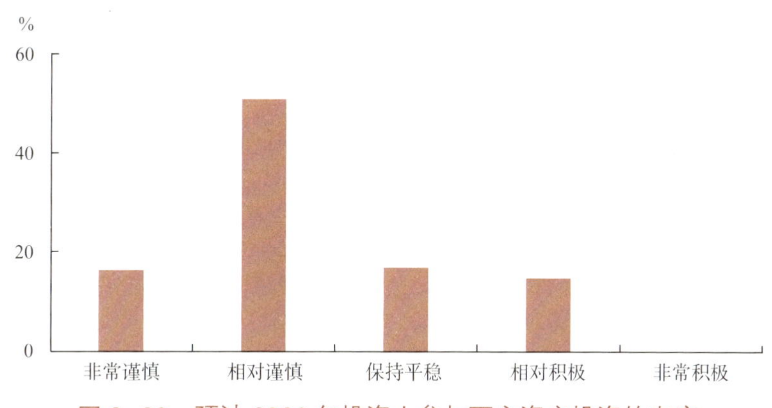

图 3-26　预计 2022 年投资人参与不良资产投资的态度

从调查结果来看，近七成受访者预计2022年投资人将采取更加谨慎的态度参与不良资产投资，与上一年度调查结果相比，受访者对不良资产市场的投资态度更加谨慎。前几年资产管理公司在回归不良资产主业的要求下普遍收储规模较大，在疫情冲击下，不良资产二级市场活跃度受到冲击，不良资产处置难度进一步加大，目前受制于前期收购资产处置缓慢的影响，收储能力趋于饱和，不良资产包收购意愿显著下降，一级市场供需双方对未来资产包内在价值变动趋势判断分歧加大。在此背景下，受访者预计2022年投资人将采取更加谨慎的态度参与不良资产投资。

（十二）2022年不良资产二级市场投资人更偏好的投资方式：配资

调查结果显示，44.09%的受访者认为2022年二级市场投资人更偏好的投资方式是配资，24.55%的受访者认为是与不良资产出售方合作处置，这两种投资方式占比最高。另外，13.18%的受访者认为是单独投资；11.36%的受访者认为是认购不良资产标准化产品；6.82%的受访者认为是成立合资经营公司（见图3–27）。

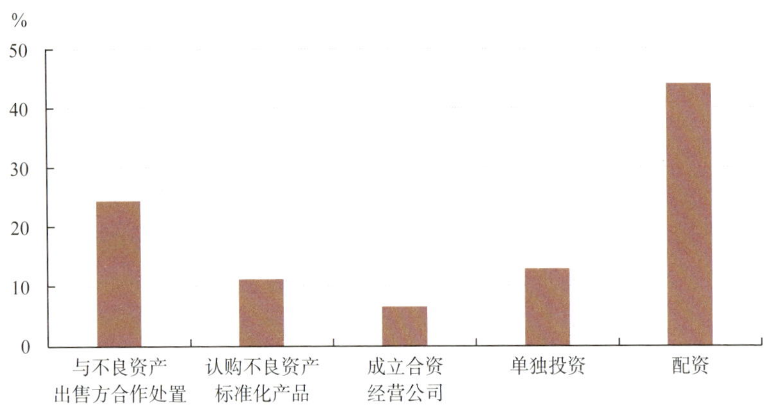

图 3–27　2022 年不良资产二级市场投资人更偏好的投资方式

从本次调查结果来看，认为二级市场投资人更偏好投资方式是配资的受访者占比最高，与2021年调查情况相比可以看出配资方式受欢迎的程度在不断提高。配资是近年新兴的不良资产合作投资方式，发展较为迅速。不良资产的收购处置属于资金密集型行业，对资本的占用较大。一方面，配资可以有效弥补二级市场民营投资人的资本缺口和资金压力，以及其自身在市场资源、处置经验、金融牌照等方面的短板；另一方面，配资也有助于资产管理公司降低不良资产的风险敞口，借助社会资本在特定领域的优势提升资产处置效率，促进资产管理公司与社会资本的合作。在不良资产市场投资比较活跃的地区及具备丰富不良资产投资经验的投资者更加偏好以配资的方式参与不良资产市场投资。

（十三）2022年外资资产管理公司参与不良资产市场的态度：相对谨慎

调查结果显示，36.36%的受访者认为外资资产管理公司2022年参与不良资产市场将会相对谨慎，7.73%的受访者认为会非常谨慎；16.82%的受访者认为无明显变化；35.91%的受访者认为将会相对积极，3.18%的受访者认为会非常积极（见图3-28）。

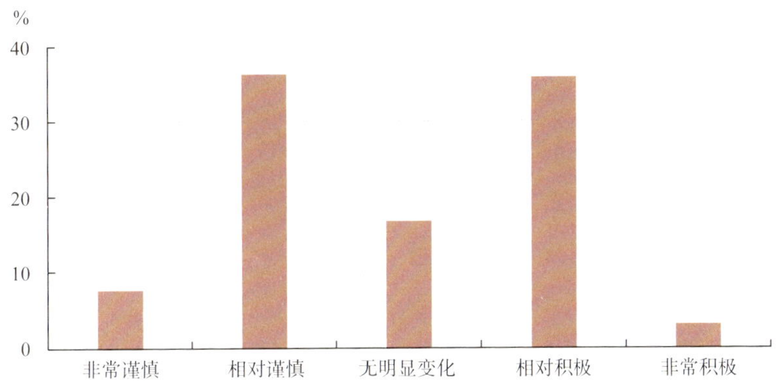

图 3-28　2022 年外资资产管理公司参与不良资产市场的态度

随着我国金融对外开放的不断深入，我国经济的稳定增长吸引外资积极进入中国市场，加之我国不良资产市场规模持续上升，外资资产管理公司正在逐步增加对我国不良资产市场的投资力度，外资机构本土化程度有所提高，部分外资机构已经在境内设立代表机构，并积极寻求合作伙伴参与不良资产市场，凭借长期的低成本资金优势，选择在经济发达地区不动产领域开展不良资产投资，与国内资产管理公司竞争优质客户资源，对国内资产管理公司的业务结构和盈利能力产生一定冲击。从调查情况来看，虽然目前国内不良资产市场参与主体众多，市场竞争较为激烈，但不良资产处置受经济环境下行压力加大、疫情反复等因素影响，处置进度普遍较为缓慢，受访者认为2022年外资资产管理公司参与不良资产市场的态度会较为谨慎。

四、对资产管理公司业务方向的思考

（一）2021年资产管理公司的主要利润来源：非金不良资产业务

调查结果显示，44.55%的受访者表示其所在单位2021年主要的利润来源是非金不良资产业务，27.73%的受访者认为是金融机构不良资产业务，

15.91%的受访者表示是债权类业务，7.73%的受访者认为是信托等非银行金融机构不良资产业务，2.27%的受访者认为是股权类业务，1.82%的受访者认为是其他业务（见图3-29）。

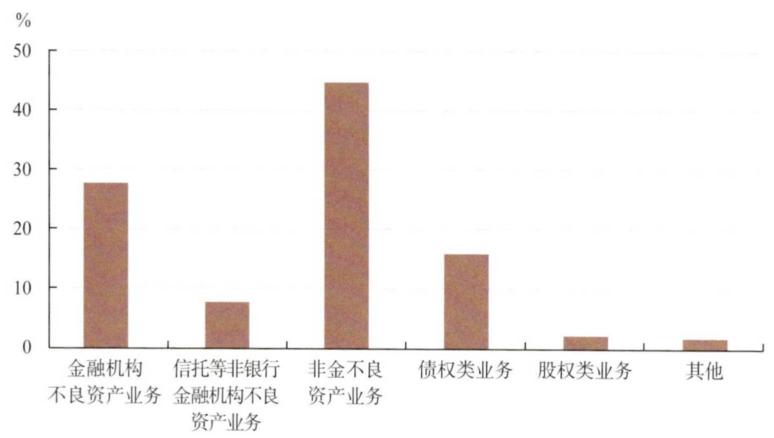

图 3-29　2021 年资产管理公司的主要利润来源

对于资产管理公司而言，单纯依靠经济增长获取价差红利的传统不良资产业务盈利模式已经不能完全适应现有市场环境。从调查结果来看，非金不良资产业务在资产管理公司的业务利润的占比中进一步提高，以债务重组为主要处置方式的非金不良资产业务已经成为资产管理公司最主要的利润来源。非金不良资产债务重组业务不涉及对债务人的资产进行处置，可以使债务人持续经营，在重组后有正常的经营性现金流，相对处置类不良资产业务的收益预期更加稳定。而传统金融不良资产处置类业务由于受目前经济增速放缓、资产价格持续下行、市场不活跃等因素影响，处置收益率下滑，在资产管理公司利润来源中占比小幅下降。随着资产管理公司更加聚焦主责主业，债权类业务在利润中的占比或将进一步下降。

（二）2022年资产管理公司最应加强开拓的业务领域：房地产企业债务违约风险化解和国有企业主辅分离业务

调查结果显示，25.45%的受访者认为2022年资产管理公司应该加强开拓的业务是房地产企业债务违约风险化解业务，24.09%的受访者认为是国有企业主辅分离业务，15.91%的受访者认为是上市公司纾困业务，14.09%的受访者认为是民营企业重组整合业务，12.73%的受访者认为是中小金融机构风险化解业务，7.27%的受访者认为是地方融资平台债务相关业务，0.45%的受访者认为是其他业务（见图3-30）。

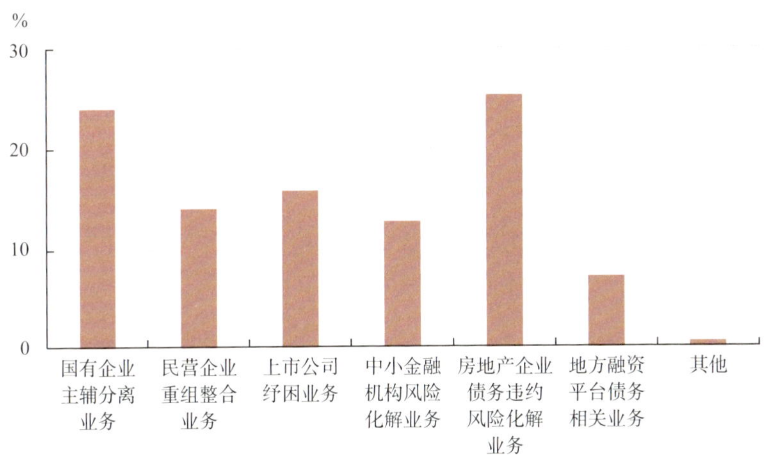

图 3-30　预计 2022 年资产管理公司应该加强开拓的业务领域

从调查结果来看，资产管理公司的受访者保持对房地产风险化解业务较高的关注。2021年，高杠杆运营的房地产企业流动性压力不断加大，多家大型房地产企业相继出现债券违约，未来不排除部分房地产企业风险继续暴露的可能性，已经暴露的涉房涉地风险亟须化解处置。资产管理公司在长期的不良资产处置实践中，通过整合资源、引入第三方管理或资本运作等方式盘活资产，积累了较为丰富的经验，可以积极参与房地产行业风险的化解处置。2020年中央全面深化改革委员会审议通过了《国企改革三年行动方案（2020—2022）》，随着国企混改、重组整合、国资监管体制改革等方面的持续推进，国有企业主辅业剥离产生大量非主业资源整合和存量资产盘活的需求。资产管理公司可以从存量资产入手，运用市场化手段，发挥“产业+金融”优势，梳理国有企业存量债务，对国有企业非主业、非优势的资产进行剥离，重组盘活，助力国有企业优化产业布局、深化国有企业改革，解决国有企业主业不突出、经营效率不高的问题，使国有企业资源向优势主业集中，实现国有企业的高质量发展。认为2022年资产管理公司应加强开拓的业务方面是民营企业重组整合和上市公司纾困业务的受访者合计占比为三成，表明资产管理公司围绕支持供给侧结构性改革，救助危机企业，服务实体经济发展的力度在不断加大。

（三）2021年资产管理公司采用实质性重组方式处置不良资产比例较2020年变化情况：变化不大

调查结果显示，54.55%的受访者认为其所在单位2021年采用实质性重组处置不良资产比例较2020年变化不大，24.09%的受访者认为较2020年更多采用，21.36%的受访者认为较2020年更少采用（见图3-31）。

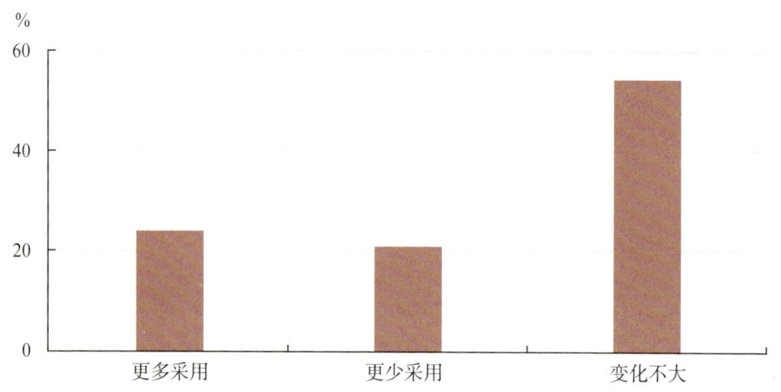

图 3-31　2021 年资产管理公司采用实质性重组方式较 2020 年变化情况

为更好地发挥资产管理公司不良资产处置的核心功能，促进金融风险缓释化解和问题机构解困重生，支持供给侧结构性改革和服务实体经济，监管部门下发了一系列监管文件，鼓励资产管理公司紧紧围绕国家发展战略，充分运用公司综合金融服务手段，用好金融工具箱，探索以实质性重组业务为主要方向的“大不良”业务，主动发挥金融救助、价值盘活提升功能，助力问题机构脱困重生。资产管理公司采用实质性重组方式，对问题企业的资金、资产、技术、人才、管理等要素进行资源整合和重新配置，帮助企业构建新的生产经营模式，提升生产经营能力和偿债能力，帮助企业摆脱经营困境和财务困境，提升企业价值。从调查结果来看，在宏观经济下行压力背景下，中小企业经营状况恶化，以传统产业为主的中小企业面临产业升级优化的压力，对新型产业项目和提升传统工业技术的投资力度不足，通过实质性重组恢复企业自身造血功能进行救助存在较高难度，资产管理公司采用实质性重组方式处置不良资产的占比提升并不明显。

（四）资产管理公司对不良资产进行实质性重组采用的主要方式：三种方式较为均衡

调查结果显示，36.36%的受访者认为资产管理公司进行实质性重组时采用的主要方式是引入产业资本模式，30.45%的受访者认为是引入第三方管理模式，30.00%的受访者认为是独立重组模式，3.18%的受访者认为是其他模式（见图3-32）。

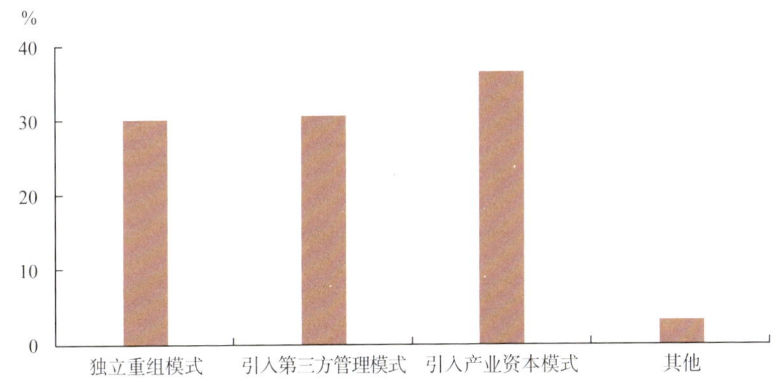

图 3-32 资产管理公司对不良资产进行实质性重组时采用的主要重组方式

采用独立重组模式时资产管理公司单独主动对问题机构或问题企业进行重组，在重组过程中具有控制权，参与问题企业的重组改造和日常经营管理。此种模式通常适用于自身资质较好、在遇到外部冲击或者在企业发展过程中遇到阶段性财务困境、行业前景较为优质的企业的实质性重组。引入第三方管理模式指资产管理公司引入的第三方主要以加强对被重组方的主动管理为主，在管控上实现导入的增值服务能力，如资源整合能力、项目定位能力等，参与到被重组企业的日常经营管理中来，通常适用于不动产类不良资产的实质性重组。引入产业资本模式指资产管理公司积极联合与协调其他产业资本，通常为行业内排名靠前、规模较大、经济效益好，具备整合能力并在行业内有影响力的企业。资产管理公司从清产核资、非核心资产剥离、增资入股到改革公司治理机制、重塑公司经营战略，通过核心资产并购重组、资本市场上市、股权退出等一系列重组救助机制，推动问题企业重塑发展战略。从调查结果来看，当前资产管理公司进行实质性重组时，采用三种重组方式较为均衡，表明资产管理公司对行业、产业的认识、分析及趋势判断能力有所提升，进行行业资源优化整合方面的能力在逐步加强。

（五）资产管理公司未来应积极拓展的业务方向是：问题企业重组和处置化解房地产风险

调查结果显示，44.09%的受访者认为资产管理公司未来应积极拓展的业务方向是问题企业重组，30.91%的受访者认为是处置化解房地产风险，19.09%的受访者认为是助力绿色低碳转型，5.45%的受访者认为是个贷不良转让交易，0.45%的受访者认为是其他（见图3-33）。

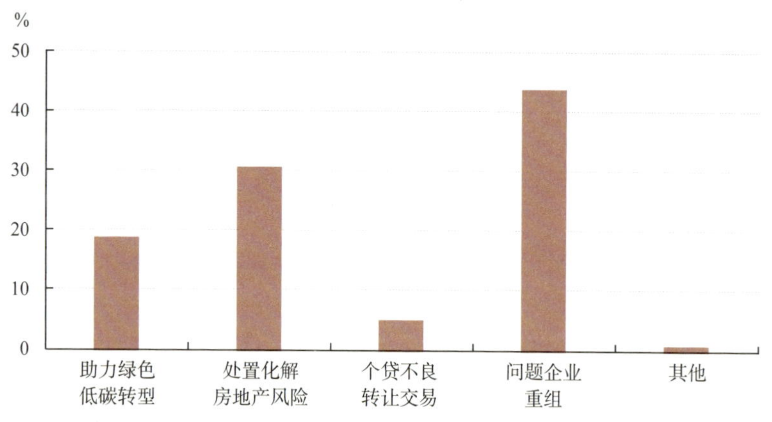

图 3-33　资产管理公司未来应积极拓展的业务方向

从调查结果看，超过四成的受访者认为资产管理公司应积极拓展的业务方向是问题企业重组。在宏观经济结构调整和产业升级改造的背景下，问题企业重组类业务机会显著增多。资产管理公司可以围绕“三去一降一补”的核心任务，通过对问题企业的重组，重点服务实体经济转型升级，提升金融供给质量，以“大不良”的概念盘活存量，优化增量，推进市场出清，促进经济动能转换。资产管理公司在长期的不良资产处置实践中，通过整合资源、引入第三方管理或资本运作等方式盘活资产，积累了较为丰富的经验，三成的受访者认为应积极参与房地产行业真实不良资产的处置化解，避免风险的外溢。两成的受访者认为应积极拓展的业务方向是助力绿色低碳转型。我国制定了2030年前实现碳达峰和2060年前实现碳中和的重大战略决策，绿色低碳转型发展将带来巨大的资源整合和盘活的需求，资产管理公司可以利用自身优势，帮助碳密集行业升级改造和转型突破，走绿色低碳的高质量发展之路。个贷不良资产转让仍然处于试点的初期阶段，虽然个贷不良资产规模巨大，但认为应积极拓展个贷不良批量转让业务的受访者仍然占比较低。

（六）2022年全国性金融资产管理公司应采取的发展策略：审慎策略，严控风险

调查结果显示，49.55%的受访者认为2021年全国性金融资产管理公司应采取的发展策略是审慎策略，严控风险；40.45%的受访者认为是中性策略，适度扩张；8.18%的受访者认为是积极策略，努力扩张；1.82%的受访者认为是消极策略，调整收缩（见图3-34）。

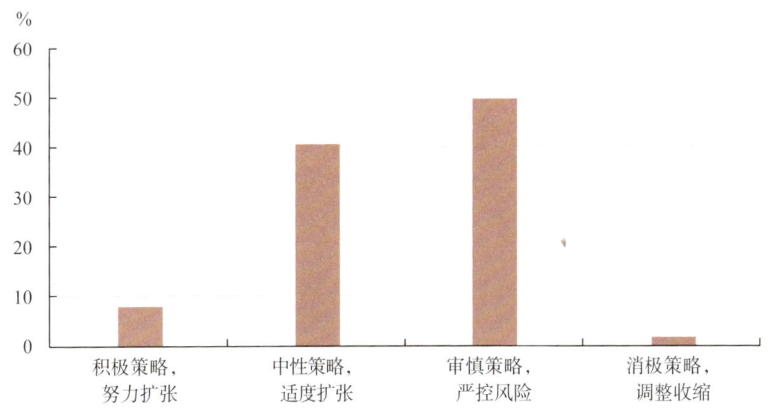

图 3-34 2022 年全国性金融资产管理公司应采取的发展策略

从调查结果来看，认为全国性金融资产管理公司应采取审慎策略的受访者占比较上年调查结果有所增加，认为应采取中性策略的受访者占比有所

下降。2022年不良资产市场机遇与挑战并存，调查结果反映出全国性金融资产管理公司在收购不良资产时态度更加趋于审慎。一方面，大宗商品价格上涨抬升原材料成本，挤压中小企业利润，加之部分地区疫情反弹使消费、服务业受到扰动，原材料供应及产品交付不畅，造成部分中下游行业和中小微企业生产经营较为困难。经济环境的不确定性和疫情期间信贷政策环境的宽松，或导致银行不良贷款率阶段性反弹，带来不良资产收储机会。另一方面，全国性金融资产管理公司由于前几年资产包收储规模较大，存量资产受经济环境影响处置进度不达预期，资本压力不断加大，加之经济增速的放缓使全国性金融资产管理公司对未来资产包内在价值预期降低，不良资产收购的意愿有所下降。

（七）全国性金融资产管理公司现阶段面临的主要困难：流动性压力大

调查结果显示，31.82%的受访者认为全国性金融资产管理公司现阶段面临的主要困难是流动性压力大，19.09%的受访者认为是市场竞争激烈，18.64%的受访者认为是风险控制能力弱，17.73%的受访者认为是资金成本较高，10.91%的受访者认为是考核机制不健全，1.82%的受访者认为是其他（见图3-35）。

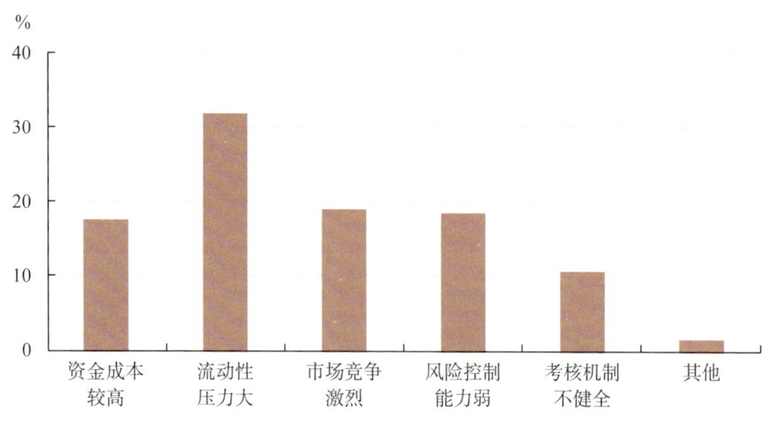

图 3-35　全国性金融资产管理公司现阶段面临的主要困难

调查结果显示，流动性压力大是现阶段全国性金融资产管理公司面临的最主要困难，此外，市场竞争激烈、资金成本高、风险控制能力偏弱等因素也是全国性金融资产管理公司面临的重要困难因素。全国性金融资产管理公司前几年资产包收储规模较大，不良资产的大量收储给全国性金融资产管理公司带来了巨大的资本和流动性压力，受前期收购资产处置缓慢情况的影响，资金成本和流动性压力也在不断加大。不良资产的收购及处置对于资金规模的要求较高，而全国性金融资产管理公司收购不良资产的主要资金来源于市场化融资，与不良资产处置相匹配的中长期低成本资金来源不足成为现阶段面临的主要困难之一。在宏观经济复苏缓慢、区域金融风险有所抬升的背景下，风险控制给全国性金融资产管理公司现阶段带来一定压力。未来全国性金融资产管理公司需更加注意将处置思路前置，在收购不良资产的同时考虑后续处置手段，在资产价格下行的市场情况下，避免收购的资产包由于难以处置形成二次不良。

（八）2021年地方资产管理公司不良资产一级市场份额较上年变化：变化不大

调查结果显示，6.36%的受访者认为地方资产管理公司不良资产一级市场份额较2020年显著提升，22.73%的受访者认为略微提升；51.82%的受访者认为变化不大；14.09%的受访者认为略微减弱，5.00%的受访者认为显著减弱（见图3-36）。

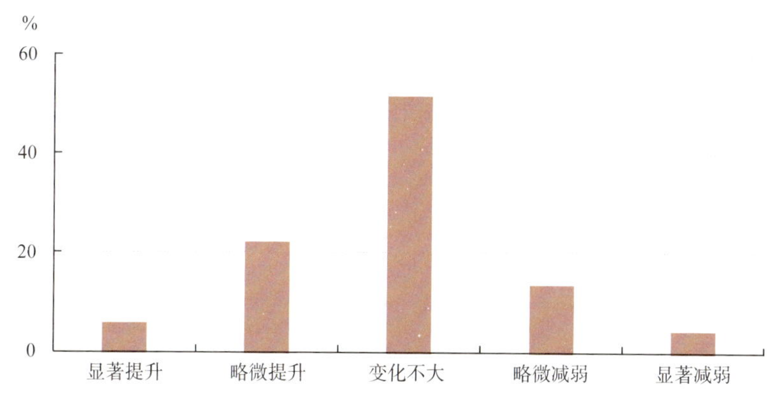

图 3-36　2021 年地方资产管理公司不良资产一级市场份额较上年变化

地方资产管理公司为准金融机构，由地方金融监管部门进行监管，主要股东多具有国资背景，在信息渠道、政府资源等方面具有明显优势。在收购处置地方中小金融机构和地方骨干企业的不良资产时具有明显优势，在收购端可以定向收购本地区地方金融机构的不良资产，在处置端可以有效整合股东资源，发挥地方政府在资产处置端的作用，并借助社会资本放大资金杠杆，克服资金困难。在不良资产市场活跃度高的地区，地方资产管理公司参与市场竞争的活跃度也较高，并开展跨区域经营活动，这进一步加剧了不良资产一级市场的竞争。整体来看，不良资产市场竞争格局在逐步改变，地方资产管理公司在不良资产市场中的竞争力在逐渐增强。

（九）地方资产管理公司收购不良资产的主要来源：城市商业银行及农村商业银行

调查结果显示，47.73%的受访者认为地方资产管理公司收购不良资产的主要来源是城市商业银行及农村商业银行，22.27%的受访者认为是股份制商业银行，19.09%的受访者认为是国有大型商业银行，5.45%的受访者认为是地方国有企业，3.18%的受访者认为是证券、基金、租赁等其他金融机构，2.27%的受访者认为是信托公司，没有受访者认为是大型民营企业（见图3–37）。

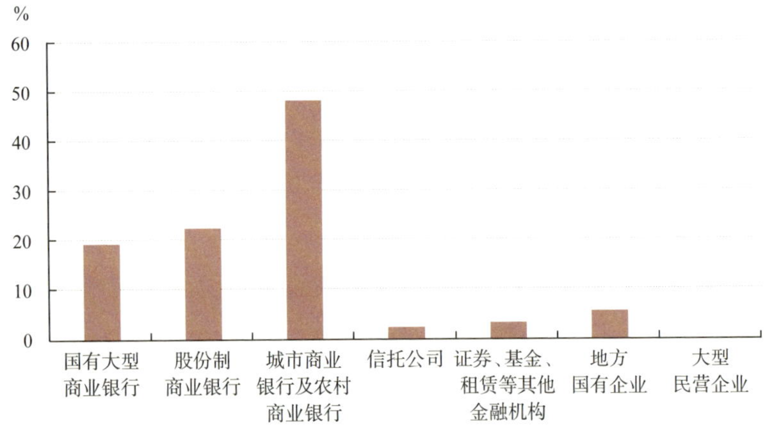

图 3–37　地方资产管理公司收购不良资产的主要来源

2021年国有大型商业银行和股份制商业银行虽然仍是金融不良资产一级市场主要供给方，但与往年相比，推包规模出现较大幅度下降，而农村商业银行和城市商业银行处置不良资产规模则大幅上升。在不良资产市场活跃度不高的地区，地方资产管理公司往往能够借助其在本地区的政策、信息和渠道优势，在收购地方商业银行不良资产时通过协议转让的方式定向收购，在经济发展较快、不良资产市场活跃度较高的地区，地方资产管理公司由于具有信息和渠道方面的优势，在竞标城市商业银行和农村商业银行推出的不良资产包时成功率更高，市场份额占比不断上升，在不良资产一级市场已经占据一定的市场地位。从调查结果来看，地方资产管理公司不良资产收购的主要来源是地方中小银行的不良资产，并且在市场竞争中拥有一定优势，而通过公开竞价收购国有大型商业银行不良资产的意愿则明显下降。

（十）地方资产管理公司不良资产的主要收购方式：参与一级市场竞价收购

调查结果显示，56.36%的受访者认为2021年地方资产管理公司目前不良资产收购的主要方式是参与一级市场竞价收购；21.82%的受访者认为主要方式是与地方政府合作收购；20.45%的受访者认为是地方商业银行通过协议转让；1.36%的受访者认为是其他（见图3-38）。

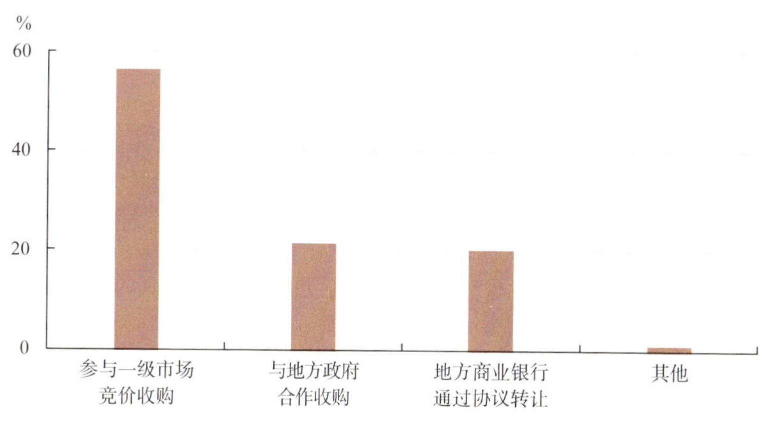

图 3-38　地方资产管理公司不良资产的主要收购方式

地方资产管理公司与地方政府、本地企业联系紧密，更熟悉地方发展状况、产业政策、优势行业和司法环境，一些地方资产管理公司通过设立地市级合资平台公司，积极参与地方骨干企业的不良资产化解，发挥多级地方政府在资产处置端的作用，在处置不良资产时信息渠道更加畅通，更易借助地方政策，把握处置时机，提升不良资产价值。在竞标城市商业银行和农村商业银行推出的不良资产包时，地方资产管理公司成功率更高，常常能够通过协议转让的方式定向收购本地区地方中小商业银行的不良资产。从调查情况来看，与地方政府合作收购和通过地方金融机构协议转让也是地方资产管理公司非常重要的不良资产收购方式。随着地方资产管理公司监管细则的出台，地方资产管理公司在一级市场不良资产收购业务有望更加规范，金融不良资产收购端市场竞争压力将有所加大。

（十一）《地方资产管理公司监督管理暂行办法》对地方资产管理公司的影响：金融不良资产收购更加规范化

调查结果显示，47.73%的受访者认为《地方资产管理公司监督管理暂行办法》出台对地方资产管理公司的影响是金融不良资产收购更加规范化；25.00%的受访者认为金融不良资产收购业务压力将明显加大；13.18%的受访者认为融资难度将明显增加；9.09%的受访者认为会使资产规模大幅受限；5.00%的受访者认为基本无影响（见图3-39）。

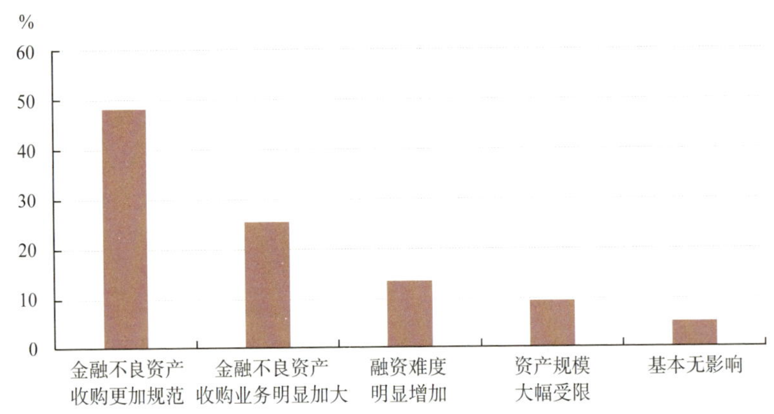

图 3-39 《地方资产管理公司监督管理暂行办法》对地方资产管理公司的影响

2021年9月，监管部门就《地方资产管理公司监督管理暂行办法》征求意见，该办法要求在每年新增投资额中主营业务投资额占比应不低于50%，收购金融机构不良资产投资额占比应不低于25%，连续两年不达标将被取消业务资质，未经批准不得发行债务性融资工具，融入资金的余额不得超过净资产的3倍，该办法的出台标志着地方资产管理公司将迎来统一监管。此前由于监管不够细化，地方资产管理公司部分业务不够规范，通道类、出表类业务占比较大。在不良资产收购端，地方资产管理公司依托自身优势，通过协议转让的方式占据了一定的市场份额。部分地方资产管理公司已经形成了投资业务、类信贷业务为主的业务特点，不良资产收购处置业务占比较低。随着该办法的出台，地方资产管理公司将更加聚焦于不良资产相关业务，通道类、出表类和以不良资产处置名义开展的类信贷业务受到限制，在收购本地区地方金融机构推出的不良资产包时，不良资产收购模式也将进一步规范，更多需要通过公开竞价的方式参与市场竞争，不良资产收购压力进一步加大。大部分地方资产管理公司注册资本规模较小，除开展不良资产相关业务外，未来的经营策略将更多地结合区域内市场需求，拓展地方专属业务。同时，对发债渠道和融资杠杆的限制将约束地方资产管理公司不良资产收购处置的规模。

（十二）地方资产管理公司发展的主要难点：资金实力较弱

调查结果显示，40.00%的受访者认为地方资产管理公司目前发展的难点是资金实力较弱；23.18%的受访者认为是业务模式较为单一；16.82%的受访者认为是跨区域经营受限；13.18%的受访者认为是专业人才不足；6.82%的受访者认为是资产储备不足（见图3-40）。

充足的资金是不良资产业务可持续发展的重要支撑。由于地方资产管理公司不属于金融机构，不能发行金融债，不能与银行开展同业借款，融资模式相对单一，目前开展业务的资金主要来源于股东投资、银行贷款和发行公司债券，融资渠道狭窄，资金实力较弱。目前，地方资产管理公司只能参与本省范围内不良资产一级市场的收购，在不良资产处置方面，地方资产管理公司主要还是以传统模式进行处置，综合运用多种金融工具提升不良资产价值的方法不多。大部分地方资产管理公司成立时间较短，囿于资金实力、考核压力等多方面原因，跨越经济周期的资产储备尚未建立，具有重组提升价值的存量资产较少，经营的可持续性面临挑战。同时，因为地方资产管理公司规模普遍较小，不良资产收购处置方面专业人才缺乏，在资产估值、定价、运作、处置等方面专业能力不足。从调查结果来看，较多受访者认为资金实力较弱是地方资产管理公司发展的主要难点，另外跨区域经营受限、业务模式相对较为单一、专业人才不足也是制约地方资产管理公司发展的重要因素。

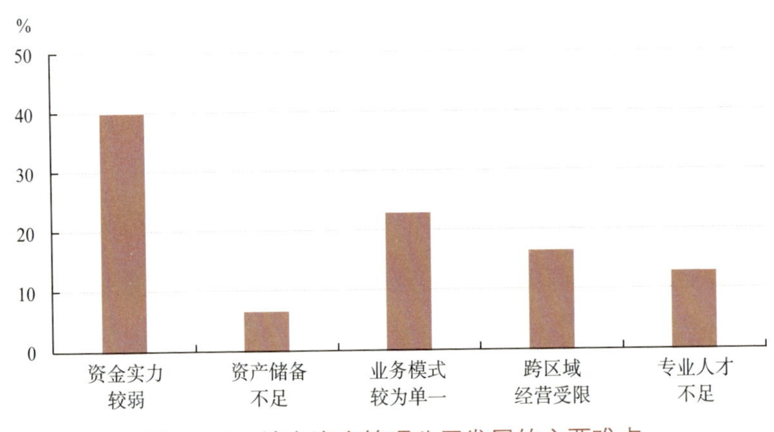

图 3-40　地方资产管理公司发展的主要难点

五、小结

2021年不良资产处置面临融资成本上升和处置难度增加的双重挑战，不良资产市场参与者收购意愿有所下降，为应对经济复苏动能趋缓压力，中央加大了稳增长政策力度，更加注重跨周期调节，宏观经济政策逐步向稳增长方向微调，不良资产二级市场债权交易活跃度随着经济的恢复和政策力度的加大逐步提高，二级市场处置环境有所回暖，不良资产处置难度与2020年相比有所降低。

2021年资产包价格存在一定分化趋势，并未全部延续之前逐步下探的趋势，在不良资产市场发展较为成熟的部分地区，不良资产一级市场推出资产包规模明显萎缩，资产包价格保持了相对稳定甚至少数地区出现一定程度的反弹，而不良资产市场交易不太活跃的地区，一级市场供给规模有所增加，资产包价格则延续稳中有降的态势。银行个贷不良批量转让试点以纯信用类资产为主，规模相对有限，预计处置回收率较对公不良资产更低，较高的成本投入和较低的回收预期进一步降低了资产管理公司积极参与处置的意愿，对不良资产一级市场供给影响较小。

经过近几年对不良资产的持续压降和处置，国有大型商业银行不良率和不良贷款余额呈现持续下降趋势，2022年商业银行推出不良资产规模将保持相对平稳，但中小金融机构的贷款质量下行将持续为不良资产的供给带来新的增量。2021年信托等非银行金融机构推出的不良资产规模显著升高，预计2022年信托等非银行金融机构推出不良资产规模较2021年将小幅上升。随着经济下行和监管趋严，信托类不良资产开始出现上升态势，信托公司处置不良资产的意愿明显增强，银保监会推进信托公司与专业机构合作处置风险资产将促使2022年信托业不良资产处置规模小幅上升。随着房地产调控的持续深入，房地产市场下行压力较大，商品房销售持续放缓，这对现金流本就紧张的部分龙头和小型房地产企业而言，其短期债务和长期偿债压力将进一步加大，房地产市场风险的加速暴露将使2022年不良资产供给的规模增加，信托等非银行金融机构受房地产行业风险影响最大，其次是地方性商业银行。

受疫情因素影响，银行资产质量持续承压，推出的资产包资产质量也存在一定劣变趋势。一级市场供需双方对未来资产包内在价值变动趋势判断分歧加大，处置能力已经成为资产管理公司收购资产包时考虑的最为重要的因素。资产管理公司前几年资产包收储规模较大，目前受制于前期收购资产处置缓慢情况的影响，不良资产收储能力趋于饱和，资产包收购规模显著下降，而大型商业银行前期为应对疫情因素影响，计提了较为充分的拨备，同时降低了对利润的要求，银行有更加充分的操作空间和更加充裕的时间通过内部核销的方式处置不良资产，阶段性减少了不良资产一级市场的供给，一定程度上加剧了买方市场竞争。除处置难度增大、价格分歧外，自身收购处置能力和买方竞争激烈也成为影响资产管理公司成功收购银行不良资产的主要障碍之一。为应对经济复苏动能趋缓压力，中央加大稳增长政策力度，政策环境方面更加有利于不良资产处置，不良资产二级市场债权交易活跃度逐步提高，资产管理公司收购不良资产的积极性虽然与疫情之前相比明显下降，但在保持相对稳定的基础上开始呈现回暖的迹象。

2021年，实体经济风险持续暴露，在实行房地产限购、房地产贷款集中度管理等政策背景下，土地市场拍卖成交价格走高，土地成交率有所抬升，房产成交率有所下滑。住宅类抵押资产依然最受投资者偏好，工业土地的受欢迎度小幅上升。当前资产管理公司更倾向于通过债权转让的方式处置不良资产，加快存量资产的快速周转，实现资金的快速回收，配资或延期收款已经成为资产管理公司处置不良资产的重要方式之一。2021年国有大型商业银行金融不良资产招标规模同比降幅明显，而城市商业银行和农村商业银行招标规模则同比上升，其中农村商业银行增幅最为明显。未来一段时期随着房地产企业信用风险、城投风险等的加速暴露，部分尾部中小金融机构持续经营承压，风险隐患突出，不良资产处置压力较大。区域性金融风险上升为资产管理公司开展不良资产业务带来新的机遇，2022年资产管理公司收购不良资产的态度保持审慎稳健。国有大型商业银行经过近几年对不良资产的持续压降和处置，2021年银行资产质量出现企稳的态势，未来经济走势的不确定性进一步加大了供需双方对未来资产包内在价值判断的分歧，而资产管理公司对一级市场新推出不良资产的需求有所降低，预计2022年不良资产一级市场买卖双方市场地位将维持在大致均衡的水平。

受疫情和经济复苏动能减弱的影响，资产管理公司不良资产处置回收率平均水平进一步下降，在处置不良资产时更多地提高存量资产的周转效率，以量补价的趋势明显。疫情的冲击加剧了不良资产二级市场投资主体对未来经济不确定性的担忧，银行资产包质量也出现一定程度的下滑，市场不活跃和资产价格下行是2021年影响资产管理公司不良资产处置的主要因素。2021年不良资产处置环境总体保持基本稳定，市场活跃度不高，不良资产处置周期相对较长，不良资产处置出清难度仍然较大。资产管理公司线上处置规模变化不明显，但是存在结构性差异，区域差别比较明显，线上处置能够小幅提高不良资产处置效率，但影响依然不明显。经济复苏动能放缓和疫情反弹加重了投资者对未来不确定性的担忧，影响了资产的正常处置流程，2022年资产管理公司需要主动加快处置速度，以缓解资金成本、资本占用等方面的压力。投资者购买不良资产的预期年化收益率整体水平与疫情之前相比显著下滑，对不良资产收益率预期已经处于底部，并将保持相对稳定。2022年投资者将采取相对谨慎的态度参与不良资产投资。

配资方式受到二级市场投资者欢迎的程度在不断提高，超过与不良资产出售方合作处置成为二级市场投资者最受欢迎的投资方式。外资资产管理公司正在逐步增加对我国不良资产市场的投资力度，因目前国内不良资产市场参与主体众多，市场竞争仍然较为激烈。受经济下行压力加大、疫情反复等因素影响，2022年外资资产管理公司参与不良资产市场的态度会较为谨慎。

非金不良资产业务在资产管理公司的业务利润中的占比进一步提高，而传统金融不良资产处置类业务由于受目前经济增速放缓、资产价格持续下行、市场不活跃等因素影响，处置收益率下滑，在资产管理公司利润来源中占比小幅下降。资产管理公司受访者认为应该加强开拓的是房地产风险化解和国有企业主辅分离业务。在长期的不良资产处置实践中，通过整合资源、引入第三方管理或资本运作等方式盘活困境不动产项目，积累了较为丰富的经验，应积极参与房地产行业风险的化解处置。

在宏观经济下行压力背景下，以传统产业为主的中小企业面临较大的产业升级优化压力，通过实质性重组恢复企业自身造血功能进行救助存在较高难度，资产管理公司更多采用实质性重组方式处置不良资产的占比提升不明显。资产管理公司进行实质性重组时，采用独立重组模式、引入第三方管理模式和引入产业资本模式三种重组方式较为均衡，表明资产管理公司通过提高对行业、产业的认识、分析及趋势判断能力，进行行业资源优化整合方面的能力在逐步加强。资产管理公司应积极拓展的业务方向是问题企业重组和积极参与房地产行业真实不良资产的处置化解，避免风险的外溢。2022年不良资产市场机遇与挑战并存，调查结果反映出全国性金融资产管理公司在收购不良资产时态度趋于更加审慎。流动性压力大是现阶段全国性金融资产管理公司面临的最主要困难，市场竞争激烈、资金成本高、风险控制能力偏弱等因素也是全国性金融资产管理公司面临的重要困难因素。

整体来看，不良资产市场竞争格局在逐步改变，地方资产管理公司在不良资产市场中逐渐占据了一定地位。在不良资产市场活跃度高的地区，地方资产管理公司参与市场竞争的活跃度也较高，并开展跨区域经营活动，进一步加剧了不良资产一级市场的竞争。地方资产管理公司不良资产收购的主要来源是地方中小银行的不良资产，并且在市场竞争中拥有一定优势，而通过公开竞价收购国有大型商业银行不良资产的意愿则明显下降。与地方政府合作收购和通过地方金融机构协议转让也是地方资产管理公司非常重要的不良资产收购的来源。随着地方资产管理公司监管细则的出台，地方资产管理公司在一级市场不良资产收购业务有望更加规范，金融不良资产收购端市场竞争压力将有所加大。2021年9月，监管部门就《地方资产管理公司监督管理暂行办法》征求意见结束，该办法的出台标志着地方资产管理公司将迎来统一监管。在收购本地区地方金融机构推出的不良资产包时，不良资产收购模式也将进一步走向规范，不良资产收购压力进一步加大，同时对发债渠道和融资杠杆的约束将限制地方资产管理公司不良资产收购处置规模。资金实力较弱是地方资产管理公司发展的最主要难点，另外跨区域经营受限、业务模式相对较为单一、专业人才不足也是制约地方资产管理公司发展的重要因素。

第四部分

信托公司观点

2021年，受新冠肺炎疫情反复、经济下行和监管趋严等因素影响，信托业存量与增量的风险均有所上升。在“资管新规”、《信托公司资金信托管理暂行办法（征求意见稿）》等监管政策要求下，信托业不断提高主动管理能力，向以财富管理、服务信托为代表的本源业务加速转型，在提质增效取得一定效果的同时，风险资产规模不断加大，信托公司的风险处置意愿也随之明显增强。预计2022年，信托业将遵照“资管新规”等监管政策，加快回归本源业务，扎实提高主动管理能力，不断创新业务类型，努力服务实体经济。本部分主要通过对信托业从业人员进行问卷调查，在掌握信托业发展现状、风险状况与风险处置情况的基础上，对信托业发展的内外部因素和发展趋势进行分析研判，以期为防范和化解信托业风险提供有益参考。

一、受访者概况

本次调查共回收有效问卷111份，受访者均来自信托公司业务部门，具有丰富的从业经验，了解信托市场情况及监管政策动向，从专业角度对信托业务结构、资产质量、风险状况、发展趋势等作出了客观判断。

从受访者所在地区分布的情况来看，华南、华北和华东地区人数较多，分别占比52.25%、30.63%和10.81%，西南、西北、东北、华中地区占比均在10%以下，分别为1.80%、1.80%、1.80%和0.90%（见图4–1）。总体来看，问卷反馈的观点具有一定的代表性。

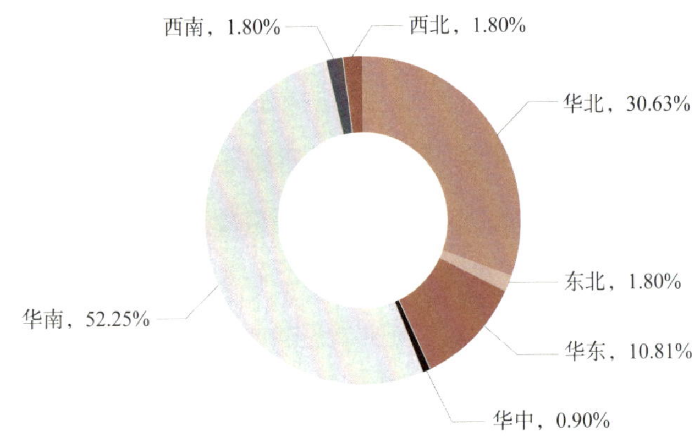

图 4–1　受访者所在地区分布

二、信托业发展现状及趋势

（一）2022年新增信托业务规模：下降

调查结果显示，对于2022年新增信托业务规模变化，认为同比降幅在10%以上的受访者占比为31.53%，认为同比降幅在5%~10%的受访者占比为27.03%，认为同比降幅在0~5%的受访者占比为20.72%，认为规模基本持平的受访者占比为11.71%，认为同比增幅在0~5%的受访者占比为6.31%，认为同比增幅在5%~10%的受访者占比为2.70%（见图4–2）。

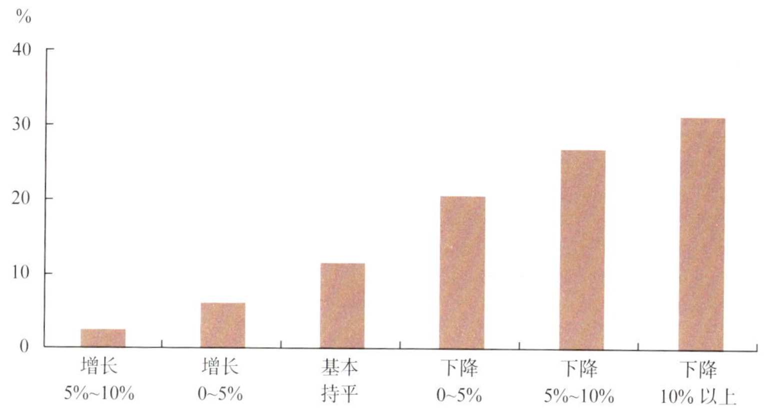

图 4–2　2022 年新增信托业务规模同比变化

根据中国信托业协会数据，截至2021年第三季度末，信托业受托管理的信托资产余额为20.44万亿元，同比下降2%。信托业资产规模连续13个季度下降后，在2021年第二季度首次出现回升，但之后仍小幅回落，规模变化趋向平稳。上述变化正是信托业根据监管要求，主动进行“两压一降”“回归本源”的结果。总体而言，信托业正在“资管新规”等政策引导下，从注重规模增长向提质增效转变。

（二）信托公司未来展业方向：集合资金信托业务、投资类业务、证券市场业务

调查结果显示，对于信托公司未来主要展业的方向，按来源划分，60.36%的受访者认为是集合资金信托业务，35.14%的受访者认为是管理财产信托业务，4.50%的受访者认为是单一资金信托业务（见图4–3）。按功能划分，80.18%的受访者认为是投资类业务，14.41%的受访者认为是事务管理类业务，5.41%的受访者认为是融资类业务（见图4–4）。按投向划分，64.86%的受访者认为是证券市场业务，14.41%的受访者认为是工商企业业务，11.71%的受访者认为是基础产业业务，6.31%的受访者认为是房地产业务，2.70%的受访者认为是金融机构业务（见图4–5）。针对“在信托回归本源的驱使下，信托公司将着重开展哪些服务信托业务”这一多选题，91.89%的受

访者选择了家族信托，68.47%的受访者选择了保险金信托，49.55%的受访者选择了慈善信托，43.24%的受访者选择了年金信托（见图4-6）。

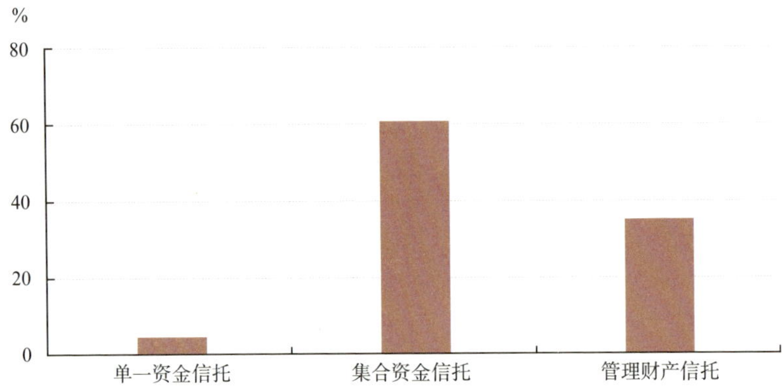

图 4-3　信托公司未来展业方向：按来源划分

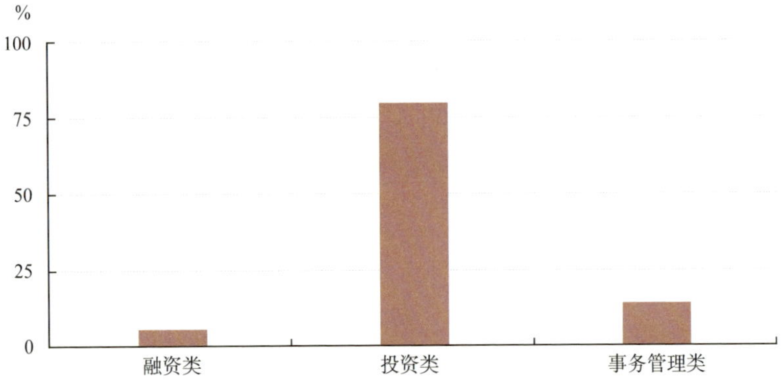

图 4-4　信托公司未来展业方向：按功能划分

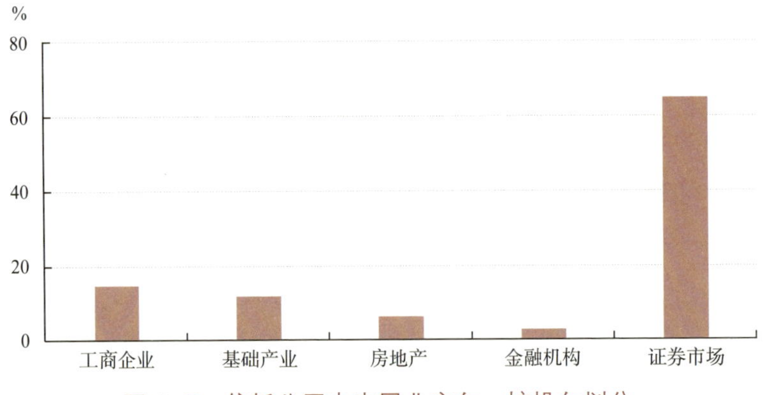

图 4-5　信托公司未来展业方向：按投向划分

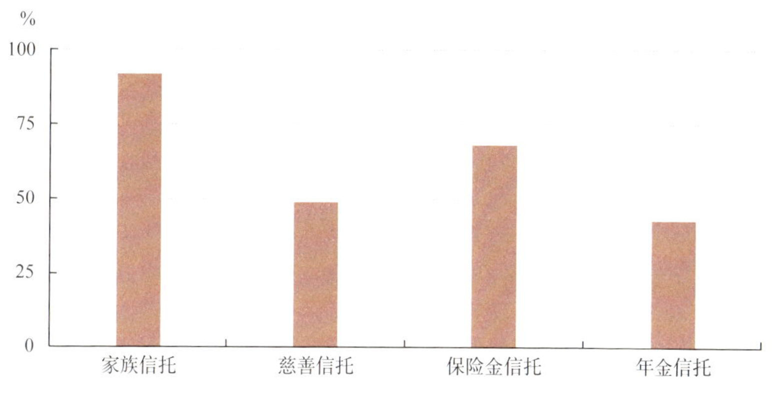

图 4-6　信托公司未来从事服务信托的类型偏好

按来源划分的三大业务类型中，信托公司早期借助单一资金信托业务实现快速发展。自“资管新规”等监管政策出台后，信托公司积极谋划业务转型，加速回归本源，不断压缩单一资金信托业务规模，持续扩大集合资金信托业务和管理财产信托业务规模。根据中国信托业协会统计数据，截至2021年第三季度末，集合资金信托规模占比上升至51.63%，管理财产信托规模占比上升至23.33%，单一资金信托规模占比下降至25.04%。三大类业务规模整体延续了集合资金信托和管理财产信托稳步增长、单一资金信托逐步收缩的趋势。预计截至2022年第一季度末，管理财产信托规模将超过单一资金信托规模。

按功能划分的三大业务类型中，事务管理类业务大多涉及通道类业务，与融资类业务一样，都是信托公司正在主动压降的业务类型。2021年11月，银保监会下发《关于进一步推进信托公司“两项业务”压降有关事项的通知》指出，2021年是“资管新规”过渡期整改时限的最后节点，强调信托公司应进一步压降通道类业务和融资类业务。因此，在严监管政策下，信托公司的事务管理类业务和融资类业务未来仍将受到限制。而投资类业务体现信托公司的管理能力，属于其本源业务和转型方向。根据中国信托业协会数据，截至2021年第三季度末，投资类业务规模快速增长，占比上升至39.29%，已接近事务管理类业务规模，预计信托公司的投资类业务将获得进一步发展。

按投向划分的五大资金信托业务类型中，由于证券市场上的股票、债券、基金等属于标准化产品，相关投向的信托为标品信托，符合当下的监管要求，是信托公司业务转型的重点领域。预计证券市场信托的规模和占比将持续提升，进一步发挥信托应有的作用。

从信托公司未来从事服务信托的类型偏好来看，银保监会明确提出服务信托包含但不限于家族信托、企业年金信托、慈善信托等类型。保险金信托是信托业务与保险业务协同发展的创新业务，也属于服务信托。发展服务信托是信托业转型升级创新的应有之义，也是回应社会需求的重要体现。在未来，服务信托中的家族信托和保险金信托或将得到进一步的发展。

（三）大资管时代信托公司的主要竞争对手：银行理财子公司

调查结果显示，55.86%的受访者认为信托公司在大资管时代的主要竞争对手是银行理财子公司，20.72%的受访者认为是证券公司，14.41%的受访者认为是基金公司，8.11%的受访者认为是金融资产管理公司，0.90%的受访者认为是保险资管公司（见图4–7）。在涉及信托公司与其他资管机构相比的主要优势调查中，91.89%的受访者选择了牌照优势，46.85%的受访者选择了专业优势，45.05%的受访者选择了股东优势，37.84%的受访者选择了资源优势，27.93%的受访者选择了政策优势（见图4–8）。

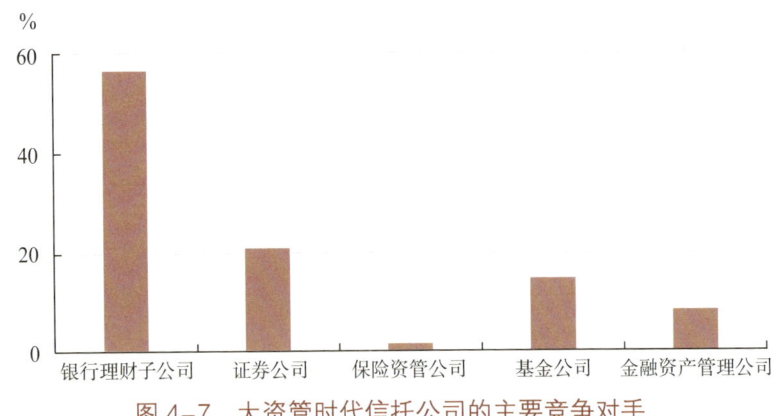

图 4–7　大资管时代信托公司的主要竞争对手

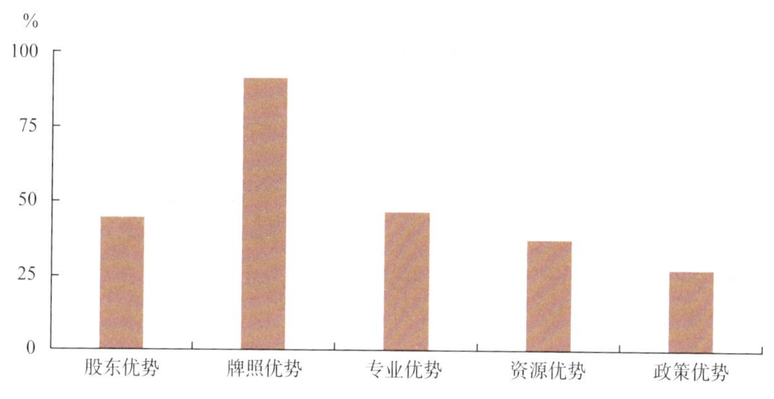

图 4-8　与其他资管机构相比信托公司的主要优势

在大资管时代，金融行业在回归本源、服务实体经济的监管导向下，各细分行业将会形成错位发展的格局。目前，银行理财子公司可以展开基金、类信托等业务，加上受益于商业银行销售渠道的支持，对包括信托在内的其他资管机构形成了有力竞争。此外，证券公司、基金公司等传统的资产管理机构具有丰富的资管经验和较强的专业能力。信托公司在投研体系、产品体系、风控体系等方面相对较弱。由于信托业属于特许经营行业，信托公司最明显的优势是具有信托牌照。此外，信托公司在早期得以快速发展也离不开自身资源禀赋及政策支持等优势。在监管趋严、信托业务回归本源的背景下，信托公司在未来需要进一步提升专业能力，整合已有优势资源，围绕本源业务，在不断发展中实现转型升级。

（四）信托公司未来的转型方向：特色资管服务机构、特色服务信托机构

调查结果显示，47.75%的受访者认为信托公司未来转型方向是以资产管理、资源整合见长的特色资管服务机构，42.34%的受访者认为是围绕服务信托提供差异化专业化特色服务的信托机构，9.91%的受访者认为是经营银行、信托等业务的综合金融服务机构（见图4-9）。

信托公司在回归本源业务时，面临着转型方向的选择。结合国外信托公司的发展经验，我国信托公司转型方向大致可以概括为两类三种：一类是综

合金融服务机构，典型如日本的信托银行。这类转型方向适合资本实力强、服务水平高、客户资源丰富、风控能力强的大型信托公司，可根据客户需求提供全方位一站式的金融服务。另一类是特色金融服务机构，其中又可细分为特色资管服务机构和特色服务信托机构。特色资管服务机构以资产管理、资源整合见长，可以基于自身对实体产业的了解，发挥靠近资产端的资源整合优势，管理资金端的配置。特色服务信托机构以专业信托服务见长，可以根据客户需求，提供各种服务信托。这类转型方向适合业务专精、聚焦细分领域的中小型信托机构，可根据客户特定需求提供针对性的金融服务。特色金融服务机构的方向与信托公司当下业务回归本源和转型升级的方向较为接近，而细分的两种具体类型则是信托公司业务发展选择的不同侧重。此外，特色金融服务机构的方向也可以与现有的监管体系接轨。

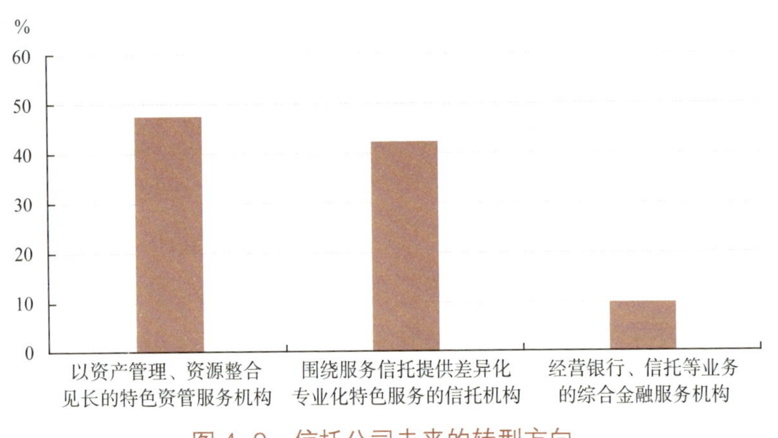

图 4-9　信托公司未来的转型方向

三、影响信托公司发展的内外部因素

（一）影响信托公司发展的主要外部因素：监管政策、经济形势、行业发展阶段

调查结果显示，针对“影响信托公司发展的主要外部因素”这一多选题，97.30%的受访者选择了监管政策，81.08%的受访者选择了经济形势，64.86%的受访者选择了行业发展阶段，16.22%的受访者选择了同业竞争，

7.21%的受访者选择了社会舆论（见图4-10）。同时，针对“哪些监管政策对信托公司的影响较大”这一多选题，90.99%的受访者选择了“房地产信托调控政策”，78.38%的受访者选择了“资管新规”，58.56%的受访者选择了“资金信托管理政策”，17.12%的受访者选择了“信托公司风险资产处置政策”，9.01%的受访者选择了“清理信托公司非金融子公司业务政策”（见图4-11）。

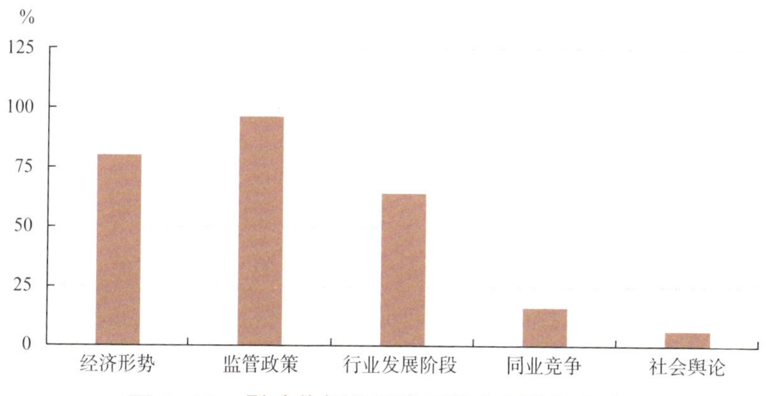

图 4-10　影响信托公司发展的主要外部因素

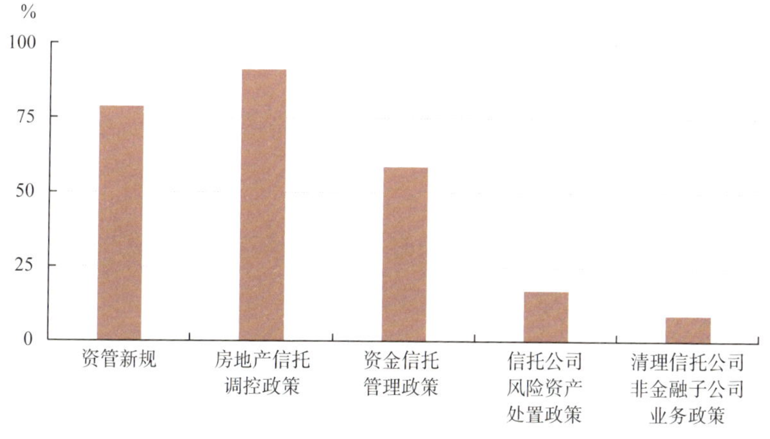

图 4-11　对信托公司影响较大的监管政策

近年来，为了有效控制信托业的风险，引导行业回归本源，促进行业转型升级，针对信托业的监管政策不断收紧。同时，在经济新常态的背景下，信托公司发展面临更大的不确定性、更激烈的同业竞争及更复杂的社会舆论环境。这在一定程度上影响了信托公司的后续发展。《信托公司资金信托管理暂行办法（征求意见稿）》侧重规范资金信托业务，将资金信托定位为私募资管，引入非标债权资产比例限制，严格禁止产品之间的交易，严格实施期限匹配，严格落实合格投资人要求。《关于推进信托公司与专业机构合作处置风险资产的通知》鼓励信托公司与专业机构通过批量转让、财务重组等方式处置风险资产，以此建立风险处置的市场化机制，控制信托的风险资产，让信托公司得以良性发展。银保监会发布《关于清理规范信托公司非金融子公司业务的通知》（银保监办发〔2021〕85号），明确信托公司不得新增境内一级非金融子公司，且须在三年内完成违规非金融子公司的清理工作，严查违规关联交易、不当利益输送。

监管政策是影响信托公司发展最重要的外部因素。自2020年以来，监管部门进一步大力整顿信托业务，尤其是涉及通道类、融资类、涉房类业务，监管政策持续趋紧。监管层在2021年度信托监管工作会议上明确表示，继续开展“两压一降”，要求信托公司涉房主动管理融资类业务规模不超过2020年末的规模。受上述监管政策影响，叠加多家房地产企业接连违约，房地产信托市场持续低迷。“资管新规”过渡期将结束，信托公司要进一步控风险、调结构，深化转型升级，回归信托本源，奠定稳健发展的基础。

（二）影响信托公司发展的主要内部因素：主动管理能力、业务创新能力、业务风险管控能力

调查结果显示，针对“影响信托公司发展的主要内部因素”这一多选题，68.47%的受访者选择了主动管理能力，63.06%的受访者选择了业务创新能力，51.35%的受访者选择了业务风险管控能力，41.44%的受访者选择了内控合规管理能力，25.23%的受访者选择了从业人员综合素质，21.62%的受访者选择了监管博弈心理（见图4–12）。同时，对于未来1~2年信托公司主动管理能力的提高方面，81.98%的受访者选择了投研能力，76.58%的受访者选择了资产配置能力，71.17%的受访者选择了风险管控能力，35.14%的受访者选择了净值化运营管理能力（见图4–13）。

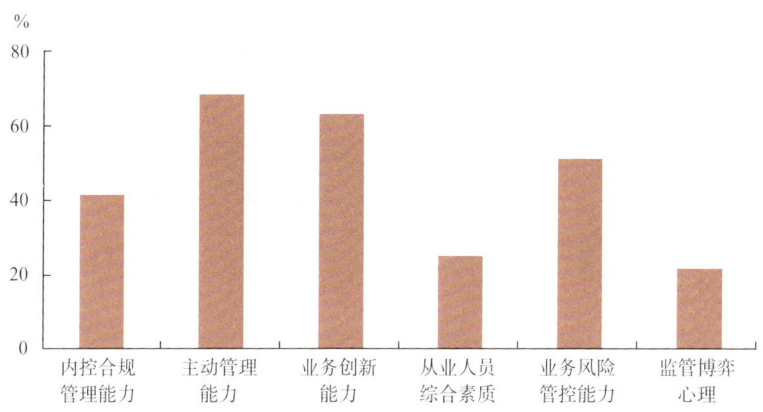

图 4-12　影响信托公司发展的主要内部因素

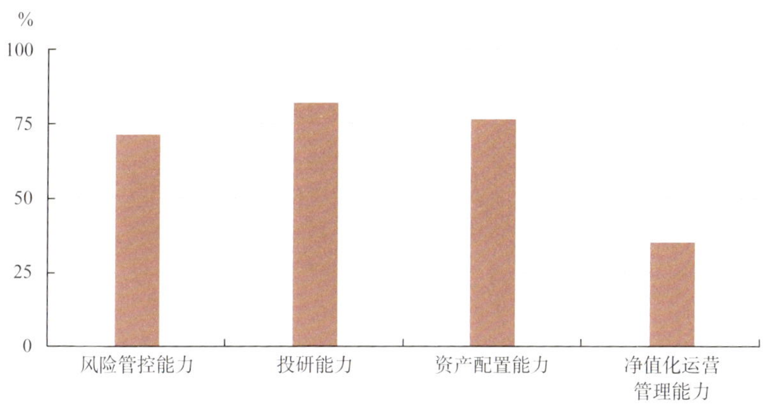

图 4-13　未来 1~2 年信托公司主动管理能力的提高方面

信托业发展初期，依赖技术含量低、难度小的通道类融资类业务，脱离本源业务，主动管理能力未能得到应有提升，业务创新意识较为缺乏。主动管理能力作为信托公司行稳致远的关键，需要从投资与研究、风险管控、资产配置、净值化运营方面提高。投研是主动管理能力的基础，是提升信托公司核心竞争力的重要抓手。资产配置涉及选择和决策的内容，是主动管理能力的直接体现。风险管控则是控制风险发生的可能性，或是减少风险造成的损失，是主动管理能力的间接体现。上述三点是主动管理能力亟须提高的方面。此外，信托公司还存在业务全生命周期风险管控能力弱、公司治理与内控制度不健全、从业人员综合素质亟须进一步提升等问题。在信托业转型发展的当下，应正视并完善上述问题，才能夯实发展基础，助力良性发展。

四、信托业风险状况

（一）2021年信托资产实际风险率水平：5%以上

调查结果显示，对于现阶段信托资产的实际风险率水平，31.53%的受访者认为在5%~7%，各有25.23%的受访者认为分别在7%~10%和10%以上，14.41%的受访者认为在3%~5%，3.60%的受访者认为在1%~3%（见图4–14）。

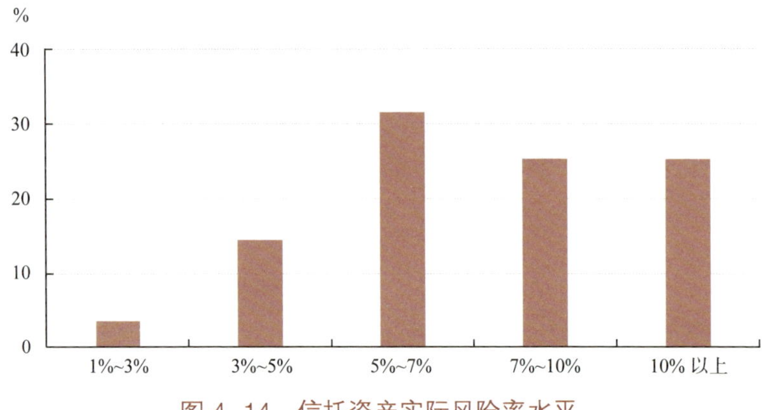

图 4–14 信托资产实际风险率水平

根据上年大多数受访信托从业者的观点，信托资产风险率水平超过5%。自2021年以来，受经济增速下行、严监管及信托公司加速转型等因素的影响，叠加疫情反复和房地产企业债务违约，信托资产规模下降，信托资产风险加速暴露，部分上市公司信托计划出现违约，风险率恐将呈现上升趋势。根据今年大多数受访信托从业者的观点，信托资产风险率水平为5%~7%，风险率中枢相较上年有所下降，信托业真实风险率或将高于现有的统计水平。

（二）2022年信托业风险：进一步上升

调查结果显示，对于2022年存量信托业务风险，78.38%的受访者认为将进一步加大，13.51%的受访者认为将维持现状，8.11%的受访者认为将有所减缓（见图4-15）。而对于上述风险暴露程度变化的原因，59.46%的受访者认为是房地产行业影响，32.43%的受访者认为是严监管政策影响，8.11%的受访者认为是业务转型升级（见图4-16）。对于2022年新增信托业务风险，52.25%的受访者认为将提升，其中，认为将小幅提升的受访者占比37.84%，认为将大幅提升的受访者占比14.41%；12.61%的受访者认为将基本不变；35.14%的受访者认为将降低，其中，认为将小幅降低的受访者占比27.93%，认为将大幅降低的受访者占比7.21%（见图4-17）。

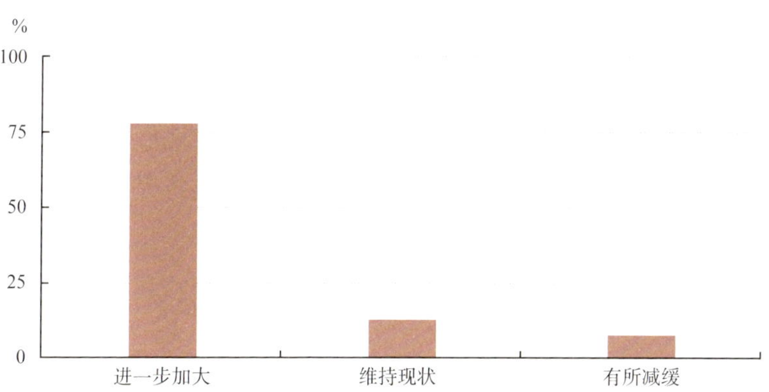

图 4-15　2022 年存量信托业务风险

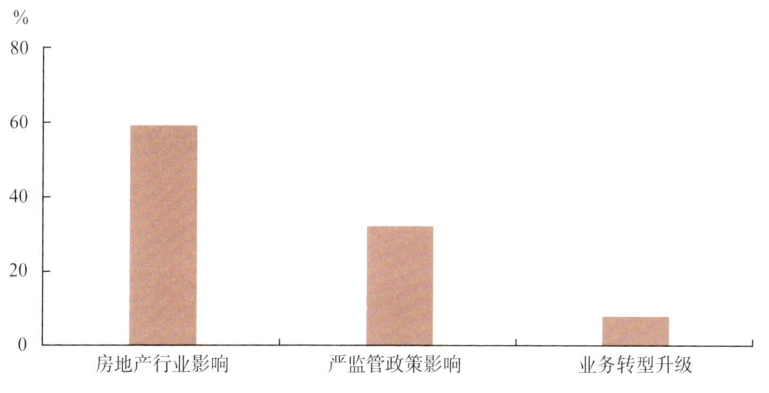

图 4-16　2022 年存量信托业务风险的成因

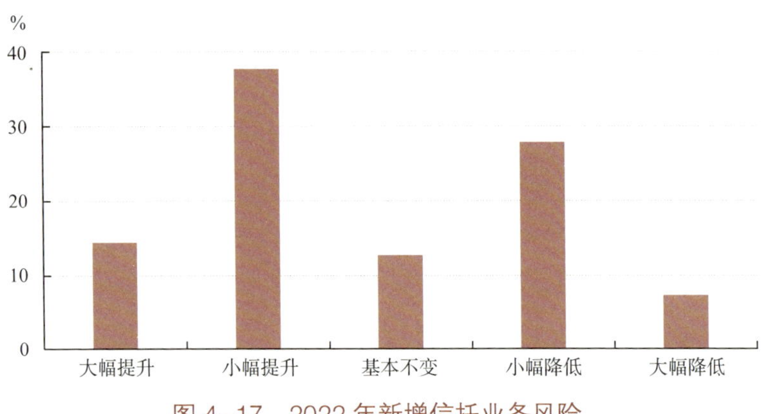

图 4-17　2022 年新增信托业务风险

受严监管、涉房信托“爆雷”等外部因素影响，2022年存量信托业务风险将继续攀升。目前，严监管引导信托业从以往“信用中介”的定位转变为“受人之托，忠人之事，代人理财”的本源定位。信托业由融资类通道类业务为主转向投资类业务为主，由非标业务为主转向标品业务为主。上述变化使存量信托业务风险持续暴露。随着经济下行，房地产行业监管收紧，房地产企业债务违约风险加速暴露，房地产信托风险也将提高。根据用益信托网统计，截至2021年11月，房地产信托违约金额在信托违约总金额中占比最高。考虑到风险传导的滞后性，房地产信托业务风险或将进一步加大。2022年新增信托业务风险仍将小幅上升，整体上升趋势放缓。

（三）现阶段引发信托业风险集中爆发的主要因素：经济下行压力、监管趋严

调查结果显示，针对“引发信托业风险集中爆发的主要因素”这一多选题，91.89%的受访者选择了经济下行压力，90.09%的受访者选择了监管趋严，31.53%的受访者选择了疫情影响，24.32%的受访者选择了资本不足，17.12%的受访者选择了业务偏离主业，9.01%的受访者选择了违规展业（见图4-18）。针对“现阶段严监管对信托业的主要影响”这一多选题，88.29%的受访者选择了通道类和融资类业务受限，70.27%的受访者选择了行业资产规模缩减，54.05%的受访者选择了信托公司盈利能力减弱，27.03%的受访者

选择了倒逼信托公司提升主动管理能力，23.42%的受访者选择了打破刚兑，14.41%的受访者选择了行业竞争加剧（见图4-19）。

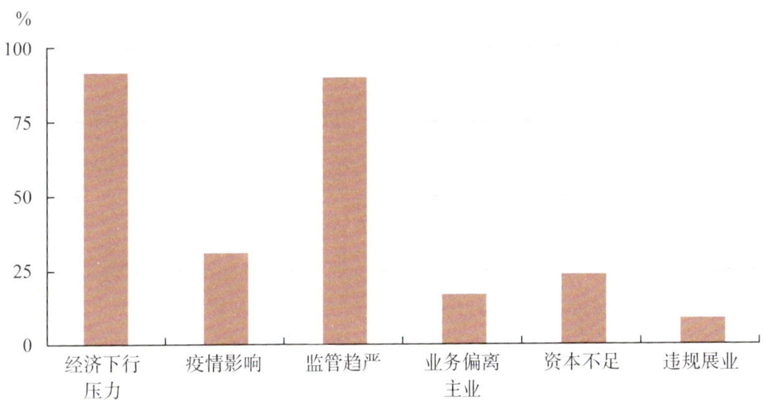

图 4-18　引发信托业风险集中爆发的主要因素

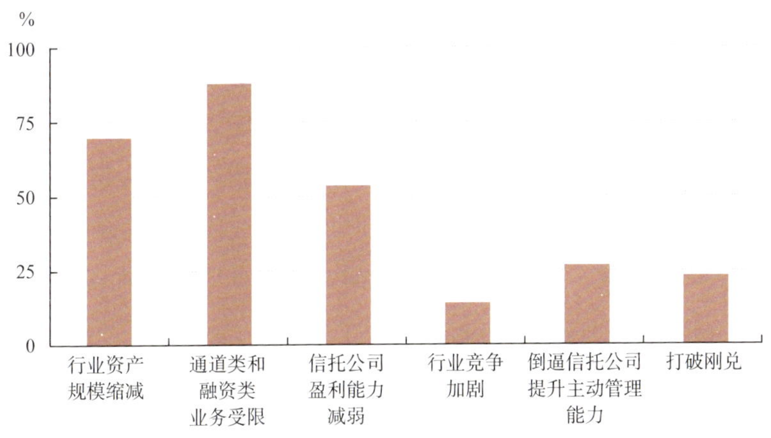

图 4-19　严监管对信托业的主要影响

信托公司以往以通道类融资类业务为主，涉房业务较多，该业务实际上类似于银行信贷业务，偏离了信托的主业。随着监管持续深化，信托公司原有的非标债权资金池、承诺刚兑、期限错配、分离定价等行为，都将受到更严格的规范。在经济处于上行周期时，上述诸多问题或被行业景气和宽松的市场信用所掩盖。目前，疫情反复致使经济恢复前景不明、监管工作的持续推进及房地产行业“爆雷”波及涉房信托业务，信托公司以往的业务模式及公司治理中的问题开始逐渐显现，信托业长期积累的风险也开始加速暴露。

就严监管的影响而言，最直接的就是通道类和融资类业务的压降。这是监管层引导信托业调整业务类型，回到本源业务的具体体现。此前，由于信托公司主要以通道类和融资类业务为主，在业务压降及转型的监管要求下，信托业资产规模不断缩减。中国信托业协会数据显示，截至2021年第三季度末，信托业资产规模较2017年第四季度末的峰值下降22.11%。在监管趋严的背景下，信托公司应加快从非标业务转向标品业务、从通道类和融资类业务转向投资类业务，提升主动管理能力及打破刚兑，提高信托公司的盈利能力。

（四）现阶段信托业面临的主要风险：政策风险、市场风险、信用风险

调查结果显示，针对“现阶段信托业面临的主要风险”这一多选题，82.88%的受访者选择了政策风险，58.56%的受访者选择了市场风险，57.66%的受访者选择了信用风险，56.76%的受访者选择了流动性风险，18.02%的受访者选择了操作风险（见图4–20）。针对“造成交易对手违约进而引发信用风险的主要原因”这一多选题，92.79%的受访者选择了资金链断裂，65.77%的受访者选择了项目不及预期，61.26%的受访者选择了资金挪为他用，27.93%的受访者选择了抵质押物估值过高，20.72%的受访者选择了恶意逃债（见图4–21）。

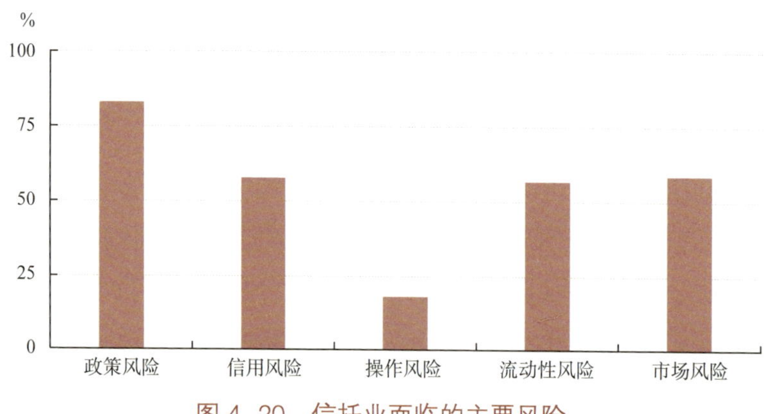

图 4–20　信托业面临的主要风险

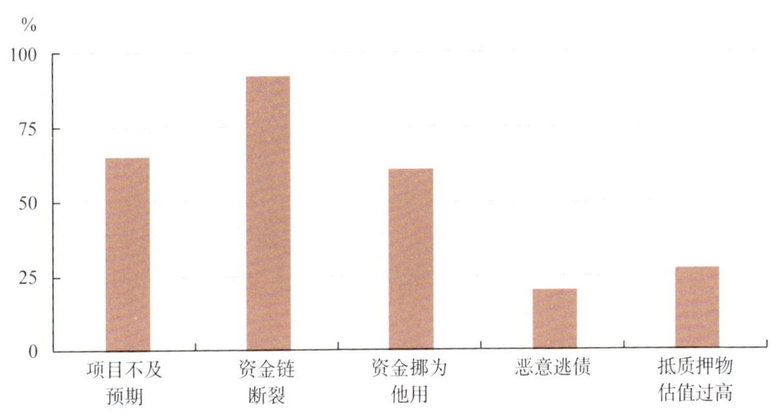

图 4-21　造成交易对手违约进而引发信用风险的主要原因

近年来，监管层不断出台监管政策，从整体监管的“资管新规”，到具体监管的“两压一降”要求，引导信托业健康发展。同时，监管政策的力度对信托业风险暴露、风险处置也产生重要影响。疫情反复，国内经济处于下行周期，外贸、消费等行业恢复乏力，由此产生的市场风险影响着信托业。随着信托风险资产的不断暴露，信托业产生了相关的信用风险、流动性风险等。根据用益信托网统计，截至2021年11月，房地产信托违约金额高达707.43亿元，其中的交易对手信用风险值得关注。受“三道红线”等监管政策的影响，房地产企业债券陆续出现实质性违约，产生了较为严重的信用风险，这也使以房地产为基础资产或投向房地产企业债券的信托产品出现违约。结合调查数据看，大多数受访者认为上述信用风险的成因是融资渠道受限造成的资金链断裂、项目建设投产进度低于预期和预售款等款项被挪为他用。

（五）信托业务将持续爆发风险的类型：集合资金信托、融资类信托、房地产信托

调查结果显示，对于信托业务将持续爆发风险的类型，按照资金来源划分，81.98%的受访者选择了集合资金信托，9.01%的受访者选择了单一资金信托，9.01%的受访者选择了管理财产信托（见图4-22）；按照功能划分，73.87%的受访者选择了融资类信托，21.62%的受访者选择了投资类信托，4.50%的受访者选择了事务管理类信托（见图4-23）；按照投向划分，74.77%的受访者选择

了房地产，11.71%的受访者选择了证券市场，7.21%的受访者选择了工商企业，5.41%的受访者选择了基础产业，0.90%的受访者选择了金融机构（见图4–24）。

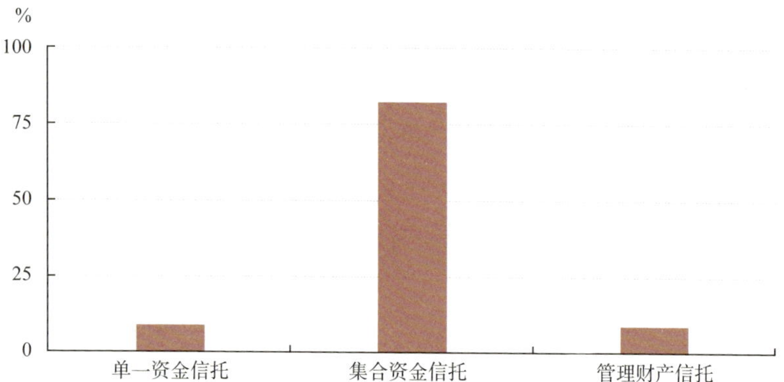

图 4–22　信托业务将持续爆发风险的类型：按资金来源划分

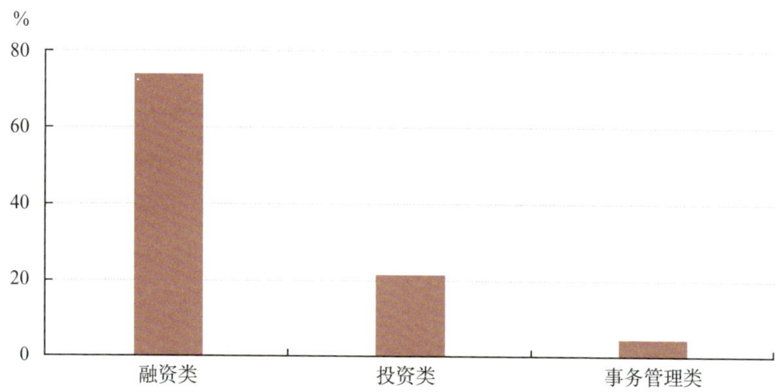

图 4–23　信托业务将持续爆发风险的类型：按功能划分

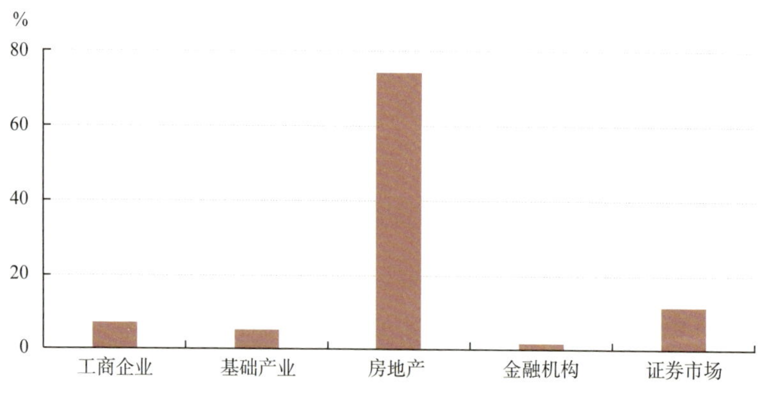

图 4–24　信托业务将持续爆发风险的类型：按投向划分

在经济下行的背景下，根据信托业现有监管的方向和力度，信托业将继续转型升级、回归主业，在以往发展过程中所积累的风险也将加速暴露。根据中国信托业协会公布的数据，集合资金信托规模占比整体呈现增长趋势，从2021年第二季度末开始超过50%。基于不断变大的基数，集合资金信托持续爆发风险的概率也不断增大。另外，信托业在早期的快速发展中较为依赖融资类信托业务，上述业务还较多涉及房地产行业。随着信托业监管政策收紧，以及房地产行业调控进一步深化，融资类信托业务及涉房信托业务的风险加剧，未来或将持续爆发。

（六）2022年信托公司风险资产规模：增加

调查结果显示，对于2022年信托公司风险资产规模，40.54%的受访者认为将有所增加，其中，认为小幅增加的受访者占比为33.33%，认为大幅增加的受访者占比为7.21%；33.33%的受访者认为将基本不变；26.12%的受访者认为将有所减少，其中，认为小幅减少的受访者占比为21.62%，认为大幅减少的受访者占比为4.50%（见图4-25）。对于2022年信托公司的信托赔偿准备金规模，52.25%的受访者认为将有所增加，其中，认为小幅增加的受访者占比为43.24%，认为大幅增加的受访者占比为9.01%；38.74%的受访者认为将基本不变；9.01%的受访者认为将有所降低，其中，认为小幅降低的受访者占比为8.11%，认为大幅减少的受访者占比为0.90%（见图4-26）。

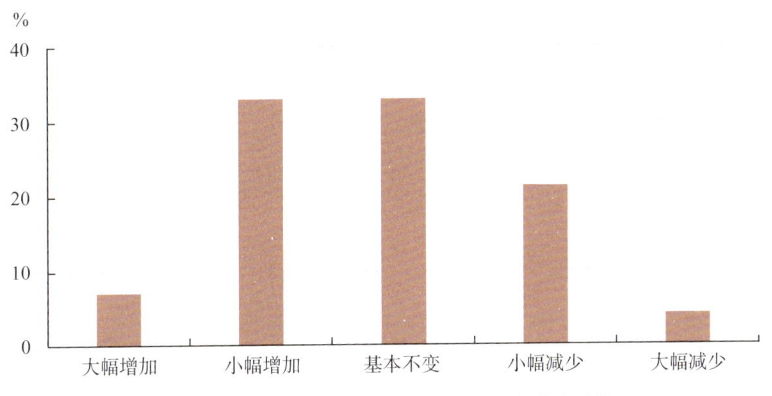

图 4-25　2022 年信托公司风险资产规模

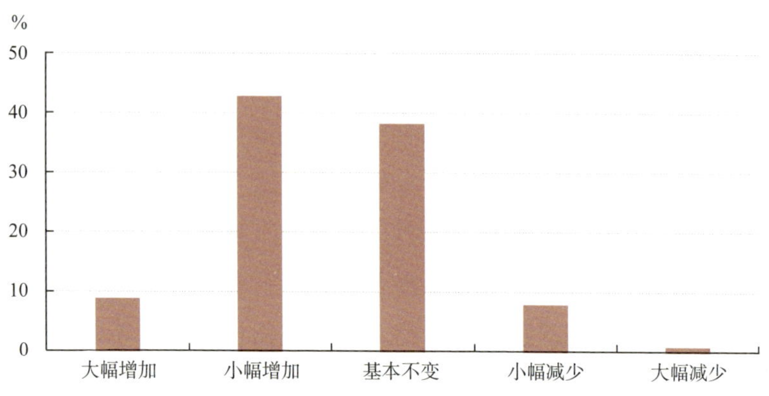

图 4-26　2022 年信托公司的信托赔偿准备金规模

受疫情反复、经济下行的影响，信托资产风险不断加大。信托业在监管要求下不断转型升级，业务开展难度提升，风险资产整体规模或将继续增加。在规模增加幅度上，或将呈现小幅上升的趋势。从2021年已暴露的风险资产来看，大多集中在融资类和通道类信托业务或涉房信托业务中。此外，信托赔偿准备金是指信托公司按规定从净利润中提取，用于赔偿信托业务损失的风险准备，是信托公司防范风险的基石。根据《信托公司管理办法》的规定，信托公司每年应当从税后利润中提取5%作为信托赔偿准备金，当该赔偿准备金累计总额达到公司注册资本的20%时，可不再提取。根据中国信托业协会的统计，截至2021年第三季度末，信托赔偿准备金同比增长11.28%。预计2022年，信托赔偿准备金将继续稳步提升。虽然信托公司目前考虑到行业声誉和使用程序模糊，不愿使用信托赔偿准备金兑付风险项目。未来，在建立完善的赔偿准备金使用制度及厘清相关主体的风险责任后，信托公司或将更愿意使用赔偿准备金，这也将继续提升信托准备金规模。

（七）信托公司增强抵御风险能力的措施：提升主动管理能力、加速业务转型、提升从业人员专业素质

调查结果显示，针对“信托公司增强抵御风险能力的措施”这一多选题，81.98%的受访者选择了提升主动管理能力，72.97%的受访者选择了加速

业务转型，43.24%的受访者选择了提升从业人员专业素质，42.34%的受访者选择了快速处置风险资产，25.23%的受访者选择了加强公司治理，12.61%的受访者选择了增加信托赔偿准备金（见图4-27）。

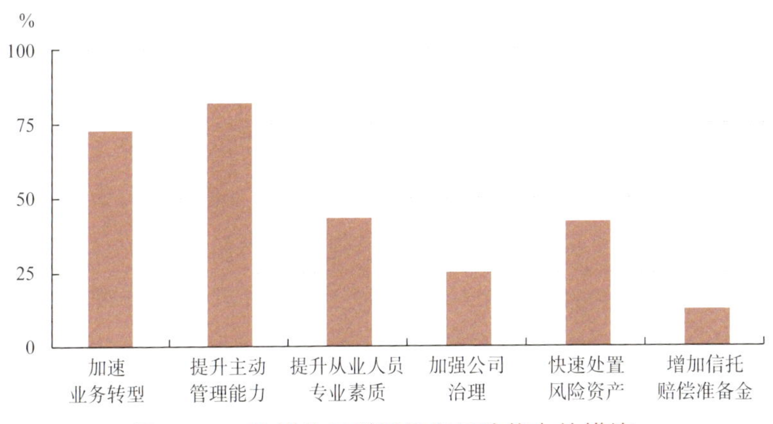

图 4-27　信托公司增强抵御风险能力的措施

在经济下行和监管趋严的背景下，信托业风险频发，信托公司亟须增强自身抵御风险的能力。信托公司以往主要发挥“信用中介”作用，主动管理能力未得到应有提升。随着信托公司侧重发挥投行、资管等作用，主动管理能力直接影响信托公司资本运作及风险管控的效果，有必要大力提高，以此从根本上增强信托公司抵御风险的能力。信托公司以往以融资类和通道类业务为主，与房地产行业的发展联系紧密，容易受到房地产业风险的传导，也脱离了“受人之托，忠人之事，代人理财”的信托定位。信托公司需要加速业务转型，真正发挥信托应有作用，提高抵御风险的能力。从业人员的专业能力不仅影响信托资产运营的效果，还存在着职业道德风险的敞口，信托从业者不断提升专业能力是信托公司转型发展的核心竞争力，也是信托公司抵御风险不可或缺的内容。此外，快速处置风险资产、加强公司治理、增加信托赔偿准备金，都是信托公司增强抵御风险能力的重要措施。

五、信托业风险处置

（一）2022年化解信托业风险依托的力量：信托公司自身力量、金融市场力量

调查结果显示，针对“化解信托业风险需要依托哪些力量”这一多选题，77.48%的受访者选择了信托公司自身力量，68.47%的受访者选择了金融市场力量，49.55%的受访者选择了信托行业力量，47.75%的受访者选择了政府力量（见图4-28）。针对“信托公司化解风险的有效手段”这一多选题，95.50%的受访者选择了处置风险资产，74.77%的受访者选择了增资扩股，63.06%的受访者选择了兼并重组，9.01%的受访者选择了托管（见图4-29）。

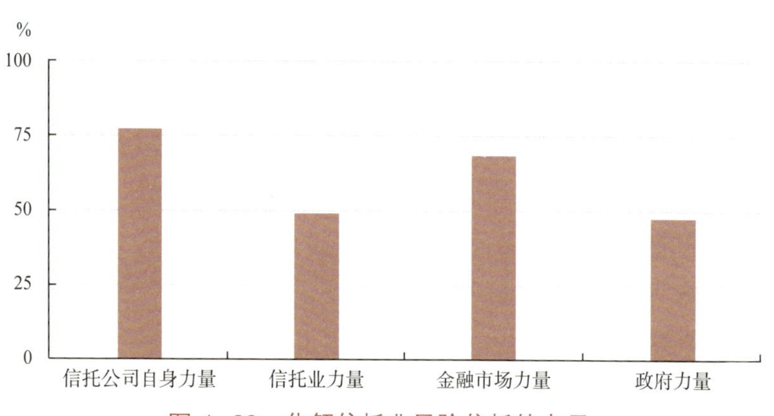

图 4-28　化解信托业风险依托的力量

化解信托业风险需要各方主体形成合力，以信托公司发挥自身力量为基础，同时，充分借助金融市场力量。此外，政府与行业的力量也是化解信托业风险所需助力。信托公司发挥自身能动性是化解信托业风险中最关键的部分。对于信托公司自身而言，处置风险资产是化解行业风险最直接、最有效的手段。增资扩股可通过筹集资金、引入战略投资者等方式，提升信托公司的风险承受和化解的能力，增强社会公信力和偿付能力。兼并重组可以实现

不同信托公司之间的资源整合和优势互补。对于经营确实存在重大问题的信托公司，必要时也可由政府托管进行处置。

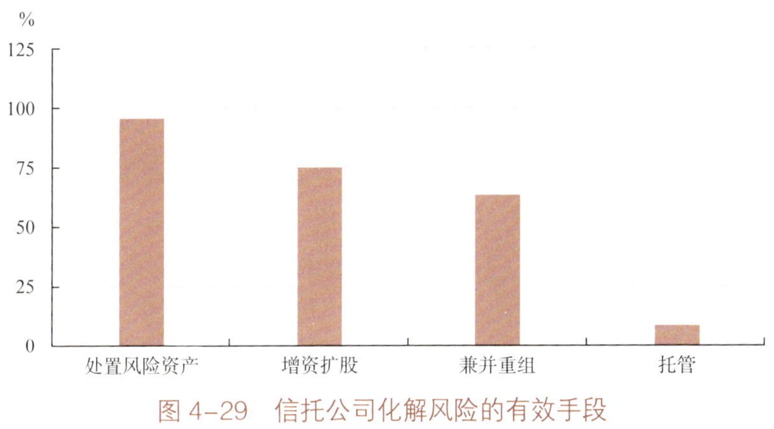

图 4-29　信托公司化解风险的有效手段

（二）2022年信托公司处置风险资产情况：意愿增加、针对不同类型风险资产采取不同的处置方式

调查结果显示，对于2022年信托公司处置风险资产的意愿，87.39%的受访者选择了有所增强，9.01%的受访者选择了无明显变化，3.60%的受访者选择了有所减弱（见图4–30）。针对不同类型的风险资产，信托公司主要采取的处置方式不尽相同。其中，对于单一资金信托风险资产，选择自行处置、委托人处置、转移给资产管理公司等专业第三方处置的受访者占比分别为25.23%、67.57%、7.21%（见图4–31）。对于集合资金信托风险资产，选择自行处置、委托人处置、转移给资产管理公司等专业第三方处置的受访者占比分别为75.68%、3.60%、20.72%（见图4–32）。对于管理财产信托风险资产，选择自行处置、委托人处置、转移给资产管理公司等专业第三方处置的受访者占比分别为35.14%、49.55%、15.32%（见图4–33）。

随着外部环境的变化，信托业风险资产逐渐增多，其处置风险资产的意愿也越发增强。而不同信托资产具有不同的属性，出现风险时所适用的处置方式也各有不同。其中，单一资金信托中的委托人具备较强的资金实力，往往是资金运用的主导者，其资金用途也较为单一。信托公司对于项目的管控力较弱，更多是作为“通道”存在，一般不承担信托资产的运营风险，除非其违反信托的审慎经营原则。因此，单一资金信托风险资产更多由以银行为代表的委托人自行处置。在集合资金信托中，信托公司具有较高的经营管理权限，其主动管理能力的高低影响信托的业绩，有义务帮助委托人处置信托风险资产。同时，集合资金信托中的委托人的专业能力可能较低。因此，集合资金信托的风险资产更多由信托公司处置。而在管理财产信托中，虽然信托公司也有一定的经营管理权限，本应承担一定处置义务，但委托人具备一定的资金实力和处置能力，管理财产信托的风险资产更多由委托人处置。

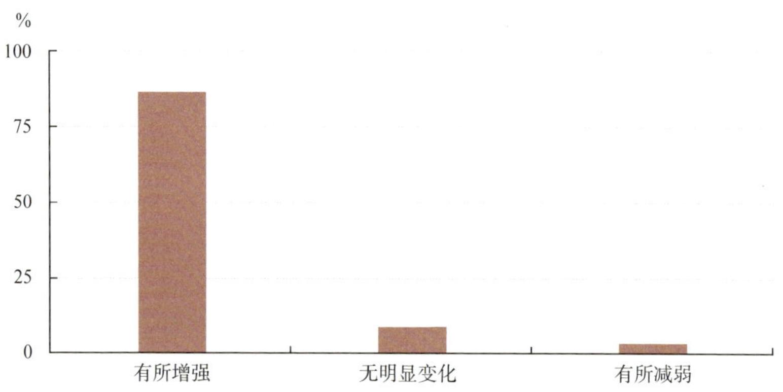

图 4–30　2022 年信托公司处置风险资产的意愿

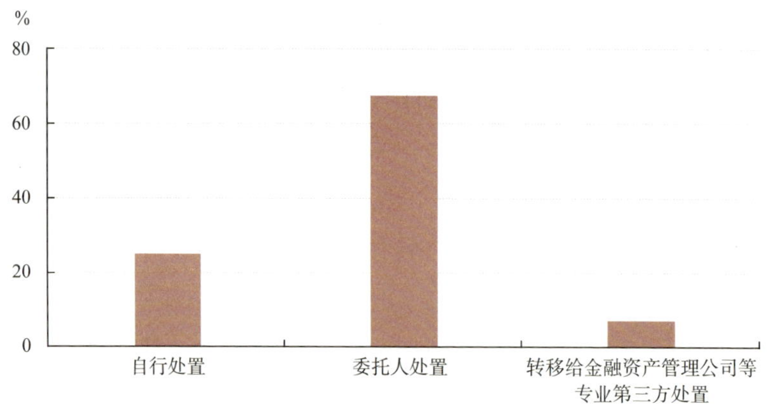

图 4–31　单一资产信托风险资产处置方式

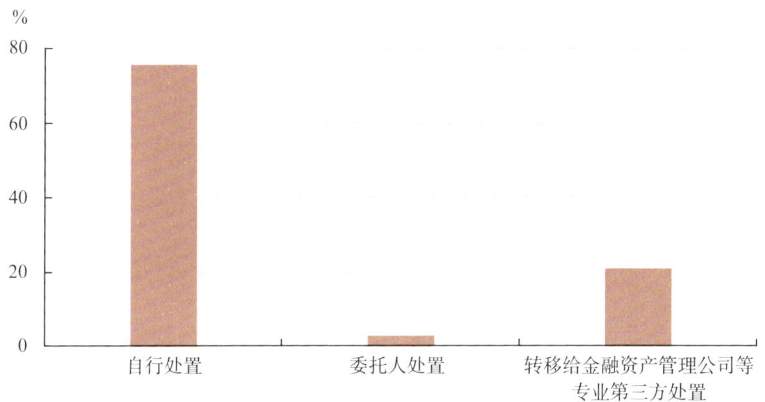

图 4-32　集合资金信托风险资产处置方式

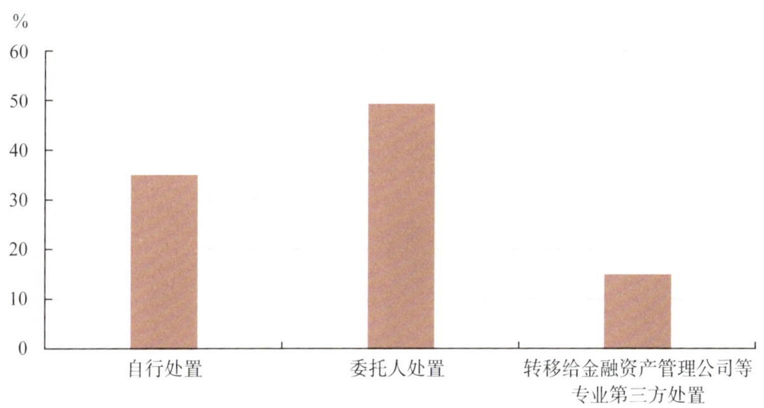

图 4-33　管理财产信托风险资产处置方式

（三）信托公司自行处置风险资产采取的主要措施：变卖抵质押物、信托计划延期

调查结果显示，对于信托公司自行处置风险资产的主要措施，65.77%的受访者选择变卖抵质押物，27.03%的受访者选择信托计划延期，6.31%的受访者选择利用TOT、资金池等模式接盘，0.90%的受访者选择其他（见图4-34）。针对“影响信托公司选择不同风险资产处置方式的主要因素”这一多选题，81.98%的受访者选择处置周期，63.06%的受访者选择回收率，48.65%的受访者选择行政司法环境，39.64%的受访者选择市场环境，27.93%的受访者选择监管因素，20.72%的受访者选择委托人意愿（见图4-35）。

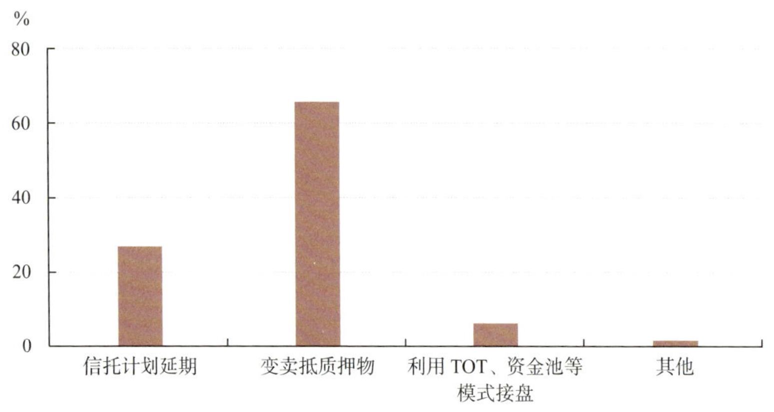

图 4-34　信托公司自行处置风险资产的主要措施

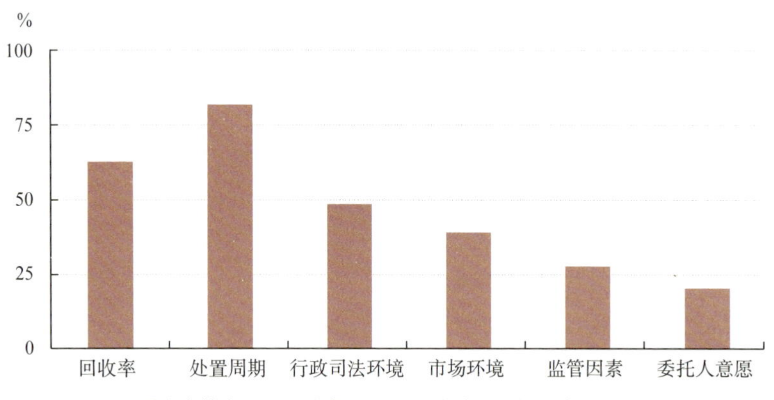

图 4-35　影响信托公司选择不同风险资产处置方式的主要因素

信托公司在进行融资类业务时，为了控制风险，通常要求相关主体提供估值高于融资款项的抵质押物。因此，信托公司处置风险资产的首要措施是行使担保权人的权利，变卖抵质押物，收回融资款项。如果融资方只是出现暂时性流动性风险，如资金链紧张导致无法及时还款，信托公司可以采取信托计划延期的方式，以此化解兑付危机。这两种是信托公司自行处置风险资产最常见和最主要的措施。此外，在原有业务模式下，当项目出现风险时，信托公司也会利用信托中的信托（TOT）、资金池等模式“刚性兑付”。而就目前而言，信托非标资金池及“刚性兑付”都是监管所禁止的，也是信托公司以后发展所需摒弃的业务模式。

不同风险资产的处置措施对应着不同的处置考量，处置周期、回收率、行政司法环境、市场环境、监管因素、委托人意愿等都构成了考量的重要因素。其中，信托公司在处置风险资产时倾向于快速回现，这也是其更多采取变卖抵质押物的原因。因此，处置周期是影响信托公司选择不同风险资产处置方式的首要因素。除了处置周期外，回收率是影响处置成效的重要内容，也是影响信托公司选择不同风险资产处置方式的重要因素。

（四）信托公司处置风险资产时完全“打破刚兑”存在的障碍：委托人风险承受能力不足、声誉损失风险、委托人风险意识不足

调查结果显示，针对“信托公司处置风险资产时完全‘打破刚兑’还存在哪些障碍”这一多选题，61.26%的受访者选择委托人风险承受能力不足，59.46%的受访者选择声誉损失风险，53.15%的受访者选择委托人风险意识不足，48.65%的受访者选择丧失客户风险，38.74%的受访者选择社会稳定因素，16.22%的受访者选择业务转型能力弱（见图4–36）。

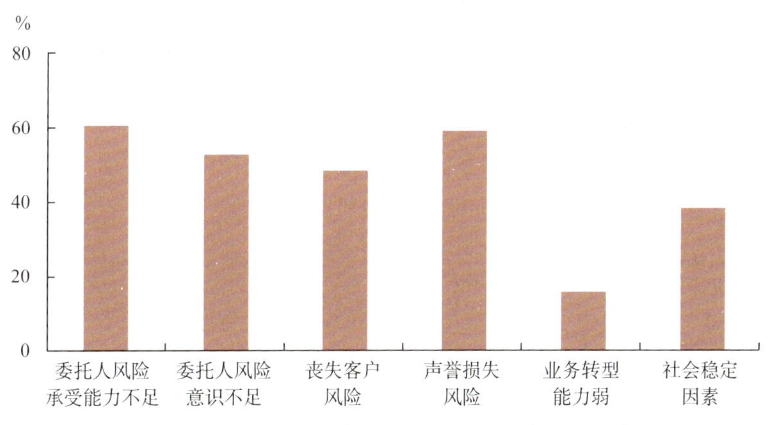

图 4–36　信托公司处置风险资产时完全“打破刚兑”存在的障碍

信托业的“刚性兑付”加速行业发展，同时也打破了固有的市场秩序，与风险收益相匹配的市场规律有所背离，甚至产生了信托风险资产。完全“打破刚兑”是以“资管新规”为代表的监管政策的新要求，也是行业转型升级、稳健发展不可或缺的环节。随着集合信托和管理财产信托占比的不断

扩大，个人作为委托人的比重也相应增加。而个人的风险承受能力较低、风险意识不足，较为依赖信托公司的“刚性兑付”承诺。信托公司一旦完全“打破刚兑”，在出现大量违约情况时，会影响公司乃至整个行业的声誉，甚至出现影响社会稳定的事件。同时，在没有“刚兑”的保证下，客户可能转向选择其他公司或行业。此外，无法完全“打破刚兑”也可能因为信托公司转型能力尚且不足。

但从信托业长远发展的角度看，完全“打破刚兑”势在必行。近年来，信托公司开始出现真正意义上的“打破刚兑”，在涉及房地产信托时，信托公司的多个信托产品正式宣布延期，这为信托业完全“打破刚兑”奠定了基础。此外，监管层也强调“卖者尽责、买者自负”“卖者失责、依责赔偿”的原则，进一步引导信托业“打破刚兑”。

（五）信托公司与专业机构合作处置风险资产的措施：向专业机构直接转让资产、委托专业机构处置资产

调查结果显示，针对“信托公司在与专业机构合作处置风险资产时，更倾向于采取哪些措施”这一多选题，81.98%的受访者选择向专业机构直接转让资产，68.47%的受访者选择委托专业机构处置资产，57.66%的受访者选择向SPV转让资产，22.52%的受访者选择信保基金反委托收购，2.70%的受访者选择其他（见图4–37）。

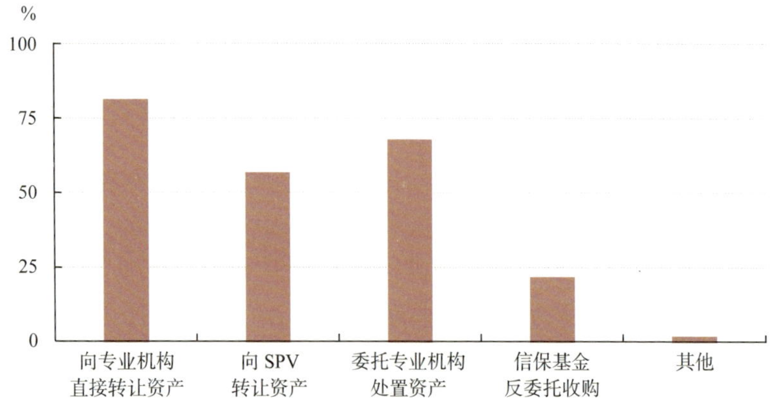

图 4–37　信托公司与专业机构合作处置风险资产时的措施

信托公司与专业机构合作处置风险资产的具体措施可以归纳为：一是向专业机构直接转让资产，即专业机构买断信托风险资产后再行处置；二是向特殊目的载体转让资产，即特殊目的载体（SPV）购买信托风险资产，在风险隔离的基础上再寻求处置；三是委托专业机构处置资产，即专业机构作为受托人，提供信托风险资产的处置服务；四是信托保障基金公司反委托收购，即信保基金先收购信托风险资产，并委托信托公司代为管理和处置，以缓解信托公司流动性压力，助力其风险资产化解；五是其他措施。据受访者统计，信托公司更倾向于通过向专业机构直接转让资产、委托专业机构处置资产这两种措施。信托公司与专业机构合作处置风险资产时，关注处置周期和回收率。其中，信托公司向专业机构直接转让资产这一措施，是信托公司为了在缩短处置周期的基础上寻求较高回收率而采取的，比较适合处置难度较大的资产，如法律关系非常复杂的资产。委托专业机构处置资产这一措施，则是在提高回收率的基础上寻求较短处置周期，比较适合由信托公司主导处置的资产，如集合资金信托。

（六）资产管理公司与信托公司具体的业务合作机会：风险资产收购处置业务、信托公司间兼并重组业务

调查结果显示，对于未来信托公司与资产管理公司合作处置风险资产的机会，89.19%的受访者认为将有所增加，9.01%的受访者认为无明显变化，1.80%受访者认为将有所减少（见图4-38）。对于信托公司与资产管理公司合作处置风险资产的最大阻碍，41.44%的受访者选择合作处置收益分歧，30.63%的受访者选择担心合作处置效率，14.41%的受访者选择合作处置措施分歧，13.51%的受访者选择合作处置意愿较弱（见图4-39）。对于资产管理公司与头部信托公司具体的业务合作机会，选择风险资产收购处置业务、信托公司间兼并重组业务、信托公司托管业务的受访者分别占比为75.68%、20.72%、3.60%（见图4-40）；对于资产管理公司与正常信托公司具体的业务合作机会，选择风险资产收购处置业务、信托公司间兼并重组业务、信托公司托管业务的受访者分别占比为74.77%、11.71%、13.51%（见图4-41）；对于资产管理公司与问题信托公司具体的业务合作机会，选择风险资产收购处

置业务、信托公司间兼并重组业务、信托公司托管业务的受访者分别占比为40.54%、35.14%、24.32%（见图4-42）。

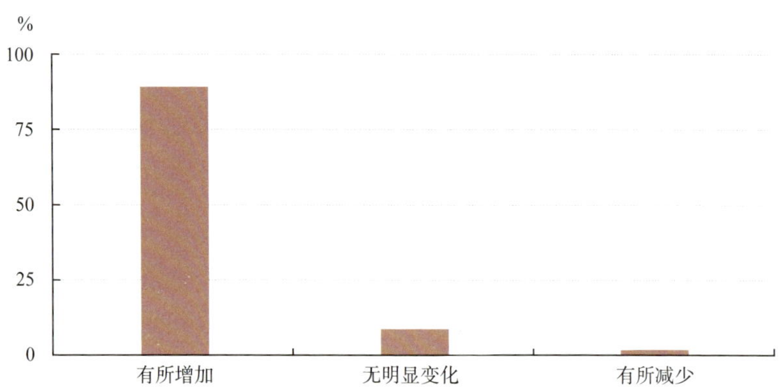

图 4-38　信托公司与资产管理公司合作处置风险资产的机会

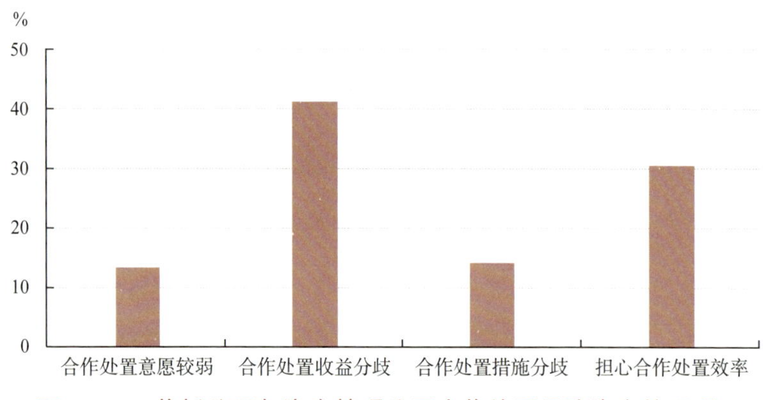

图 4-39　信托公司与资产管理公司合作处置风险资产的阻碍

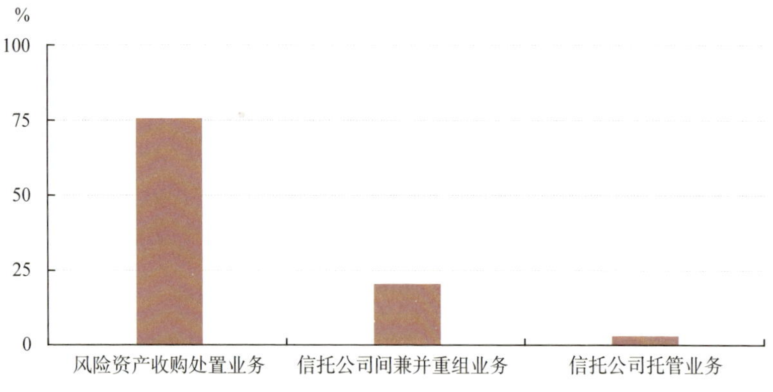

图 4-40　资产管理公司与头部信托公司具体业务合作机会

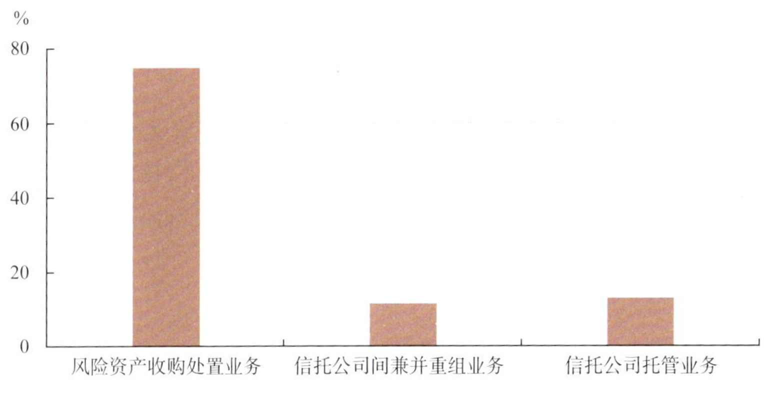

图 4-41　资产管理公司与正常信托公司具体业务合作机会

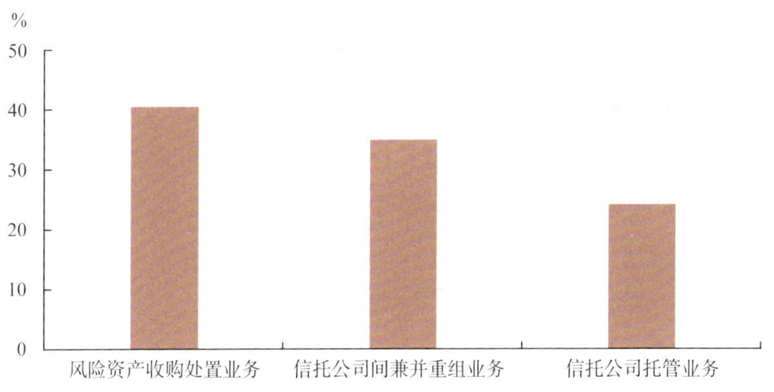

图 4-42　资产管理公司与问题信托公司具体业务合作机会

目前，信托公司在处置风险资产时关注处置周期和回收率，而合作效率影响处置周期，合作处置收益则影响回收率。因此，信托公司与资产管理公司合作处置风险资产的最大阻碍主要是合作处置收益的分歧和对合作效率的担心。未来，随着信托公司与资产管理公司合作机会的增加，可以在处置实践中不断摸索收益分配、具体措施等内容，以此提高整体处置的效益。

对于资本实力较强且风险资产可控的头部信托公司与正常信托公司，可以通过内部核销、风险资产转让等方式处置风险资产。资产管理公司与上述两类信托公司的合作机会主要是风险资产的收购处置。同时，资产管理公司也可为信托公司自行处置风险资产提供咨询等服务。而对于资本实力较弱且风险资产较多的问题信托公司，资产管理公司除了可以采取风险资产收购处置外，还可以参与兼并重组、实质性重组等。此外，对于个别发生严重危机的信托公司，资产管理公司可以根据自身金融救助的经验，对上述公司进行托管救助。近年来，监管层强调信托业风险资产处置市场化机制的构建，引导以资产管理公司为代表的专业机构介入、合作处置风险资产，并鼓励包括资产证券化、财务重组等多种处置模式的实践探索。

（七）信托公司与资产管理公司合作处置风险资产的具体业务类型：集合资金信托、融资类信托、房地产信托

调查结果显示，对于信托公司与资产管理公司合作处置风险资产的业务类型，按照资金来源划分，78.38%的受访者选择集合资金信托，15.32%的受访者选择单一资金信托，6.31%的受访者选择管理财产信托（见图4-43）。按照功能划分，84.68%的受访者选择融资类信托，12.61%的受访者选择投资类信托，2.70%的受访者选择事务管理类信托（见图4-44）。按照投向划分，81.08%的受访者选择房地产，9.01%的受访者选择工商企业，5.41%的受访者选择基础产业，2.70%的受访者选择证券市场，1.80%的受访者选择金融机构（见图4-45）。

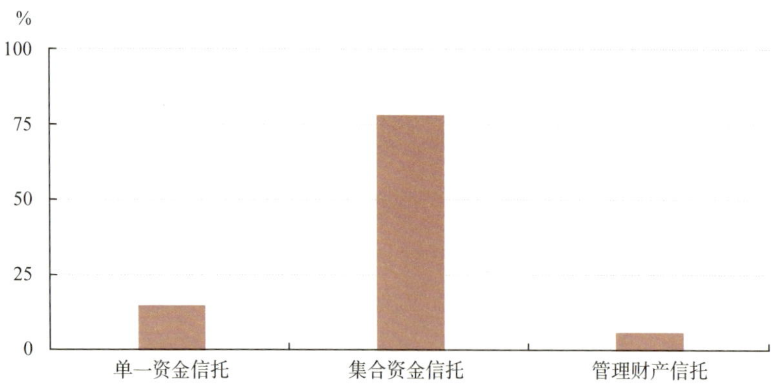

图 4-43　信托公司与资产管理公司合作处置风险资产的业务类型：按资金来源划分

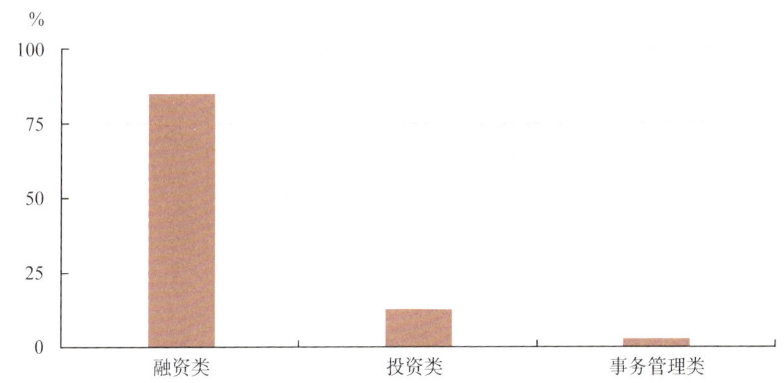

图 4-44　信托公司与资产管理公司合作处置风险资产的业务类型：按功能划分

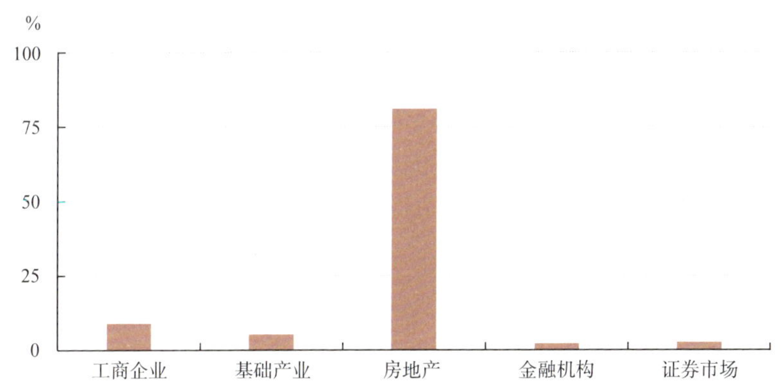

图 4-45　信托公司与资产管理公司合作处置风险资产的业务类型：按投向划分

在信托公司与资产管理公司合作处置风险资产机会增多的背景下，合作处置的主要风险资产业务类型在资金来源上体现为集合资金信托。集合资金信托中存在多个委托人，且可能缺乏较高的投资能力与风险认知，其所产生的风险资产的法律关系也较为复杂。信托公司更愿意与资产管理公司合作处置集合资金信托的风险资产。合作处置的主要风险资产业务类型在功能上体现为融资类信托。信托公司早期较为依赖融资类信托，在发展过程中积聚了大量风险，进而产生了风险资产。未来，信托公司更愿意与资产管理公司合作处置融资类信托。合作处置的主要风险资产业务类型在投向上体现为房地产信托，房地产行业是信托业以往投向的重点。随着房地产行业监管不断趋严，房地产企业债券违约频发，整个房地产行业面临深刻变革。受此影响，房地产信托也出现违约现象，产生了风险资产。未来，信托公司更愿意与资产管理公司合作处置房地产信托业务中的风险资产。

六、小结

通过对信托业从业人员进行问卷调查，并对调查结果进行统计分析，主要得出以下结论：

信托业正在加速回归本源、转型升级。调查结果显示，多数受访者认为2022年新增信托业务规模将进一步压缩。多数受访者认为，未来信托公司展业方向主要是集合资金信托业务、投资类业务、事务管理类业务、证券市场业务等。信托业务将继续向体现主动管理能力等核心竞争力的业务类型转变。在大资管时代，信托公司主要优势仍是牌照、专业能力与股东背景等。随着信托公司继续深化转型升级，以主动管理能力为代表的专业能力将是其主要优势。目前，信托公司的主要竞争对手仍然是银行理财子公司。在转型过程中，信托业务的经营难度仍将增加，这将倒逼信托公司不断提升投研、资产配置等方面的能力。未来，信托公司的转型方向将可能是特色资管服务机构或特色服务信托机构。

信托业的发展受到内外部两方面因素的影响。调查结果显示，在国内经济恢复不确定性增加、监管逐渐趋严的背景下，多数受访者认为影响信托公司发展的主要外部因素包括监管政策、经济形势及行业发展阶段。其中，在监管政策上，房地产信托调控政策、“资管新规”对信托公司影响最大。多数受访者认为影响信托公司发展的主要内部因素包括主动管理能力、业务创新能力和业务风险管控能力。其中，在主动管理能力中，投研能力、资产配置能力、风险管控能力是亟须提高的部分。未来，信托公司应扎实提升主动管理能力，围绕信托本源展业，有效服务实体经济。

信托业风险出现阶段性集中暴露。2021年信托业不断“爆雷”，调查结果显示，多数受访者认为信托资产实际风险率在5%以上。多数受访者认为

2022年信托风险将进一步上升，具体体现在：受房地产行业等因素影响，存量信托业务风险将进一步上升，而新增信托业务风险也将随之提高。多数受访者认为现阶段引发信托业风险集中爆发的主要因素是经济下行和监管趋严。其中，严监管政策对信托业的主要影响包括通道类和融资类业务受限、行业资产规模缩减、盈利能力减弱等。多数受访者认为信托业面临的主要风险是政策风险、市场风险和信用风险。其中，资金链断裂、项目不及预期和资金挪为他用是造成交易对手违约进而引发信用风险的主要原因。多数受访者预计2022年信托公司的风险资产规模将会增加，而集合资金信托、融资类信托、房地产信托将是持续爆发风险的业务类型。多数受访者认为信托公司应通过提升主动管理能力、加速业务转型、提升从业人员专业素质等措施增强自身抵御风险的能力。

信托业面临愈加紧迫的风险处置任务，亟须拓展多元化处置方式。调查结果显示，多数受访者认为2022年化解信托业风险既要发挥信托公司自身力量，又要积极借助金融市场力量，也要合理利用政府与行业救助手段。信托公司化解风险的有效手段主要包括处置风险资产、增资扩股、兼并重组。预计2022年信托公司处置风险资产的意愿将有所增强。信托公司在处置风险资产时，针对不同类型风险资产采取不同的处置方式，其中，针对单一资产信托风险资产，多数受访人选择由委托人自行处置。针对集合资金信托风险资产，多数受访者选择由信托公司处置。针对管理财产信托风险资产，多数受访者选择由委托人自行处置。当由信托公司处置风险资产时，多数受访者认为主要的处置措施是变卖抵质押物和信托计划延期，选择不同处置措施的影响因素包括处置周期、回收率、行政司法环境。在原有业务模式下，当项目出现风险时，部分信托公司利用TOT、资金池等模式接盘，以此“刚性兑付”，造成信托业早期的无序扩张。多数受访者认为现阶段信托公司处置风险资产时完全“打破刚兑”还存在委托人风险承受能力不足、声誉损失风险、委托人风险意识不足等现实障碍。多数受访者认为资产管理公司与信托公司具体的业务合作机会包括风险资产收购处置业务、信托公司间兼并重组业务。就信托公司与专业机构合作处置风险资产的措施而言，多数受访者认为主要包括直接转让资产、委托处置资产等。其中，对于未来信托公司与资产管理公司合作处置风险资产的机会，大多数受访者认为将会有所增加。信托公司与资产管理公司合作处置的最大阻碍，多数受访者认为是合作收益分歧和担心合作处置效率。信托公司与资产管理公司合作处置风险资产的具体业务类型，多数受访者认为是集合资金信托、融资类信托、房地产信托。

第五部分

中介机构（含投资人）观点

作为不良资产市场的第三方服务机构，律师事务所、资产评估事务所和不良资产服务商（含投资人）等中介机构在不良资产处置过程中，发挥专业优势，帮助识别资产风险、评估资产价值、扩大销售渠道、协调沟通信息及推进处置进度等，有效解决了信息不对称造成的问题并促进交易达成，在资产管理公司化解风险的过程中发挥了专业服务作用，已经成为不良资产市场的重要参与主体。本部分主要通过对上述中介机构从业人员进行问卷调查，从第三方视角了解不良资产市场的发展现状及前景，以期为不良资产管理行业提升服务实体经济质效、实现高质量发展提供参考。

一、受访者概况

本次调查共回收有效问卷127份，受访者主要是律师事务所、资产评估事务所和不良资产服务商（含投资人）中具有较长时间相关工作经验的业务骨干，他们的判断能够客观真实地反映我国不良资产市场第三方服务机构的业务开展情况，并提供相对独立的观点及市场预测。从受访者所在的机构类型来看，38.58%的受访者来自律师事务所，37.01%的受访者来自资产评估事务所，24.41%的受访者来自不良资产服务商（含投资人）（见图5–1）。

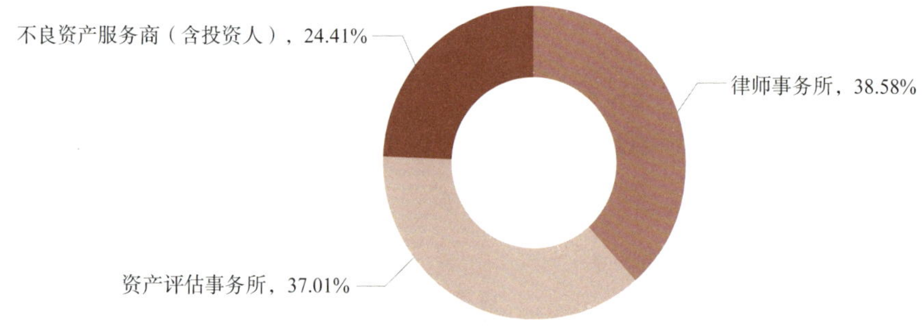

图 5–1　受访者所在机构类型

从受访者工作地点所在区域来看，华东地区和华北地区的受访者居多，占比分别为33.86%和26.77%，两地受访者合计占比60.63%；其次为华中地区和华南地区，受访者占比分别为12.60%和11.02%；西部地区的受访者占比为8.66%，其中西南地区的受访者占比为5.51%，西北地区的受访者占比为3.15%；东北地区的受访者占比为7.09%。

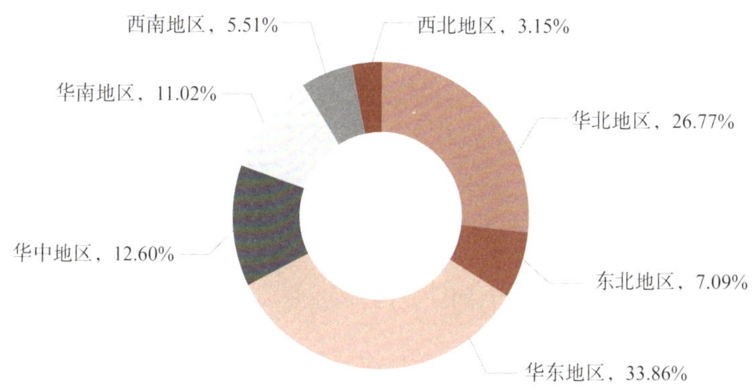

图 5-2　受访者工作地点所在区域分布

二、中介机构（含投资人）参与不良资产市场情况

在不良资产的处置过程中，各类中介机构充分发挥着独特的专业优势，利用专业化手段，避免了因信息不对称所造成的业务风险，对于促进交易达成、提高资源配置效率起到了重要的作用。

（一）与2020年相比，2021年受访者所在机构从事不良资产中介服务的业务规模：小幅收缩

调查结果显示，31.50%的受访者认为2021年所在机构从事不良资产中介服务的业务规模小幅收缩，28.35%的受访者认为小幅扩张，25.98%的受访者认为无明显变化，还有8.66%的受访者认为业务规模大幅收缩，5.51%的受访者认为大幅扩张。其中，律师事务所和资产评估事务所受访者中认为业务规模小幅收缩的占比相对较高，分别为34.69%和36.17%，而不良资产服务商（含投资人）受访者认为业务规模小幅扩张的占比相对较高（29.03%）（见图5-3）。

分地区来看，东北、华东和西北地区的受访者中认为业务规模有所收缩的占比显著高于其他地区。东北、西北地区的不良资产市场活跃度相对较低，限制了不良资产中介服务的业务规模。华东地区不良资产市场活跃度较

高，但经过近几年对不良资产的持续压降和处置，2021年以来金融机构不良率和不良贷款余额呈现持续下降趋势，一级市场供给出现阶段性减少，同时受访者反映该区域2021年中介机构扩容明显，市场竞争有所加剧，各机构的业务规模受到一定挤压。总体来看，2021年银行业不良贷款处置力度不减，全年不良贷款处置总体多于2020年，信托、保险等非银金融机构的不良资产也有序出清，不良资产中介服务的整体需求并未出现明显收缩。

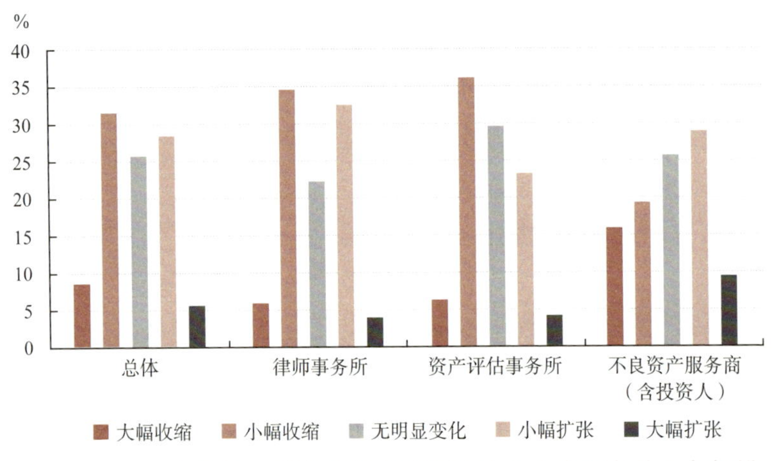

图 5-3　2021 年受访者所在机构从事不良资产中介服务的业务规模

（二）与2020年相比，2021年受访者所在机构参与不良资产项目的数量：小幅减少

调查结果显示，29.92%的受访者认为2021年所在机构参与不良资产项目的数量小幅减少，27.56%的受访者认为小幅增多，24.41%的受访者认为无明显变化，另有9.45%和8.66%的受访者认为大幅减少和大幅增多。其中，律师事务所受访者认为参与项目数量小幅增多的占比（38.78%）显著高于资产评估事务所（17.02%）和不良资产服务商（含投资人）（25.81%），不良资产服务商（含投资人）受访者观点有所分化，持减少和增多观点的受访者占比均为41.94%（见图5-4）。

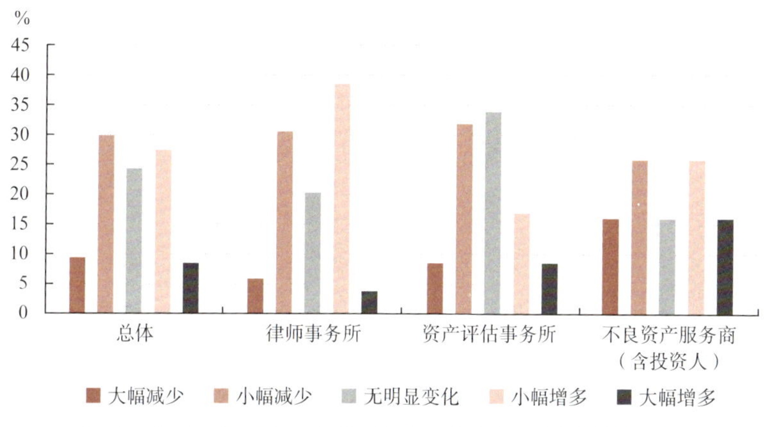

图 5-4 2021 年受访者所在机构参与不良资产项目的数量

分地区来看，东北和西北地区有超过50%的受访者认为所在机构参与不良资产项目的数量有所减少，而华中地区有超过50%的受访者认为项目数量有所增多。上述分化现象与不同地区一级市场规模差异存在一定联系，2021年前三个季度，与华中地区相比，东北和西北地区银行等金融机构推包规模较小，故中介机构参与不良资产项目的数量相对较少。除上述原因外，整体来看中介机构参与不良资产的项目数量小幅下降，一方面或源于中介机构竞争加剧导致单个机构参与的项目数量有所减少，另一方面或源于一级市场金融机构推出的不良资产结构出现变化。2021年，经济结构转型升级阵痛期仍在延续，金融严监管态势不改，叠加疫情冲击，信用风险违约主体及问题企业从中小型、低评级机构向大中型、高评级机构蔓延，部分金融机构推出的不良资产包出现向规模大但数量少的趋势演进现象，客观上导致中介机构业务项目数量的下降。

（三）与2020年相比，2021年受访者所在机构参与不良资产业务的市场竞争局面：有所加剧

调查结果显示，45.67%的受访者认为2021年所在机构参与不良资产业务的市场竞争局面有所加剧，36.22%的受访者认为无明显变化，18.11%的受访者认为有所减弱。其中，律师事务所受访者中认为市场竞争局面大幅加剧的

占比（18.37%）显著高于其他两类受访者（见图5-5）。

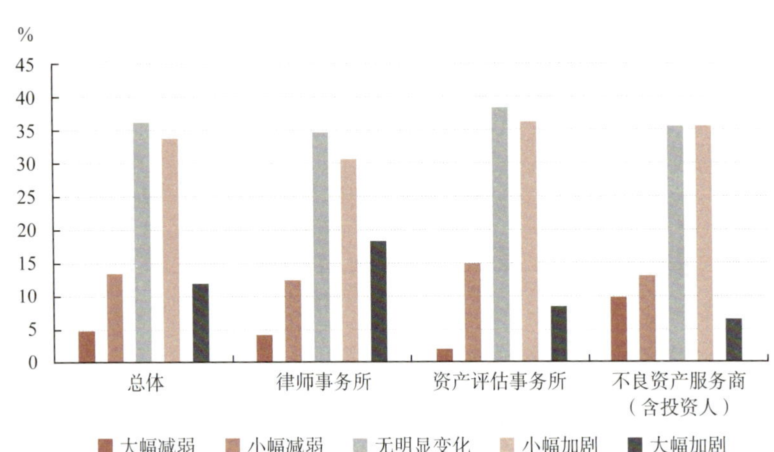

图 5-5　2021 年受访者所在机构参与不良资产业务的市场竞争局面

分地区来看，华北、华东和华中地区有五到六成的受访者认为市场竞争有所加剧，其中，华中地区有超过三成的受访者认为竞争局面是大幅加剧。近年来，随着我国不良资产市场的扩张，越来越多的中介机构将不良资产处置作为其重要的业务方向。上年调查结果显示，51.58%的受访者预计2021年其所在机构从事不良资产中介服务的团队规模将相对扩大。同时，为不良资产处置提供专业化服务的中介机构也日益多元化，依托互联网的征信机构、信息平台等消除了信息不对称，提高了执行效率，逐渐发展成为一种新的业态。市场参与主体扩容，叠加同类机构之间的业务同质化程度较高，市场竞争随之加剧，部分机构为了谋求业务机会或市场占有率，采用主动降低费用标准的策略，但降价策略容易导致各机构之间出现反复博弈，市场竞争激烈程度再次被推高。随着不良资产处置模式的探索更新，未来中介机构应更加注重对服务内容的创新和自身核心竞争力的培育，依托独特的竞争优势为不良资产行业提供高质量的中介服务。

（四）2021年受访者所在机构提供不良资产中介服务最大的困难：项目情况复杂，难以实现充分尽调

调查结果显示，41.73%的受访者认为2021年所在机构提供不良资产中介

服务面临的最大困难是项目情况复杂，难以实现充分尽调，22.05%的受访者认为是行政司法环境有待进一步改善，14.17%的受访者认为是债务人配合度不够，7.09%的受访者认为是监管环境趋严，4.72%的受访者认为是团队专业化程度有待提升，另有10.24%的受访者选择了投资人配合度不够和其他因素。其中，律师事务所和资产评估事务所受访者中认为项目情况复杂，难以实现充分尽调的占比相对较高，分别为32.65%和63.83%，而四成的不良资产服务商（含投资人）受访者认为行政司法环境不完善是其开展业务面临的最大困难（见图5-6）。

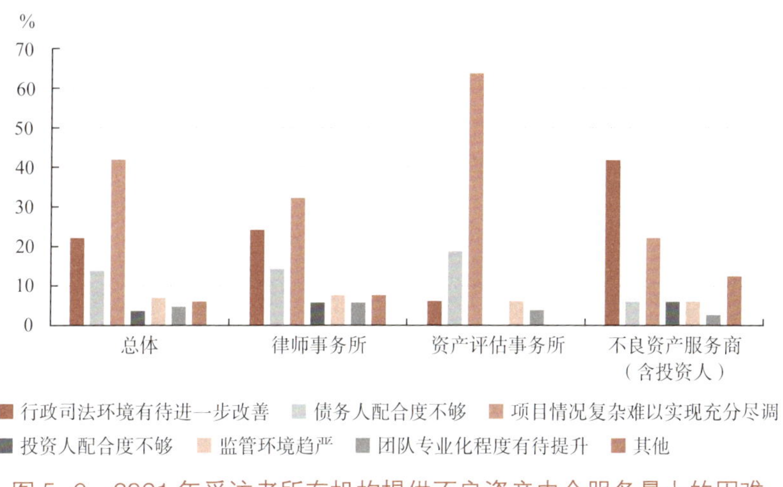

图 5-6　2021 年受访者所在机构提供不良资产中介服务最大的困难

与上年调查结果相比，项目情况复杂仍然是中介机构提供服务所面临的最大困难，且受访者占比从32.63%提高至41.73%。一方面，受疫情影响，不良资产所涉行业种类有所增多，项目复杂程度有所上升。另一方面，2021年国内疫情点状反弹，防控政策导致的阻断隔离客观上增加了项目材料的获取难度，叠加部分债务人配合度较低、抵质押物价值难以准确测算、各地行政司法环境各异、项目尽职调查周期有限等因素，中介机构业务开展难度随之加大。此外，由于2021年陆续推出的个人不良贷款项目涉及繁杂的债务人隐私信息，并缺乏有力的抵质押物品，对中介机构提供估值定价、诉讼清收等服务提出了更高要求。

（五）2021年受访者所在机构参与商业银行不良贷款项目的主要类型：损失类

调查结果显示，45.67%的受访者所在机构2021年参与商业银行不良贷款项目的主要类型为损失类，28.35%的受访者所在机构以次级类为主，25.98%的受访者所在机构以可疑类为主。其中，不良资产服务商（含投资人）参与的项目中损失类占比较为集中（54.84%），律师事务所受访者参与的项目中次级类占比最低（26.53%）（见图5-7）。

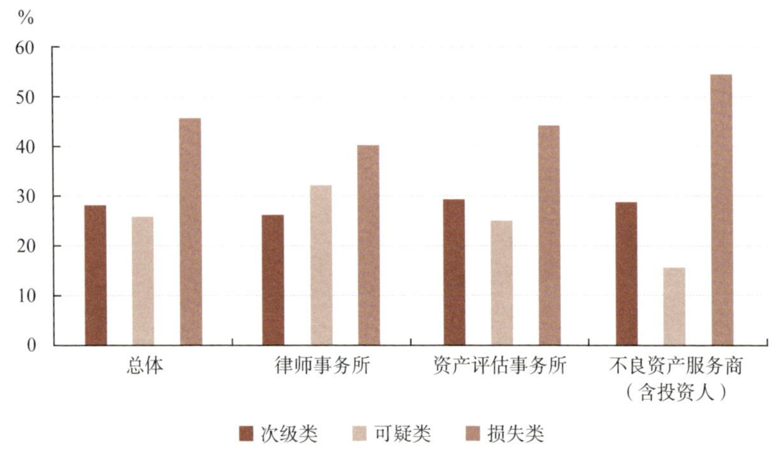

图 5-7　2021 年受访者所在机构参与商业银行不良贷款项目的类型

2021年受访者所在中介机构参与的商业银行不良贷款仍以损失类为主，与上年调查结果相比，受访者占比从41.05%上升至45.67%，其中不良资产服务商（含投资人）受访者上升最为明显，从上年的36.84%上升至54.84%。近年来，监管部门提前筹划，积极稳妥应对疫情冲击下银行业不良贷款的上升风险，并引导金融机构加快不良资产处置。同时，在对不良贷款认定标准日趋严格的政策背景下，商业银行主动控制潜在信用风险，不良资产处置力度有所加大。截至2021年第三季度末，商业银行损失类不良贷款余额较2020年末增加529.33亿元，占比从0.25%提高至0.26%，而同期次级类和可疑类贷款的占比分别从0.87%和0.72%下降至0.80%和0.69%，商业银行对损失类贷款处置动力有所提升，中介机构参与的损失类贷款项目占比随之提高。

三、中介机构（含投资人）对不良资产市场形势的判断

（一）受访者预计2022年所在机构提供金融不良资产相关中介服务的业务规模：小幅扩张

调查结果显示，59.06%的受访者预计2022年所在机构提供金融不良资产相关中介服务的业务规模将小幅扩张，17.32%的受访者预计业务规模与2021年相比无明显变化，11.81%的受访者预计规模将小幅收缩，10.24%的受访者预计将大幅扩张，还有1.57%的受访者预计将大幅收缩。其中，律师事务所和不良资产服务商（含投资人）受访者的观点集中度高于资产评估事务所（见图5-8）。

截至2021年第三季度末，银行业境内不良贷款余额为3.6万亿元，不良率为1.87%，较第二季度末增加0.01个百分点。2022年，我国经济发展所面临的外部环境将更趋复杂严峻，同时，国内经济发展面临需求收缩、供给冲击及预期转弱的三重压力，恢复基础仍不稳定。金融严监管态势将继续保持，叠加延期还本付息政策到期的影响，不良资产反弹压力仍然较大，房地产行业债务违约频发、地方政府隐性债务化解、影子银行治理等重点领域的风险防范任务依然艰巨，预计2022年不良资产市场规模将继续扩大，中介机构不良资产相关业务机会将有所增多。

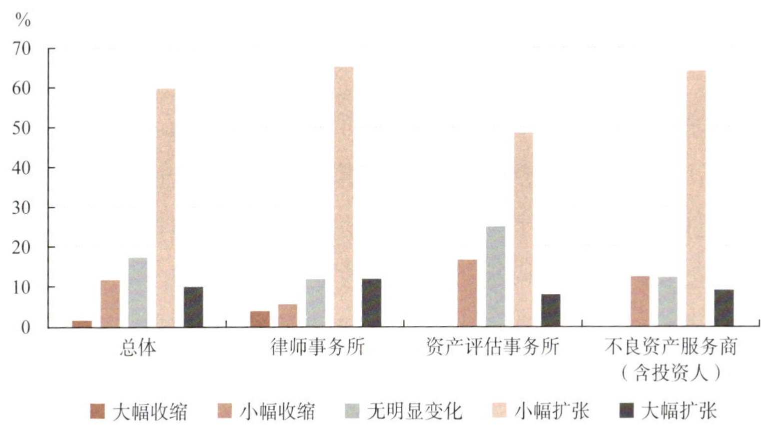

图 5-8　受访者对 2022 年所在机构提供金融不良资产相关中介服务业务规模的判断

（二）受访者预计2022年金融机构推出不良资产的整体质量：地区间存在一定差异

调查结果显示，30.71%的受访者预计2022年金融机构推出不良资产的整体质量将小幅上升，29.92%的受访者预计将小幅下降，29.13%的受访者预计与2021年相比无明显变化，7.09%的受访者预计将大幅上升，还有3.15%的受访者预计将大幅下降。其中，律师事务所受访者预计2022年金融机构推出的不良资产整体质量将小幅下降的占比（44.90%）显著高于其他两类受访者，不良资产服务商（含投资人）更倾向于预计2022年金融机构推出的不良资产整体质量与2021年相比将无明显变化（38.71%）（见图5-9）。

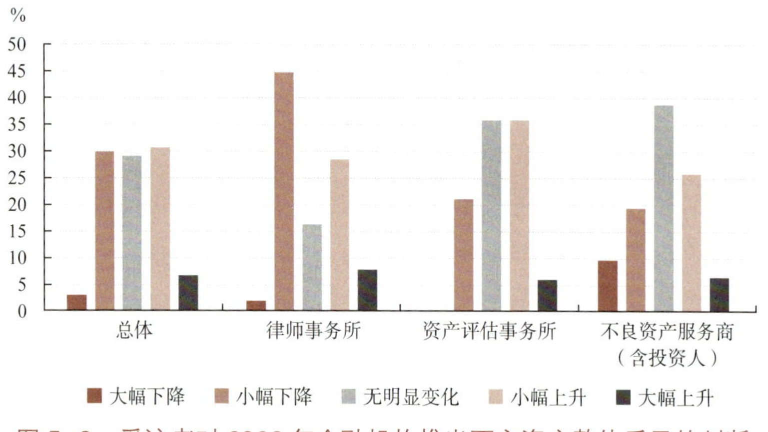

图 5-9　受访者对 2022 年金融机构推出不良资产整体质量的判断

分地区来看，华北、华东、华中和西北地区的受访者倾向于认为2022年金融机构推出不良资产的整体质量将有所改善，华南地区受访者倾向于预计不良资产整体质量将有所下降，东北和西南地区受访者倾向于认为与2021年相比无明显变化。根据上市银行披露的数据测算，2021年上半年中部地区和东北地区银行资产质量有所下迁，其中工商银行东北地区不良率接近4%。中部地区资产质量也明显承压，农业银行、建设银行、招商银行、中信银行等在该地区的不良率均出现一定程度的上升。总体来看，预计2022年商业银行等金融机构的资产质量整体稳健，但地区差异将更加明显，部分存量金融风险较高、企业债务违约事件频发、经济发展水平落后的地区，风险防控压力依然较大，对区域内资产质量较差的中小银行风险需高度警惕。

（三）受访者预计2022年信用风险暴露较为突出的行业：建筑和房地产业

调查结果显示，70.87%的受访者预计2022年信用风险暴露较为突出的行业将是建筑和房地产业，9.45%的受访者预计是制造业，8.66%和7.09%的受访者分别预计是文化旅游服务业、租赁和商务服务业，另有3.94%的受访者预计是批发零售业和农林牧渔业。三类受访者的观点都较为集中，持建筑和房地产业观点的受访者占比均超过60%，不良资产服务商（含投资人）受访者中预计制造业信用风险暴露将较为突出的受访者占比（12.90%）相对高于律师事务所（6.12%）和资产评估事务所（10.64%）（见图5-10）。

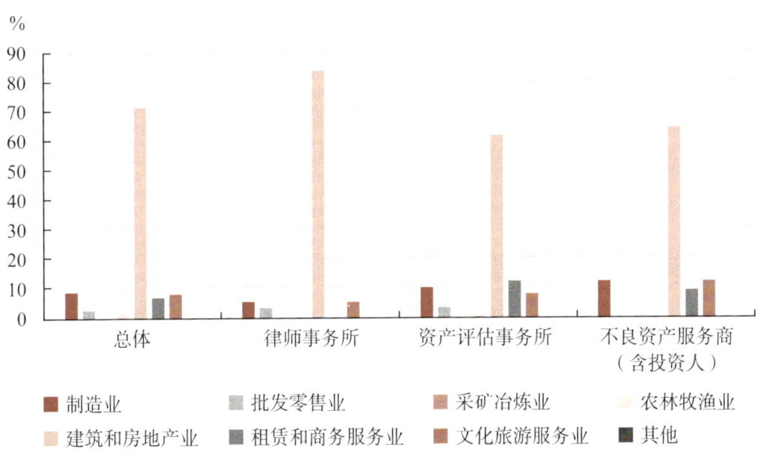

图 5-10　受访者对 2022 年信用风险暴露较为突出行业的判断

自2021年以来，房地产行业信用风险暴露水平明显提升，债券违约余额快速增多且违约企业规模不断扩大，违约主体出现了向大中型及国有企业蔓延的趋势，房地产企业经营和现金流压力普遍较大。2021年以来部分银行房地产不良率和余额出现双升迹象。根据人民银行《2021年第三季度中国货币政策执行报告》，截至2021年第三季度末，全国主要金融机构房地产贷款余额51.4万亿元，占金融机构本外币贷款总量的26.28%。2021年底，人民银行和银保监会联合印发《关于做好重点房地产企业风险处置项目并购金融服务的通知》，鼓励优质房地产企业并购出险房地产企业项目，这是按照市场化方式出清风险的有力举措。2022年，房地产金融审慎监管政策趋严的基调和方向不会出现逆转，房地产企业将持续面临收入和融资前景双重偏紧压力。考虑到我国金融机构资产管理中有很大一部分投向了房地产相关领域，以及房地产在我国金融体系中重要的抵押品属性，房地产行业及其产业链上下游行业的信用违约风险需重点防范。

（四）受访者预计2022年房地产企业经营的景气程度：总体下行

调查结果显示，63.78%的受访者预计2022年我国房地产企业经营的景气程度将总体下行，28.35%的受访者预计将分化加剧，4.72%的受访者预计与2021年相比无明显变化，另有3.15%的受访者预计将总体上行。其中，73.47%的律师事务所受访者预计2022年企业经营景气程度总体下行，资产评估事务所和不良资产服务商（含投资人）受访者中分别有31.91%和32.26%的受访者预计房地产企业经营将分化加剧（见图5-11）。

随着房地产企业“三道红线”、贷款集中度管理制度、集中供地新规、土地出让金征收渠道划转等重磅政策的相继出台，房地产供需两侧多维调控不断深化，调控政策由限增量转向控存量，调控手段从粗放型定性转向精细化定量。受本轮深度调控政策推动，房地产行业进入集中降负债的通道，多家房地产企业出现流动性危机，行业景气度不断承压。2021年房地产市场表现前高后低，从第二季度开始，百强房地产企业单月销售业绩增速呈明显放缓趋势，且跌幅逐渐扩大。2021年9月以来，人民银行等相关部门释放房地产调控政策维稳信号，12月中央政治局会议也指出“促进房地产业健康发展和良性循环”，预计2022年房地产企业发展的政策环境将在稳定的前提下进一步结构性宽松，市场或出现改善迹象，但传导至销售端尚需时日，短期市场整体调整态势难改，房地产企业经营景气程度仍将继续承压。

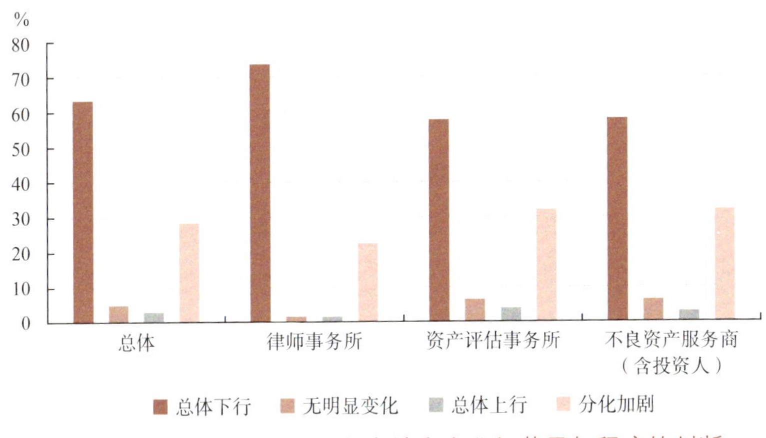

图 5-11 受访者对 2022 年房地产企业经营景气程度的判断

（五）受访者预计2022年我国房地产市场的价格走势：稳中趋降，分化加剧

调查结果显示，39.37%的受访者预计2022年我国房地产市场的价格将总体下跌，33.86%的受访者预计将基本稳定，22.83%的受访者预计将分化加剧，另有3.94%的受访者预计将总体上涨。三类受访者的观点出现一定分歧，律师事务所受访者倾向于预计2022年房地产市场价格总体下跌（51.02%），资产评估事务所受访者的观点则相对集中于基本稳定（42.55%），而不良资产服务商（含投资人）中持分化加剧观点的受访者占比（35.48%）相对较高（见图5-12）。

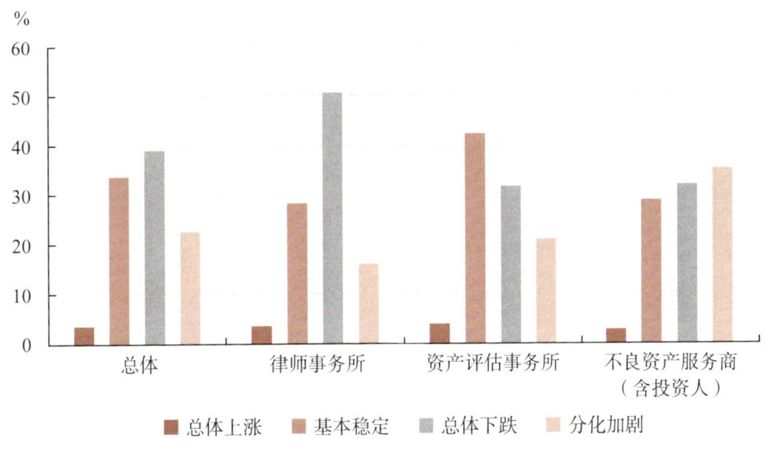

图 5-12 受访者对 2022 年我国房地产市场价格走势的判断

2021年下半年，我国房地产市场形成了供需双降的负反馈循环，尽管企业加大了降价促销力度，房地产价格趋于下跌，但居民部门购房需求仍显著放缓，市场整体明显趋冷。展望2022年，从政策端来看，结合12月中央政治局会议和中央经济工作会议关于房地产的表述，“房住不炒”及保障性住房建设作为房地产行业长效机制的主基调不会出现急转弯式的改变，但因城施策促进房地产健康发展和良性循环的力度将有所加大。从供给端来看，房地产企业销售景气度短期内很难回到较高水平，行业转型或将持续推进。从需求端来看，中央政治局会议明确要支持商品房市场更好地满足购房者的合理住房需求，我国住房需求将向理性回归，延续平稳运行、局部分化的走势。预计2022年全国房价整体稳中趋降，但不同城市间的分化现象或将持续存在。

（六）受访者预计未来三年所在机构参与绿色产业相关项目的业务机会：小幅增多

调查结果显示，53.54%的受访者预计未来三年所在机构参与绿色产业相关项目的业务机会将小幅增多，31.50%的受访者预计将大幅增多，14.96%的受访者预计将无明显变化。其中，律师事务所受访者持小幅增多观点的占比（61.22%）相对高于资产评估事务所（53.19%）和不良资产服务商（含投资人）（41.94%）（见图5-13）。

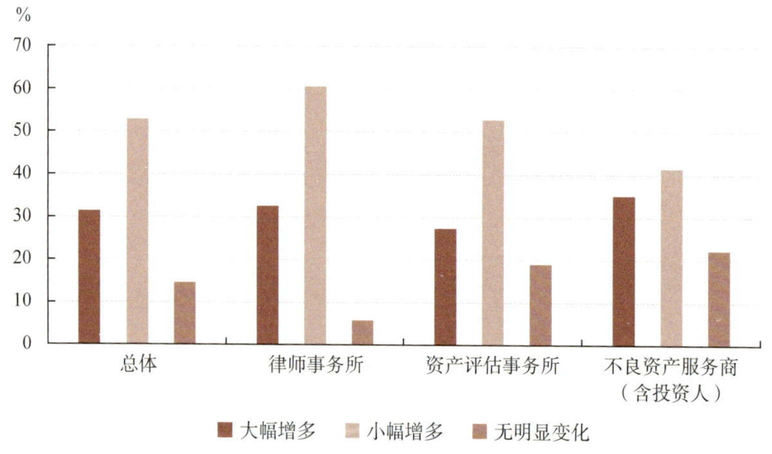

图 5-13　受访者对未来三年所在机构参与绿色产业相关项目业务机会的判断

2021年10月，中共中央、国务院印发《关于完整准确全面贯彻新发展理念 做好碳达峰碳中和工作的意见》，为碳达峰碳中和这项重大工作进行了系统的谋划和总体部署。市场普遍预测，为了实现“双碳”目标，各界推动产业结构调整和发展新兴行业所需的资金规模可达百万亿元，而政府资金只能覆盖很小一部分，大部分都需要通过金融体系利用市场资金弥补。在此背景下，资产管理公司一方面可以通过市场化债转股等方式，盘活存量资产、处置高碳资产、兼并重组绿色资产，促进传统产业绿色升级和新能源产业发展，引导资源向绿色领域倾斜。另一方面可以灵活运用资本市场工具，为绿色产业提供专项资金支持，并结合自身多金融牌照的业务优势，通过创新质押担保方式推进绿色信贷发展，并在绿色股权、绿色产业基金、绿色保险和绿色资管产品等方面进行创新探索，推进开展绿色金融服务。考虑到目前部分业务尚处于起步阶段，未来短期内中介机构在绿色产业方面的项目将小幅增多。

（七）受访者预计未来三年所在机构参与绿色产业相关项目主要集中的领域：清洁能源和节能环保产业

调查结果显示，33.07%的受访者预计未来三年所在机构参与绿色产业相关项目的业务机会将主要集中于清洁能源产业，27.56%的受访者预计是节能环保产业，20.47%的受访者预计是基础设施绿色升级，12.60%的受访者预计是生态环境产业，还有3.94%和2.36%的受访者分别预计是清洁生产产业和绿色服务。其中，律师事务所和不良资产服务商（含投资人）倾向于选择清洁能源产业，选择该项的受访者占比分别为40.82%和45.16%，资产评估事务所受访者则更倾向于认为是节能环保产业，选择此项的受访者占比（36.17%）相对高于律师事务所（22.45%）和不良资产服务商（含投资人）（22.58%）（见图5-14）。

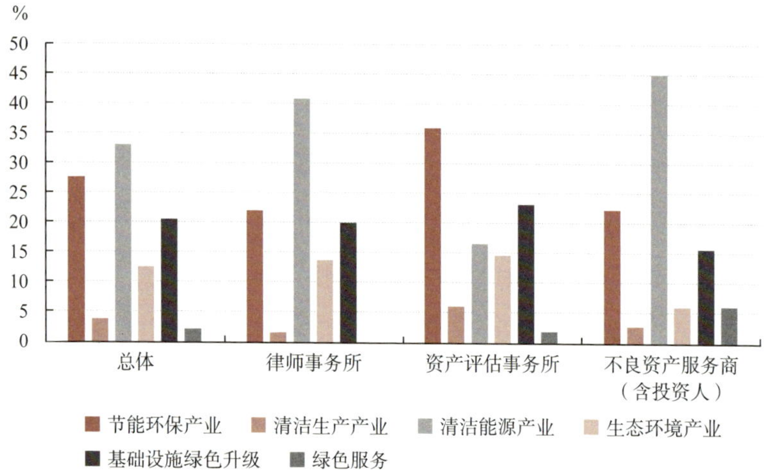

图 5-14　受访者对未来三年所在机构参与绿色产业相关项目主要集中领域的判断

根据《关于印发〈绿色产业指导目录（2019年版）〉的通知》（发改环资〔2019〕293号），绿色产业主要被划分为节能环保产业、清洁生产产业、清洁能源产业、生态环境产业、基础设施绿色升级及绿色服务六大类。从我国国情出发，实现绿色转型的重点方向是能源结构的清洁化和低碳化。"十三五"期间，我国资源节约和环境保护工作成效显著，节能环保产业发展势头良好，2020年我国节能环保产业产值达到7.5万亿元。根据工信部发布的《"十四五"工业绿色发展规划》，到2025年末，我国绿色环保产业产值将达到11万亿元。未来，新能源车船、高效节能装备制造、先进环保装备制造等节能环保产业规模的持续增长将继续带动技术和行业重塑，从而释放更多资产管理公司可以介入的业务机会。此外，基础设施绿色升级也是绿色低碳循环发展经济体系不可或缺的重要组成部分，"绿色化"将成为未来我国推进基础设施建设的重要方向，其中包含的绿色建筑、绿色交通、园林绿化等也或将为不良资产管理行业带来部分业务机会。

（八）受访者预计2022年部分区域的不良资产供给量将明显增多

从调查结果来看，受访者普遍预计2022年广东省、浙江省、江苏省和山东省不良资产供给量将明显增多，其次为东北三省、河北省、河南省、福建省、山西省等。

总体来看，不良资产规模与经济总量呈现一定的正相关关系。东部沿海地区具有相对发达的经济基础和产业结构，不良率较低，但信贷投放规模较大，受经济下行压力加大、疫情冲击、内外需求疲弱等因素的影响，东部地区产业结构调整仍在探索和重塑阶段，因此未来一段时间不良资产仍将处于逐步释放的过程中。但如果部分省份持续推动不良资产的压降和处置，则可能较快甩掉包袱，实现资源的优化配置。东北地区支柱产业大部分为受宏观经济影响较为明显的周期性产业，过剩产能较为严重，近年来受供给侧结构性改革的推动，资产质量下迁较快，不良率水平较高。中部地区行业体系较为全面，近年来资产质量略有承压且不良资产处置周期相对较长，受访者预计河南省和山西省将是中部地区2022年不良资产暴露较多的省份，或是因为这两省传统产业较为集中，未来产业升级和国企改革等将加大不良资产的出清力度。西部地区不良资产主要集中于西南地区，疫情对西南地区生产型实体企业的经营产生了较大影响，不良资产暴露压力有所提升。

四、中介机构（含投资人）对资产管理公司发展情况的判断

（一）受访者预计2022年所在机构提供不良资产中介服务最多的合作机构：全国性金融资产管理公司

调查结果显示，71.65%的受访者预计2022年所在机构提供不良资产中介服务最多的合作机构是全国性金融资产管理公司，14.17%的受访者预计是地方资产管理公司，7.09%的受访者预计是民营资产管理公司，6.30%的受访者预计是金融资产投资公司，0.79%的受访者预计是其他机构，没有受访者预计是外资资产管理公司。三类受访者的观点分布基本一致，律师事务所观点较为集中，预计最多合作机构为全国性金融资产管理公司的受访者占比超过八成，不良资产服务商（含投资人）受访者中预计为民营资产管理公司的占比（19.35%）相对高于其他两类受访者（见图5-15）。

近年来，不良资产市场参与主体日益多元化，但全国性金融资产管理公司由于具有全牌照的协同能力及资产规模、人才储备、经验积累、资源渠道等方面的优势，仍然是不良资产市场的主力军。地方资产管理公司作为地方金融环境的“稳定器”和区域经济发展的“助推器”，在股东背景、监管要求、业务灵活度等方面具备一定优势，同时具有属地优势，承担着区域金融风险化解的重要任务，在部分区域的市场内占据一定地位，但总体来看由于其处置能力及处置经验相对欠缺，资金实力、融资渠道和业务多元化程度方面也有待进一步提升，因此其市场活跃度相对较弱。金融资产投资公司对于化解商业银行不良资产发挥了一定作用，但其成立时间普遍较短，且经营领域主要集中于债转股业务。民营资产管理公司规模相对较小，更多地聚焦于在特定行业、特定领域发挥自身优势参与市场竞争。整体来看，短期内国内不良资产市场不同主体之间错位竞争的现象将持续存在，全国性金融资产管理公司仍将为不良资产中介机构带来较多的业务机会。

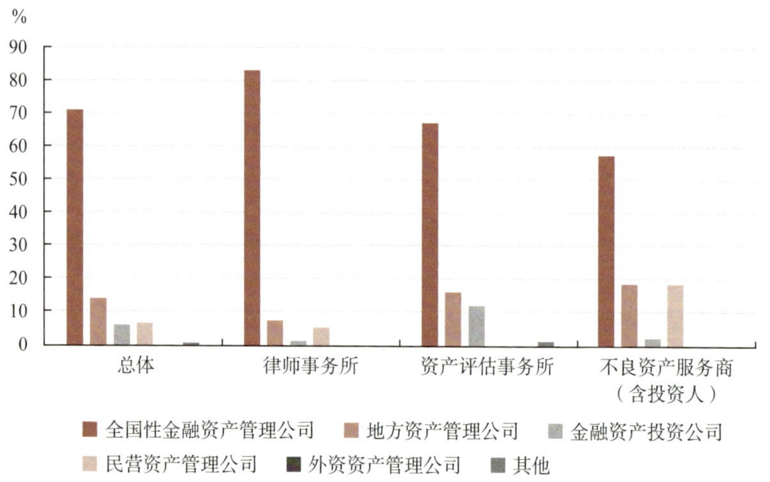

图 5-15　受访者对 2022 年所在机构提供不良资产中介服务最多合作机构的判断

（二）2021年受访者所在机构业务覆盖区域内资产管理公司转让的不良资产包规模：以1亿～3亿元为主

调查结果显示，40.94%的受访者认为2021年其所在机构业务覆盖区域内的资产管理公司在二级市场上转让的不良资产包规模以1亿~3亿元为主，31.50%的受访者认为以1亿元以下为主，25.98%的受访者认为以3亿~10亿元为主，另有1.57%的受访者认为以10亿元以上为主。其中，不良资产服务商（含投资人）受访者与其他两类受访者观点出现一定分歧，认为1亿元以下及3亿~10亿元的占比分别为38.71%和32.26%，相对高于1亿~3亿元的受访者占比（25.81%）（见图5-16）。

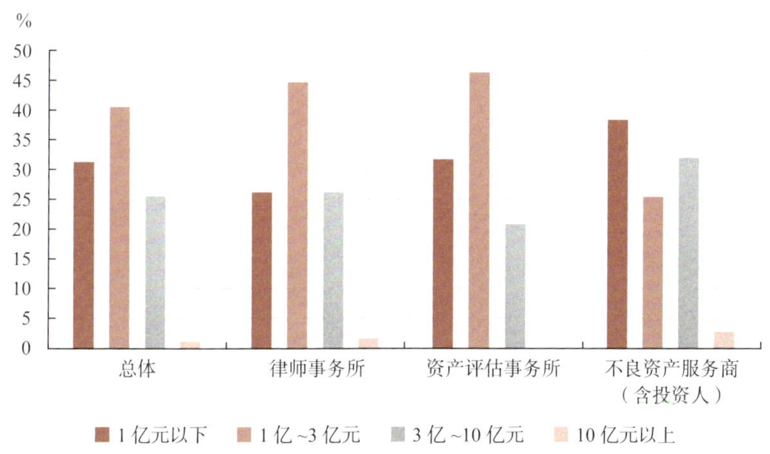

图 5-16　受访者对 2021 年资产管理公司转让不良资产包主要规模的判断

资产管理公司在处置过程中会向二级市场投放不良资产包。总体来看，1亿元以下的小微型资产包尽管资本占用较低，但通常处置风险较高，在没有明显亮点资产的情况下，投资者青睐度不高。10亿元以上的超大型资产包由于资金占用规模较大，且处置周期一般较长，包内资产价值存在较高不确定性，对投资者的综合实力要求较高，市场投资意愿也相对较低。1亿~3亿元的小型资产包既能保障资产管理公司转让后的合理收益，又可以匹配投资者的资金实力和处置能力，还能有效分散风险，因此受到各类投资人的欢迎。与上年调查结果相比，选择1亿~3亿元规模的受访者比例有所下降，选择3亿~10亿元规模的受访者占比从16.84%上升至25.98%，侧面反映出资产管理公司转让的资产包规模有一定程度的扩大倾向，这或许与2021年以来资产管理公司加大处置力度、提升经营效率存在一定联系。

（三）当前资产管理公司开展个人贷款类不良资产业务的最大难点：处置成本及风险较高

调查结果显示，45.67%的受访者认为当前资产管理公司开展个人贷款类不良资产业务的最大难点在于处置成本及风险较高，31.50%的受访者认为是配套政策有待进一步完善，12.60%的受访者认为在于估值定价较难，9.45%的受访者认为是相关业务经验不足，另有0.79%的受访者认为是其他因素。其中，律师事务所和不良资产服务商（含投资人）受访者对处置成本及风险较高的认可度（51.02%、51.61%）高于资产评估事务所（36.17%），资产评估事务所受访者更倾向于认为是配套政策有待进一步完善（38.30%）（见图5–17）。

自2021年初银行批量个人不良贷款转让试点业务放开后，市场供给持续增加，相关工作已渐成常态化。尽管此项试点工作有利于疏通银行不良资产核销、批量转让及抵债资产处置等政策堵点，让银行不良资产的化解方式有了更多选择，但考虑到目前个人不良贷款批量转让的类型主要以个人消费信用贷款、信用卡透支、个人经营性信用贷款为主，这部分贷款体量较大但相对分散，现金流的稳定性较差，可预测性不强，对于催收处置经验相对缺乏的资产管理公司来说，不仅面临着估值定价、债权转让通知、个人信息保护等难题，还需要承担较高的处置成本和风险。

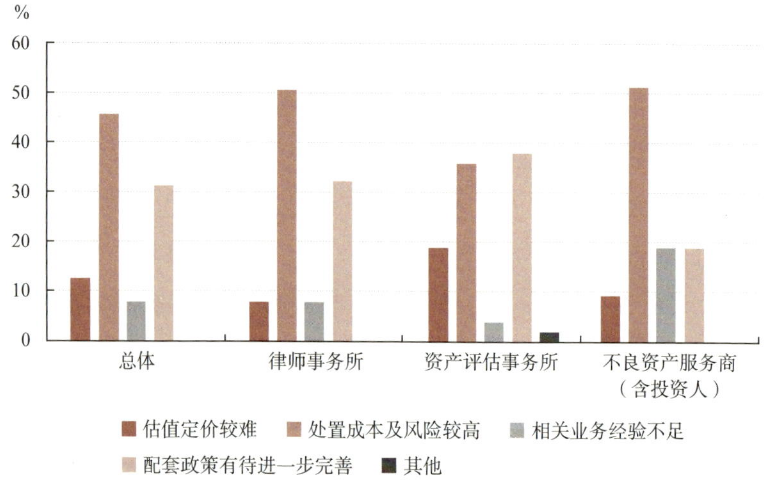

图 5–17　受访者对当前资产管理公司开展个人贷款类不良资产业务最大难点的判断

《中国银保监会办公厅关于开展不良贷款转让试点工作的通知》（银保监办便函〔2021〕26号）中对不良贷款受让的合规性提出了明确要求，规定资产管理公司应建立个人贷款的相应催收制度、投诉处理制度，配备相应机构和人才队伍；在清收方式上，资产管理公司只能采取自行清收、重组等手段自行处置，这无形中增加了资产管理公司的处置成本和处置难度。同时，由于此类贷款具有金额较小和相对分散的特点，财产情况查询难，消费者权益保障要求多，与对公清收相比更加复杂，预期收益率相对较低，资产管理公司面临的不确定性风险较高。截至2021年第三季度末，信用卡逾期半年未偿信贷总额为869.26亿元，环比增长6.26%。12月以来，多家银行在银行业信贷资产登记流转中心集中发布个人不良贷款转让推介招商项目和挂牌项目。总体来看，允许开展个人贷款类不良资产业务，对资产管理公司而言无疑是业务拓展的一大机遇，但压力仍然存在，需要在实践中不断探索。2021年11月29日，《中国银行业协会信用卡催收工作指引（试行）》（银协发〔2021〕93号）印发，对信用卡催收行为做了部分限定。未来，个人贷款类不良资产处置相关配套政策还需要进一步完善，包括司法解释或政策指引等，以解决业务开展过程中的难题，推动其向市场化、法制化的方向发展。

（四）金融业扩大开放对我国不良资产管理行业的最大影响：提高国内资产管理公司经营水平

调查结果显示，44.09%的受访者认为金融业扩大开放对我国不良资产管理行业最大的影响是提高国内资产管理公司经营水平，22.05%的受访者认为是完善国内资产管理公司治理体系，认为将会挤压国内资产管理公司经营空间和增加国内资产管理公司人才流失压力的受访者占比分别为18.90%和13.39%，另有1.57%的受访者认为是其他影响。其中，资产评估事务所受访者的观点分布相对分散，持完善国内资产管理公司治理体系（25.53%）、挤压国内资产管理公司经营空间（21.28%）和增加国内资产管理公司人才流失压力（17.02%）观点的受访者占比都相对较高（见图5-18）。

近年来，金融管理部门实施一系列开放措施，为中国走向国际市场及金融业日趋多元化发展铺路。2020年1月，中美第一阶段经贸协议签署，根据该协议，外资可以直接参与境内不良资产一级市场，2月，橡树（北京）投资管理有限公司在京完成工商注册，预示着外资加速进入境内不良资产市场。把握金融双向开放机遇是资产管理公司实现高质量发展的内在要求，同时，金融开放带来的挑战也是资产管理公司长期发展需要解决的重要问题。

机遇方面：一是募资端，资本、资金紧张的资产管理公司可以考虑引入具有低成本、长久期资金的境外机构投资者，在构建市场化激励约束机制的基础上，开展各种形式的合作；二是投资端，国内资产管理公司可以借助国际机构丰富的投资经验和成熟的盈利模式，探索合作收购业务机会，在加强风险控制的基础上提升不良资产市场投资行为的理性程度；三是管理端，国际机构的进入可以带来先进的管理理念，有助于提高国内资产管理公司的管理水平，同时完善公司治理体系，加快资产管理公司深化改革和创新的步伐；四是处置端，金融对外开放可以扩大资产管理行业规模，有助于国内资产管理公司提升资产周转效率，促进自身现金流循环更加畅通。

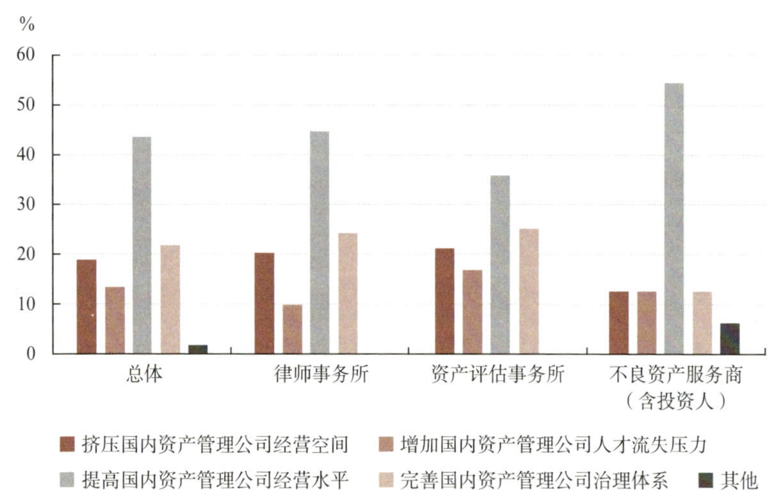

图 5-18　受访者对扩大开放对我国不良资产管理行业最大影响的判断

挑战方面：一是外资加速进入境内不良资产市场，将进一步加剧资产管理行业的竞争，冲击现有市场格局，给国内资产管理公司业务转型发展带来严峻挑战；二是人才流失风险加大，国内资产管理公司需以更加完善的人才培养制度和激励约束机制，才能留住具有行业经验和资源积累的核心骨干人才；三是对资产管理公司监督机构的监管水平和政策制定能力提出更高的要求，并对不良资产的处置质量和依法追索形成挑战。

长期来看，金融业扩大开放有助于激发市场活力，提高行业市场化水平，推动我国金融体制改革向纵深发展。

（五）受访者对资产管理公司回归主业、开拓不良资产业务提出的建议

近年来，面对日益复杂的金融风险化解需求，资产管理公司围绕深化供给侧结构性改革主线，努力把服务实体经济作为出发点和落脚点，综合运用多种金融工具，积极发挥处置不良资产的核心功能，回归不良资产主责主业，重塑发展模式。

从本次调查结果来看，受访者对资产管理公司回归主业、开拓不良资产业务的经营方向表示充分认同，具体的建议主要集中于以下几个方面：一是增强对实体经济的支持，适度提高收购和处置力度，并在现有成熟业务模式的基础上进行适当创新。可以考虑结合自身优势，选准细分行业精耕细作，并通过引入产业合作机构、设立并购基金等方式增加收购和处置能力，同时发挥资产管理公司在绿色金融领域的专业优势，助力实体经济企业绿色低碳高质量发展。二是深入开展市场调研，密切结合市场需求挖掘不良资产业务，同时在业务开展过程中要加强与律师事务所、评估事务所等中介机构的联系，对抵押物、债权债务关系等进行充分的尽职调查。三是提高资产管理公司的规范化、市场化运作水平。完善公司治理体系，加强对不良资产收购、处置的合规性审查及风险控制体系建设。对项目进行分类管理，对于精细化运作的项目尤其要重视介入后的主动管理，充分拓展升值空间。进一步完善管理制度，尤其对于资产管理公司在开展个人贷款不良资产业务中涉及的信息保护问题需要设立清晰的管理制度。四是注重人才培养，加大对从业人员在法律规范、交易模式和交易流程等方面的培训力度，提高其对项目的综合管理能力。

五、不良资产服务商（含投资人）业务开展情况

随着我国不良资产一级市场的繁荣，二级市场也日趋活跃，投资机构数量快速增加。其中，不良资产服务商大多会选择与投资人合作，一起参与投资业务。凭借广泛的社会资源、良好的沟通协调能力、明显的属地优势及较强的市场灵活性等，不良资产服务商（含投资人）积累了丰富的投资和处置经验，深耕于不良资产处置的细分市场，专精于自身的特定领域，对不良资产二级市场的变化具有切实的了解。本部分通过对不良资产服务商（含投资人）定向发放问卷的受访结果，了解分析不良资产二级市场的业务开展情况。

（一）与2020年相比，2021年二级市场投资机构收购不良资产的价格：小幅下降，地区间存在一定差异

调查结果显示，48.39%的受访者认为2021年不良资产二级市场投资机构收购不良资产的价格小幅下降，19.35%的受访者认为小幅上升，16.13%的受访者认为基本持平，12.90%的受访者认为分化加剧，另有3.23%的受访者认为大幅上升，没有受访者认为大幅下降（见图5-19）。

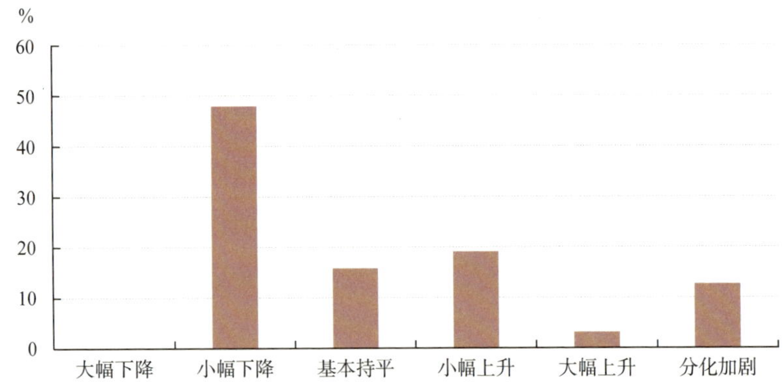

图 5-19　受访者对 2021 年二级市场投资机构收购不良资产价格的判断

2021年，受疫情及外部环境复杂的影响，我国部分金融机构资产质量加速劣变，风险不断累积。从供给端来看，监管部门有序处置高风险金融机构，多地相继出台加快推进金融机构不良资产处置的具体措施，资产管理公司也通过多种渠道向市场公开售包。从需求端来看，由于疫情的冲击，叠加金融机构融资条件边际收紧，二级市场投资机构面临融资成本上升和处置难度增加的双重挑战，投资逐渐回归理性，更加注重收包后处置的难易程度和资金回收周期，市场活跃度有所降低。

总体来看，受访者认为2021年收购不良资产的价格小幅下降，但地区间的分化现象仍然存在。东北地区受制于营商环境、资产质量等因素限制，所有的受访者均认为价格出现小幅下降。华南地区上半年不良资产供需缺口较大，价格出现一定程度上涨，第三季度以后供需紧张的情况开始缓解，不良资产价格相较上半年出现回落，该地区认为价格下降和上升的受访者占比分别为80%和20%。华东地区和西南地区没有受访者认为价格有所下降。华北地区具有一定的区域特殊性，不同市场差异明显，认为价格小幅下降的受访者占比近60%，但同时有20%左右的受访者认为价格有所上升。

（二）除盈利空间外，目前二级市场投资机构参与不良资产收购时考虑的最重要因素：资金来源

关于目前投资机构参与不良资产收购时除盈利空间外考虑的最重要因素，29.03%的受访者认为是投资机构的资金来源，25.81%的受访者认为是收购后的处置手段，认为是风险控制手段和行政司法环境的受访者占比均为22.58%，没有受访者认为是市场占有率（见图5-20）。

与上年调查结果相比，受访者对“资金来源”和“行政司法环境”的关注度有所上升，占比分别由10.53%和15.79%提升至29.03%和22.58%，而对“风险控制手段”的考虑已明显弱化，占比由42.11%下降至22.58%。不良资产的运营往往具有较长的周期和较高的不确定性。与全国性金融资产管理公司拥有雄厚的资金实力和便捷的融资渠道相比，二级市场投资机构在资金层

面往往存在掣肘。疫情的暴发进一步提升了不良资产的处置难度，二级市场活跃度有所下降，各类投资机构盈利空间收窄，叠加存量项目资金占用比例较高，其提升资本和拓宽融资渠道的紧迫性日益上升。行政司法环境对二级市场投资机构收购不良资产影响趋增的部分原因在于，不良资产交易的全流程都会受到行政司法环境的影响，司法效率对投资人的信心和投资决策都会产生重大影响。近年来，全国行政司法领域的整顿力度逐步加大，各地司法环境的不确定性有所增加，投资机构需要更加充分考量该因素对不良资产收购及未来处置的潜在影响。

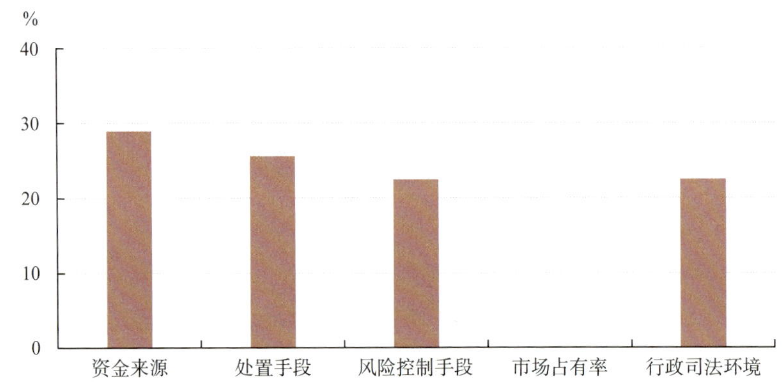

图 5-20　受访者对二级市场投资机构参与不良资产收购时除盈利空间外最重要考虑因素的判断

（三）当前二级市场投资机构处置不良资产的最主要动机：追求更高收益水平

调查结果显示，45.16%的受访者认为当前二级市场各类投资机构处置不良资产最主要的动机是追求更高收益水平，29.03%的受访者认为是降低资金成本和资本占用压力，22.58%的受访者认为是降低风险水平，另有3.23%的受访者认为是其他动机（见图5-21）。

近年来，我国不良资产处置在经济下行压力加大、供给侧结构性改革推进、经济转型升级的背景下持续推进，相继出台的一系列政策使不良资产市场参与主体逐步扩容，一级市场的繁荣传导至二级市场，投资者数量快速增加。二级市场具备较强的灵活性，可以有效调节一级市场余缺，从而提高整个市场的效率。受公司规模、经营能力等因素的影响，二级市场投资机构融资成本相对较高，而当前经济增长依然承压，叠加疫情影响，民间投资有所减少，其部分存量项目处置进度不达预期，公司经营不确定性、流动性压力较前期均有所上升。调查结果表明，控制经营风险水平、降低资金成本和资本占用压力是目前二级市场投资机构加快推进不良资产处置的重要考虑因素，但与之相比，其更关注对高水平收益的追求，这主要源于投资机构的逐利本性和对不良资产市场发展前景的看好。随着市场规模逐渐扩张及处置措施日渐丰富，二级市场投资机构仍有望通过发挥特有优势，整合各类资源盘活资产，获取资产价值修复后的收益，同时为地区金融稳定、经济发展作出积极贡献。

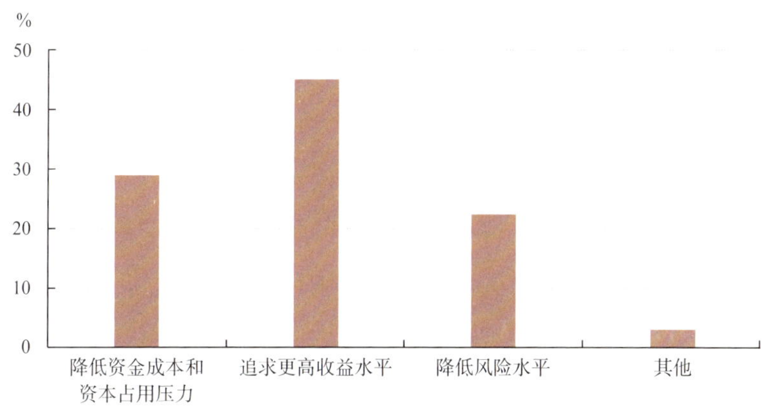

图 5-21　受访者对二级市场投资机构处置不良资产最主要动机的判断

（四）2021年二级市场投资机构处置不良资产最主要的方式：债权转让

调查结果显示，45.16%的受访者认为目前二级市场投资机构处置不良资产最主要的方式是债权转让，35.48%的受访者认为是司法催收，16.13%的受访者认为是债务重组，3.23%的受访者认为是正常催收（见图5-22）。

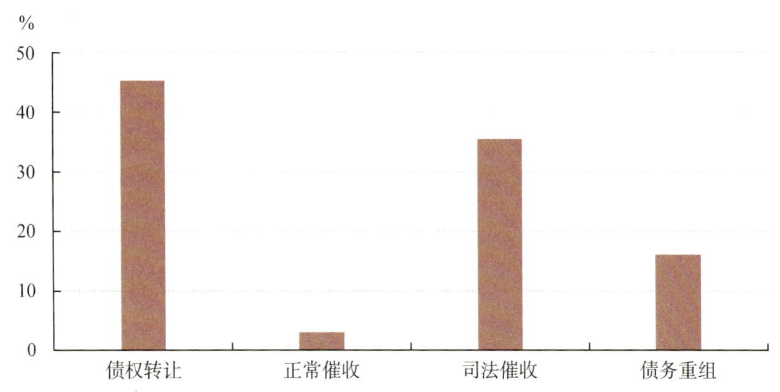

图 5-22 受访者对二级市场投资机构处置不良资产最主要方式的判断

经过多年的发展与探索，目前我国二级市场投资机构处置不良资产的模式主要包括债权转让、司法催收、债务重组、市场化债转股等。正常催收业务模式较为传统，流程比较标准化，但人力成本相对较高。债务重组是目前开展较多的一种非传统处置模式，对于发展前景广阔但暂时遇到流动性困难的企业，投资机构可以通过债务重组的方式帮助企业恢复正常经营，化解潜在风险。此类方式的运用范围比较广泛，近年来使用的频率也有所提高，但有一定的资金和技术门槛，对于投资机构的综合实力要求相对较高。司法催收即借助司法途径，从法律层面完成资产确权并强制执行，通常是在其他方式无效的情况下，作为终端处置方式而使用，但周期一般较长。二级市场投资机构的资金成本较高，处置不良资产过程中期望加快进度，以降低流动性压力，与其他方式相比，债权转让具有时效性较高、资金占用较少等优点，目前仍是二级市场投资机构最主要的处置方式。

（五）受访者预计2022年二级市场投资机构收购不良资产的价格：小幅下降

调查结果显示，51.61%的受访者预计2022年二级市场投资机构收购不良资产的价格与2021年相比将小幅下降，22.58%的受访者预计将基本持平，16.13%的受访者预计将小幅上升，另有9.68%的受访者预计将分化加剧，没有受访者预计将大幅上升或大幅下降（见图5-23）。

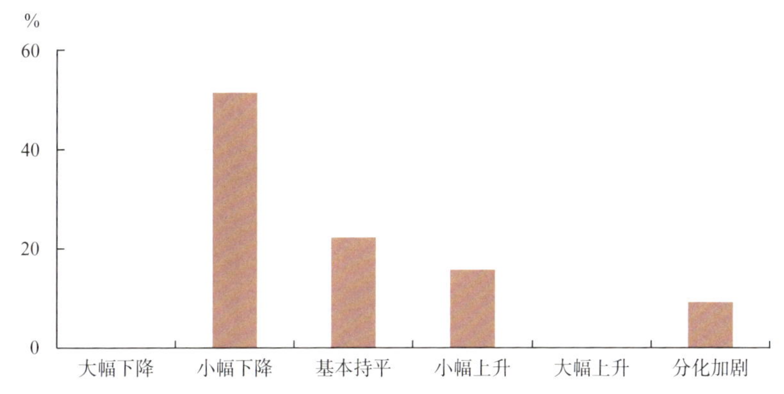

图 5-23　受访者对 2022 年二级市场投资机构收购不良资产价格的判断

近年来，我国不良资产市场非理性抢包的现象已经较少存在。2022年，从供给总量来看，我国宏观经济复苏面临多重压力，叠加疫情期间相关金融资产风险逐渐暴露的影响，预计不良资产市场的供给将会继续增加。同时，资产管理公司的处置力度也将持续加大，以腾挪更多空间统筹推进金融风险防范和服务实体经济工作。从供给质量来看，随着疫情期间对冲政策的逐步退出及“资管新规”过渡期结束后银行表外不良资产回表进度逐步加快，部分存量金融风险较高、经济发展水平落后地区的资产质量下迁压力将有所加大。从需求总量来看，受制于大环境的影响，近年来二级市场投资机构资产去存量难度提高，处置进度不尽理想，谨慎的投资风格或将在2022年继续延续。整体来看，预计2022年二级市场投资机构收购不良资产的价格或将小幅下降，但不排除部分竞争相对激烈地区的价格可能会出现阶段性上涨。

（六）受访者预计2022年二级市场投资机构收购不良资产的规模：小幅扩张

调查结果显示，61.29%的受访者预计2022年二级市场投资机构收购不良资产的规模将有所扩张，其中54.84%的受访者预计将小幅扩张，6.45%的受访者预计将大幅扩张；12.90%的受访者预计无明显变化；另有25.81%的受访者预计将有所收缩（见图5-24）。

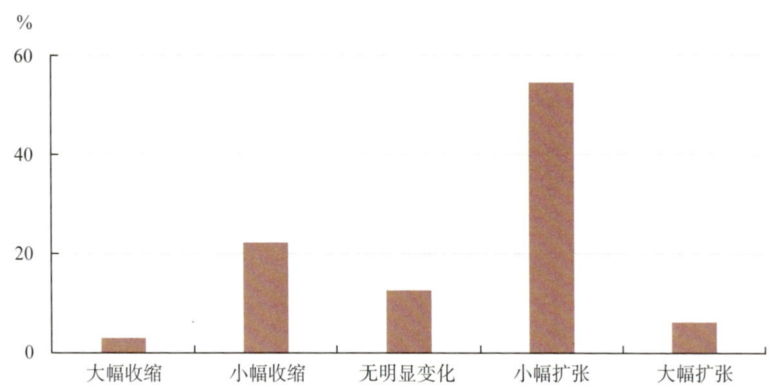

图 5-24 受访者对 2022 年二级市场投资机构收购不良资产规模的判断

2022年，我国宏观经济面临的环境严峻复杂，疫情走势仍存在较高的不确定性，国内经济恢复发展面临一些阶段性、结构性和周期性的因素，保持平稳运行的难度加大。随着供给侧结构性改革的持续推进，金融严监管态势将依然延续，房地产企业违约、中小金融机构风险亟须化解，地方政府隐性债务处置压力不减，不良资产二级市场投资机构的业务机会将有所增多，尤其是与实体经济存在一定关联程度的投资机构，可以凭借对特定项目及行业的深入理解和雄厚的资金实力介入相关领域的不良资产交易，经营空间或将有所扩大。对于收购价格有所下降、处置环境相对较好区域的投资机构，投资热情有望出现回温。从调查结果来看，华北、华东、华南和西南地区的受访者预计2022年收购规模有所扩大的占比均超过60%。

（七）受访者预计2022年二级市场投资机构不良资产处置难度：有所增加

调查结果显示，54.84%的受访者预计2022年二级市场投资机构不良资产项目的处置难度与2021年相比将有所增加，其中51.61%的受访者预计是小幅增加，3.23%的受访者预计是大幅增加；38.71%的受访者预计与2021年基本持平；6.45%的受访者预计将小幅降低；没有受访者预计将大幅降低（见图5-25）。

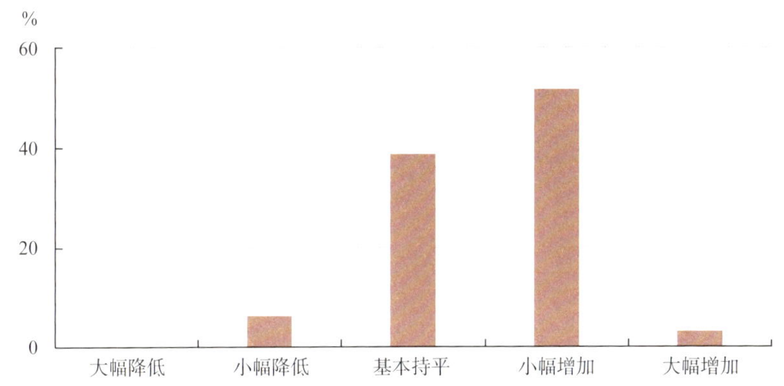

图 5-25　受访者对 2022 年二级市场投资机构不良资产处置难度的判断

分地区来看，华东和华南地区有15%~20%的受访者预计处置难度将小幅降低，这或许是因为，华东和华南地区不良资产市场较为活跃，金融机构对不良资产的处置力度较大，不良资产出清速度较快。华北、东北、华中和西南地区受访者中预计2022年处置难度有所增加的占比均超过50%，且没有受访者预计处置难度将有所降低。总体来看，2022年我国经济结构转型升级的阵痛期仍将延续，周期性行业回暖受阻，叠加疫情后各类金融机构风险资产暴露的总量有所增多，结构日趋复杂，所在地区市场活跃度不高的二级市场投资机构在处置不良资产时，将继续面临处置方式较为单一、司法渠道周期较长且执行困难、清收效率较低等问题，处置难度将有所上升。

（八）受访者预计2022年二级市场投资机构不良资产平均处置周期：有所延长

调查结果显示，58.06%的受访者预计2022年二级市场投资机构不良资产项目的平均处置周期与2021年相比将有所延长，其中51.61%的受访者预计是小幅延长，6.45%的受访者预计是大幅延长；35.48%的受访者预计将无明显变化；预计处置周期将有所缩短的受访者合计占比为6.46%（见图5-26）。

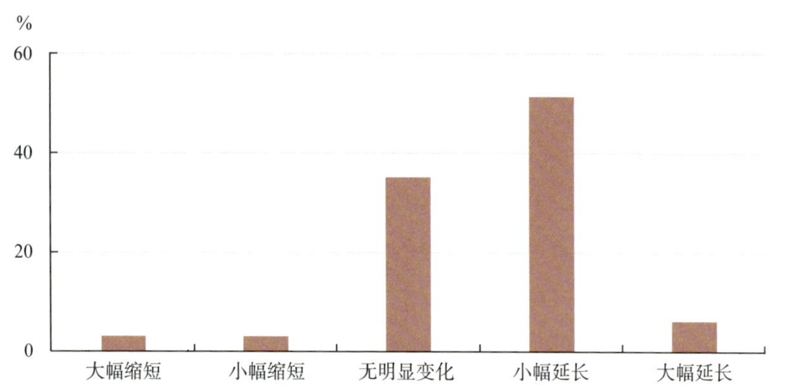

图 5-26 受访者对 2022 年二级市场投资机构不良资产平均处置周期的判断

当前，我国经济增长面临多重压力，不良资产的供给总量及复杂程度有所提高，处置难度持续上升。近年来随着政策环境的放宽、不良资产一级市场的繁荣以及信息技术的发展，不良资产二级市场受让方越发活跃且更加多元化，包括非持牌资产管理公司、拍卖公司、律师事务所等，市场竞争有所加剧。宏观经济下行压力加大、市场竞争加剧叠加疫情的不确定性，超过半数受访者预计二级市场投资机构不良资产平均处置周期在2022年将有所延长。但随着中央经济工作会议对2022年宏观经济"稳"字当头定调出台、政策发力适当靠前，以及不良资产处置配套政策法规的日益完善，未来不良资产的处置环境有望回暖。同时，各类投资机构经过多年实践摸索，系统化的处置能力有所提升，对于加快不良资产的处置进度将起到积极作用。随着疫情得到有效控制，市场逐步回暖，二级市场投资机构不良资产项目的平均处置速度有望加快。

（九）受访者预计2022年二级市场投资机构融资成本的变化趋势：稳中趋降

调查结果显示，45.16%的受访者预计2022年二级市场投资机构融资成本与2021年基本持平；32.26%的受访者预计将有所下降，其中29.03%的受访者预计是小幅下降，3.23%的受访者预计是大幅下降；22.58%的受访者预计将小幅上升；没有受访者预计将大幅上升（见图5-27）。

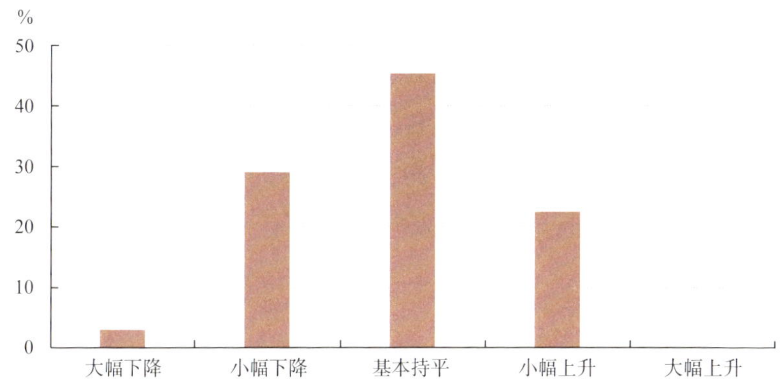

图 5-27　受访者对 2022 年二级市场投资机构融资成本变化趋势的判断

为稳定2022年经济发展大局，中央经济工作会议明确，政策发力要适当靠前，强化逆周期调节力度，以缓解经济下行压力。2021年，人民银行两次调降存款准备金率，年底下调一年期贷款利率，市场预期短期内货币政策有望保持边际宽松状态，保持流动性合理充裕。整体来看，当前我国宏观货币环境相对稳健，二级市场投资机构经营环境相对平稳，短期的货币政策宽松窗口一定程度上有利于投资机构融资成本稳中趋降，但从中长期来看，各投资机构的经营状况和偿债能力差异、宏观政策调整、市场活跃程度的变化等，都可能会对投资机构的融资成本造成影响。

（十）受访者预计2022年二级市场投资机构在不良资产业务方面的经营重点：自行处置不良资产

调查结果显示，54.84%的受访者预计2022年二级市场投资机构不良资产业务的经营重点将是自行处置不良资产，25.81%的受访者预计将是积极收购不良资产，持提供居间转让服务和提供资金拆借服务观点的受访者占比均为9.68%（见图5-28）。

不良资产处置作为金融风险管理产业链条的最后环节，同时也是最重、最难的一个环节。与上年52.63%的受访者认为2021年经营重点是积极收购不良资产的调查结果相比，本次调查54.84%的受访者认为2022年将转向自行处置。这种改变显示出2022年投资机构处置意愿较强，在处置环节倾注的人力、财力、物力将有所增多。这主要源于经济下行压力下二级市场投资机构存量项目处置难度有所上升，前期处置进度不达预期，将在2022年持续推进处置工作，以期降低自身经营风险和流动性压力，为潜在的优质项目释放更多可用资金。同时也从侧面反映出2022年二级市场投资机构收购不良资产的态度或将更加谨慎，积极性预计有所降低。

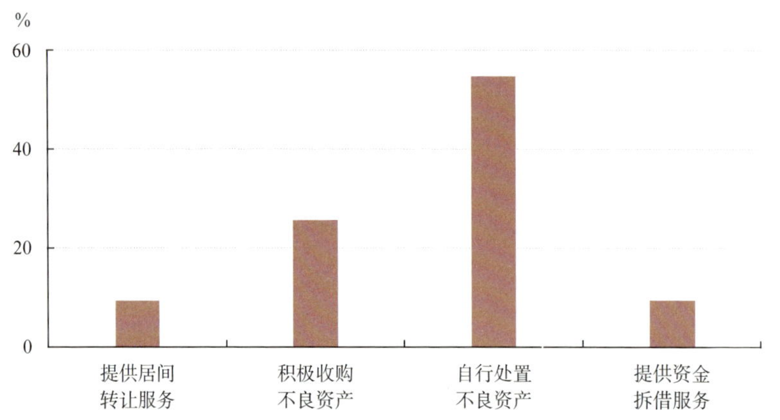

图 5-28　受访者对 2022 年二级市场投资机构不良资产业务经营重点的判断

六、小结

结合调查问卷的统计数据，课题组归纳了律师事务所、资产评估事务所、不良资产服务商（含投资人）受访者对2021年业务开展情况的总结及对2022年不良资产市场形势的判断，分析得出以下结论：

在提供不良资产服务方面，尽管2021年市场总体需求并未出现明显收缩，但随着参与主体扩容，叠加同类机构之间的业务同质化程度较高，中介服务市场的竞争有所加剧，单个机构参与的项目数量小幅减少，业务规模小幅收缩。2021年，中介机构提供不良资产服务的最大困难仍然是项目情况复杂，但受访者占比较上年明显提升。在监管部门的引导下，商业银行主动控制潜在信用风险，不良资产处置力度有所加大，2021年中介机构参与的商业银行不良贷款以损失类为主。

在对不良资产市场形势判断方面，预计2022年不良资产市场规模将继续扩大，中介机构业务机会将有所增多。商业银行等金融机构的资产质量整体稳健，但部分存量金融风险较高、企业债务违约事件频发、经济发展水平落后的地区，风险防控压力依然较大。自2021年以来，房地产行业信用风险暴露水平明显提升，预计2022年房地产企业经营景气程度仍将继续承压，市场价格将稳中趋降，但城市间的分化现象将持续存在。考虑到我国金融机构资产管理中有很大一部分投向了房地产相关领域，以及房地产在我国金融体系中重要的抵押品属性，房地产行业及其产业链上下游行业的信用违约风险需重点防范。随着碳达峰碳中和工作的有序推进，未来产业绿色转型将为中介机构带来一定的业务机会，受访者预计未来三年绿色产业相关项目将主要集中于清洁能源和节能环保产业领域。对于不良资产供给量明显增多的省份，受访者对广东省、浙江省等东部沿海省份的关注度较高。

关于对资产管理公司发展情况的判断，短期国内不良资产市场不同主体之间错位竞争的现象将持续存在，格局不会发生明显改变，全国性金融资产管理公司仍将为中介机构带来较多的业务机会。2021年，资产管理公司转让的不良资产包规模以1亿~3亿元为主，但选择3亿~10亿元规模的受访者占比较上年有所提升，或与资产管理公司加大处置力度、提升经营效率存在一定联系。2021年初银行批量个人不良贷款转让试点业务放开拓宽了资产管理公司的业务范围，但由于此类贷款具有金额较小和相对分散的特点，资产管理公司付出的处置成本和面临的不确定性风险较高。金融业扩大开放对资产管理公司而言，机遇与挑战并存，总体而言利大于弊，长期来看有助于激发市场活力，提高行业市场化水平，推动我国金融体制改革向纵深发展。受访者对资产管理公司回归主业、开拓不良资产业务的经营方向表示充分认同，建议资产管理公司未来可以从增强对实体经济的支持、深入开展市场调研、提高经营的规范化和市场化水平、完善管理制度、注重人才培养等方面进行重点突破。

关于二级市场的业务情况，2021年二级市场不良资产价格总体小幅下降，但地区间的分化现象仍然存在。目前，二级市场投资机构收购不良资产时除盈利空间外考虑的最重要因素是资金来源。受公司规模、经营能力等因素的影响，二级市场投资机构融资成本相对较高，控制经营风险水平、压降资金成本和资本占用压力是投资机构加快推进不良资产处置的重要考虑因素，但与之相比，其更关注对高水平收益的追求。债权转让具有时效性较高、资金占用较少等优点，仍是2021年二级市场投资机构处置不良资产最主要的方式。由于当前我国经济增长面临多重压力，不良资产的供给总量及复杂程度有所提高，受访者普遍预计2022年二级市场投资机构收购不良资产的价格将小幅下降，收购规模将小幅扩张，但同时处置难度将有所增加，处置周期将有所延长，积极处置不良资产也将是投资机构2022年的业务经营重点。当前我国宏观货币环境相对稳健，二级市场投资机构经营环境相对平稳、可预期，短期的货币政策宽松窗口一定程度上有利于投资机构融资成本稳中趋降。

第六部分

不良资产市场分析与预测

自2021年以来，国内新冠肺炎疫情得到有效控制，经济稳步复苏，高质量发展取得新成效，实现了“十四五”良好开局。但同时，我国经济发展仍面临需求收缩、供给冲击、预期转弱的三重压力，部分重点领域的风险加速暴露，风险化解任务更加艰巨。2022年，世界经济预期放缓，外部需求收缩，内需疲软，经济增长基础效应有所减弱。不良资产行业周期特征明显，经济结构的变化和产业结构的调整也会催生新的业务机会，不良资产供给有望进一步增加，市场参与主体更趋丰富，在正面竞争、错位发展的同时，资产管理公司应充分发挥不良资产处置的核心功能，创新处置手段，主动防范化解金融风险，持续提升服务实体经济质效。

一、不良资产市场供给端现状分析与预判

2021年我国商业银行资产质量边际改善，其中股份制商业银行、城市商业银行及农村商业银行不良率下降较为明显。非银行金融机构风险加速暴露，信托业风险事件多发，实体企业风险持续暴露，不良资产规模进一步增加。此外，债券违约规模持续扩大并出现结构性变化，房地产业和航空业债券违约高企，地方融资平台债务风险逐步凸显。总体上，不良资产供给预计将进一步增加。

（一）不良资产市场供给端现状分析

1. 商业银行资产质量边际改善

（1）总体情况分析。近年来银行业不良资产认定和处置持续推进，2017—2020年累计处置不良贷款8.8万亿元，超过之前12年总和。2020年银行业大力处置3.02万亿元不良贷款，2021年商业银行不良贷款余额增长趋缓，不良率小幅下降，商业银行资产质量边际改善。截至2021年第三季度末，我国商业银行不良贷款余额为2.83万亿元，较2020年末增加1320亿元，增速有所放缓，不良率为1.75%，同比下降0.21个百分点，连续四个季度出现下降（见图6–1）。

（2）各类商业银行不良贷款情况。从不良贷款余额来看，国有大型商业银行、农村商业银行、股份制商业银行的不良贷款余额排名前三。其中，国有大型商业银行、农村商业银行均出现一定幅度的增长，股份制商业银行不良贷款呈小幅下降趋势（见图6–2）。从不良率来看，农村商业银行不良率仍显著高于其他类型银行，压降形势依然较为严峻。但2021年前三个季度较2020年末，各类型商业银行不良率均出现一定幅度的下降，农村商业银行的降幅较大，下降了0.29个百分点，这或得益于过去几年不良处置较为充分，银行资产质量得到一定程度的改善（见图6–3）。

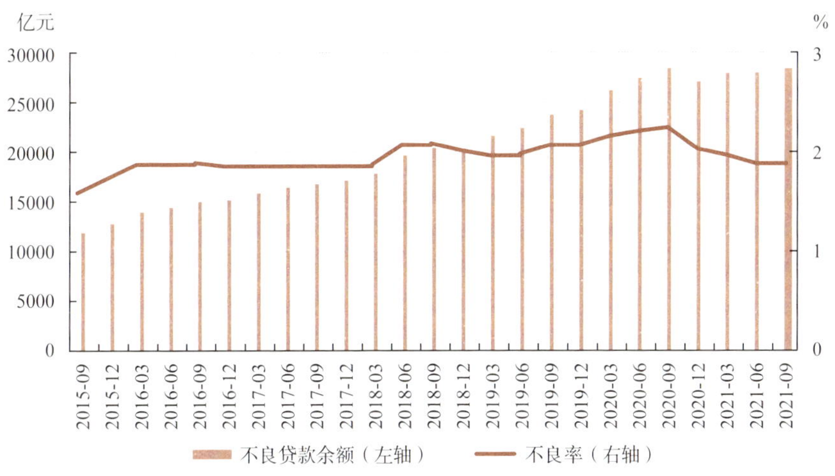

图 6-1　我国商业银行不良贷款总体变动趋势

（资料来源：Wind，本报告课题组）

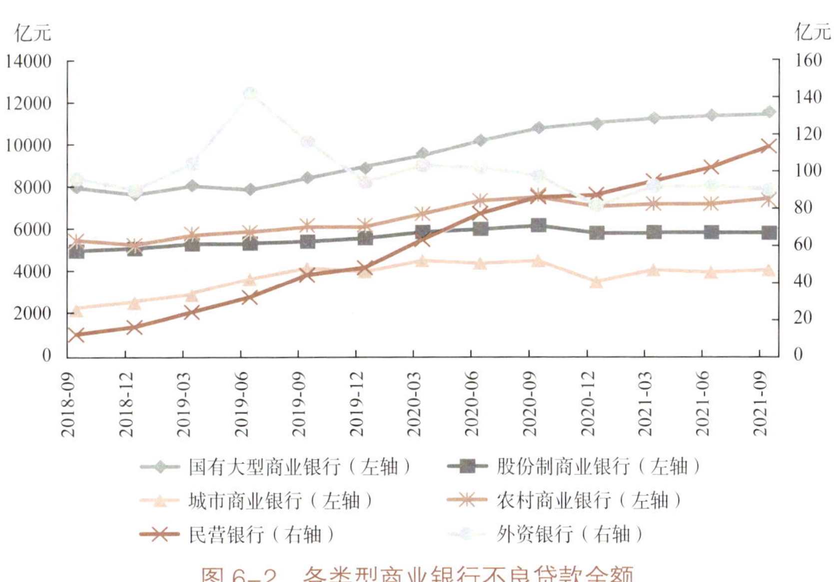

图 6-2　各类型商业银行不良贷款余额

（资料来源：Wind，本报告课题组）

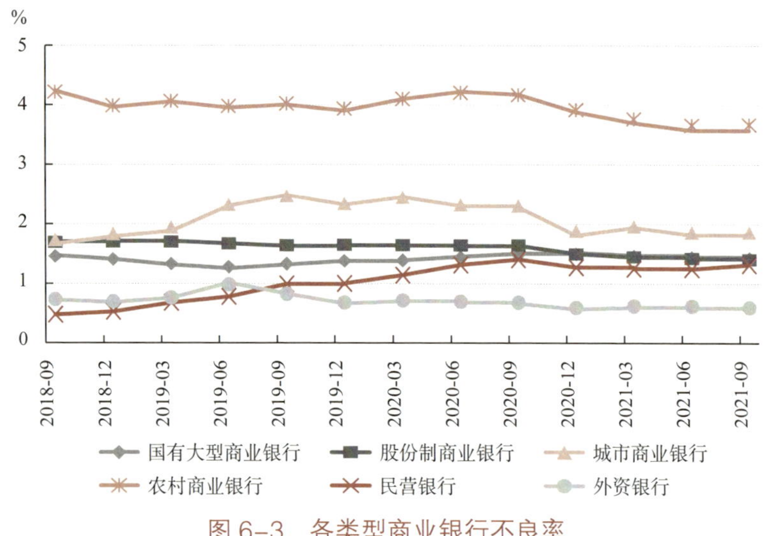

图 6-3　各类型商业银行不良率

（资料来源：Wind，本报告课题组）

2. 非银行金融机构风险加速暴露

随着宏观经济下行压力加剧，受金融监管趋严及疫情反复的影响，除商业银行不良贷款外，非银行金融机构如信托、小贷、金融租赁、保险及证券等行业的风险资产也在加速暴露。另外，伴随“资管新规”过渡期的结束，非标业务持续收缩可能造成存量风险暴露。目前，关于非银行金融机构不良资产规模缺乏详细的统计数据，据此可依照如下方法，估算其不良资产规模。

从信托业来看，自“资管新规”发布以来，信托业监管政策密集出台，资产规模持续收缩，信托业累积的风险不断暴露，风险资产不断增加。2021年度信托监管工作会议要求行业继续开展“两压一降”：压降信托通道业务规模，压缩违规融资类业务规模，降低金融同业通道业务，加大对表内外风险资产的处置。2021年，多家信托公司相继出现产品逾期兑付事件。根据信托公司年报，2020年60家信托公司不良率为5.41%，鉴于2021年房地产行业信托违约规模大幅增加，假定2021年第三季度末信托资产风险率升至5.50%左右，并以第三季度末信托资产余额20.44万亿元为测算基础，则信托业潜在不良资产规模约为11242亿元。

从非标债权投资来看，主要考虑因银行理财投资、券商资管业务、基金公司及其子公司专户业务和保险资管计划等产生的不良资产。对于银行理财投资，根据《中国银行业理财业务发展报告（2021）》，截至2020年末，银行非保本理财产品配置非标债权类资产的比例为10.89%，非保本理财产品存续余额为25.86万亿元，同比增长6.90%。在监管趋严、行业加速转型的大背景下，银行理财产品不断丰富、结构不断优化，产品规模稳定增长。据此，可将2021年第三季度末非保本理财产品存续余额设定为26万亿元，在剔除银行理财资金投向委托贷款、信托和票据类资产的份额后（假定银行非保本理财产品投资此类非标债权资产比例为20%），理财资金投资非标债权资产的不良率为2%，按照本报告上年的估算方法，可得出2021年9月末这部分不良资产规模约为453亿元。从证监会体系的资管计划产品看，截至2021年第三季度末，基金及基金子公司专户业务、证券公司资管业务和私募基金资管业务规模合计约为35.81万亿元。在假定其投资非标债权资产比例为35%，假定该部分业务不良率为1.50%的基础上，按照本报告上年的估算方法，可估算得到当前证监会体系的资管计划潜在不良资产规模约为1044亿元。从保险资管计划产品看，截至2020年末，保险资管产品余额约为3.83万亿元。假定2021年第三季度末余额为4.5万亿元，不良率为1%，按照本报告上年的估算方法，可估算得到保险资管计划潜在不良资产规模约为88亿元。总体来看，非标债权投资领域的不良资产规模合计约为1585亿元。

从金融租赁行业来看，随着宏观经济下行压力加大及监管持续收紧，金融租赁行业增速放缓，资产持续承压。截至2021年3月末，金融租赁公司期末合同余额约为2.5万亿元，按照近期趋势，第三季度继续保持相对稳定。综合考虑疫情冲击及监管约束下的风控水平提升，估计2021年第三季度末金融租赁行业不良率为1.50%，则不良资产规模约为375亿元。

从P2P行业来看，2020年末，我国P2P平台已全部清零。据银保监会数据统计，截至2021年第三季度末，P2P网贷机构待偿余额约为5000亿元，不良率将高于此前的行业平均不良率（15%）。随着P2P平台的全部清退，待偿余额的还款难度或将大幅提升，假设不良率为50%，则P2P行业不良资产规模约为2500亿元（见图6–4）。

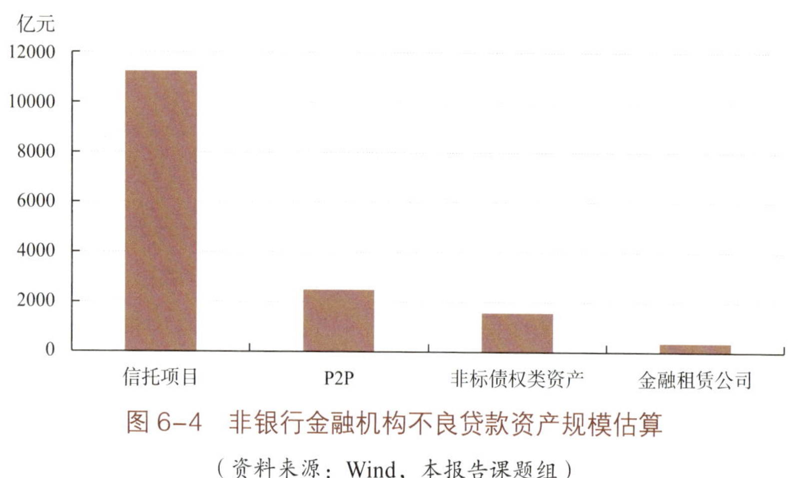

图 6–4　非银行金融机构不良贷款资产规模估算

（资料来源：Wind，本报告课题组）

总体来看，根据估算结果，目前非银行金融机构不良资产规模约为15702亿元，规模较上年的11360亿元有所增加。

3. 实体企业风险事件频发

随着供给侧结构性改革的不断深化，“三去一降一补”的持续推进，叠加疫情反复带来的不利影响，部分实体企业经营压力增大，盈利能力下降，偿债能力弱化，风险事件频发。特别是2021年以来，大宗商品价格高位运行、供应链产业链不够通畅等因素制约企业盈利的持续恢复，上下游行业间盈利不平衡问题较为突出，工业企业效益恢复放缓，问题企业和问题资产持续释放。从应收账款来看，截至2021年第三季度末，全国工业企业应收账款余额为18.32万亿元。2019年、2020年全国工业企业平均不良率均为2.4%，根据一些券商的估计，各行业应收账款不良率为2%~9%，考虑到疫情影响的持续性，工业企业风险持续释放的特点，本报告以5%的不良率进行估算，应收账款的不良资产规模约为9160亿元。从委托贷款来看，截至2021年第三季度末，我国社融存量中委托贷款为10.93万亿元。假设工业企业不良率为

5%，委托贷款潜在不良资产规模约为5465亿元。合计来看，非金融企业领域的不良资产规模总计约为14625亿元。

4. 债券违约规模扩大并出现结构性变化

2014年“11超日债”（上海超日太阳能科技股份有限公司于2011年发行的公司债券）违约以来，违约债券券种已经从私募债向其他券种扩散，违约主体从民营企业扩散到中央企业、地方国有企业及上市公司等，违约债券覆盖多个行业，呈现阶段性蔓延特征。为保持数据一致性，本文以截至第三季度末的数据进行对比分析。截至2021年第三季度末，我国信用债存量规模为41.78万亿元，前三个季度国内债券市场有125只债券发生违约，新增违约发行主体21个，违约债券规模为1346亿元（见图6–5），较上年同期均有所增加。

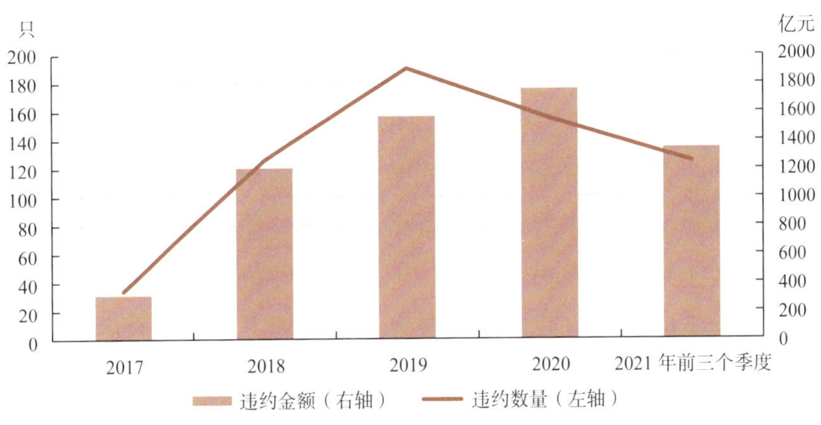

图 6–5　近年来债券违约数量及金额变化趋势

（资料来源：Wind，本报告课题组）

目前我国债券违约已经常态化，受宏观经济下行、监管收紧的影响，叠加疫情反复带来的不确定性，债券市场信用风险加速暴露，重点行业、重点领域的潜在违约风险可能加速释放。一方面，大型企业债券违约凸显。从历年违约主体的规模来看，前期违约主要集中在中小型企业，债券违约规模相对较小。2018年以后，债券违约潮爆发，百亿元级规模的中型企业主体开始出现违约，同时北大方正、海航集团、华夏幸福等千亿元级规模的大型企业也出现违约，“大而不倒”的逻辑逐渐失效。这表明大型企业难以靠短期举债掩盖多元化经营产生的财务恶化，债券违约成为必然。另一方面，债券违约向房地产、交通运输等行业集中。2021年前三个季度，房地产行业、交通运输行业出现实质性违约的债券违约余额位居前两位，分别约为405亿元、339亿元，违约余额合计占比超过50%。房地产行业主要是受疫情影响和监管政策收紧影响，债券违约明显增多，交通运输业违约债券集中在航空业，主要受疫情影响，航空业旅客量断崖式下滑，经营压力剧增。另外，受海航系企业重整影响，海航系债券违约快速增加。

5. 地方融资平台债务风险凸显

近年来，地方政府债务逐渐上升，已成为我国系统性金融风险的重要隐患。随着一系列监管政策的出台，地方债务依靠土地出让收入和再融资维持运转的模式将难以为继。2021年，银保监会印发《银行保险机构进一步做好地方政府隐性债务风险防范化解工作的指导意见》(银保监发〔2021〕15号，以下简称“15号文”)，要求严禁银行保险等金融机构向承担地方政府隐性债务的借款人新提供流动资金贷款，同时优先化解期限短、利率高和刚性兑付预期强的债务，这意味着地方融资平台的融资能力下降。另外，房地产强力调控导致土地流拍撤拍率上升、土地成交溢价率快速下滑，多地土地出让收入同比下降，地方政府财政收入承压，地方融资平台的信用风险进一步抬升。

地方融资平台的有息偿付责任包括城投债、银行保险贷款、非标融资、融资租赁、政府性基金和PPP项目等。地方债和城投债的扩容导致各省市的偿债和付息压力增大。据相关测算，2021年地方债付息规模约为8900亿元，同比增长约19.56%，城投债还本付息规模达4.02万亿元，同比增长32.24%。另外，交易所和交易商协会对高债务区域、弱资质城投限制发债规模和募集资金用途监管收紧，加之银保监会对隐性债务平台的流动资金贷款的限制，部分地方融资平台违约风险加速暴露。自2021年以来，贵州、云南、内蒙古、河南、陕西、天津等债务压力较大的地区，均出现地方融资平台债务违约事件。

（二）不良资产市场供给端趋势预判

1. 商业银行不良贷款或将进一步抬升

本部分采取模型预测的方法，结合历史数据，对商业银行不良贷款变化趋势进行预测。

（1）各类商业银行不良贷款预测。

假设第i类商业银行t时不良率$R_{i,t}$的变化服从含有周期特征、趋势特征和均值回复特征的Ornstein–Uhlenbeck随机过程（简称O–U过程），具体如下：

$$dR_{i,t}=dL_{i,t}-\alpha_i(R_{i,t}-L_{i,t})dt+R_{i,t}\sigma_i dW_t \tag{6-1}$$

其中，$dR_{i,t}$为t时刻不良率$R_{i,t}$的瞬时变化量；$dL_{i,t}$为周期项，刻画不良率$R_{i,t}$的周期及趋势特征导致$R_{i,t}$瞬时变化量；$\alpha_i(R_{i,t}-L_{i,t})dt$为均值回复特征导致的$R_{i,t}$瞬时变化量，$\alpha_i$为均值回复速度，$(R_{i,t}-L_{i,t})$为$t$时刻$R_{i,t}$偏离均值水平的大小；$R_{i,t}\sigma_i dW_t$为波动项，刻画$R_{i,t}$随机波动导致$R_{i,t}$的瞬时变化量。具体地，$L_{i,t}$用于刻画$R_{i,t}$中所包含的周期特征和趋势特征的变化规律，$\alpha_i$用于刻画$t$时刻$R_{i,t}$偏离趋势性的均值回复速度大小，$\sigma_i$用于刻画不良率$R_{i,t}$的波动率，$W_t$为标准布朗运动。

在公式（6–1）基础上，结合Fourier级数对周期衡量效果较好的特征，使用公式（6–2）逼近$L_{i,t}$：

$$L_{i,t}=(a_i+b_it)+\left(\sum_{m=1}^{N}a_{i,m}\sin(b_{i,m}t+c_{i,m})\right) \tag{6-2}$$

其中，a_i，b_i表示不良率$R_{i,t}$的长期趋势性待估参数，N表示不良率$R_{i,t}$的Fourier级数展开项数，$a_{i,m}$，$b_{i,m}$，$c_{i,m}$分别表示Fourier级数展开项待估参数。进而，结合不良率$R_{i,t}$的季度历史数据，进行参数拟合，并使用蒙特卡洛方法对随机波动情况进行模拟，逐步得到各类型商业银行的不良率预测值（见图6–6）。

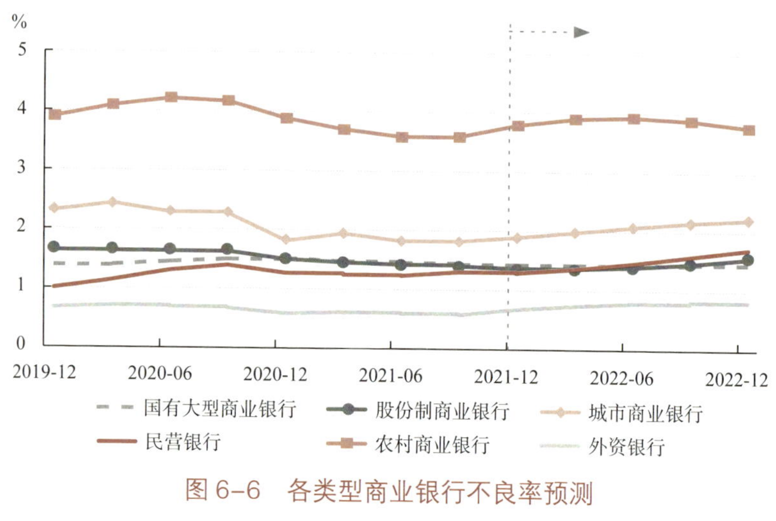

图 6–6 各类型商业银行不良率预测

（资料来源：Wind，本报告课题组）

通过观察发现，各类型商业银行信贷规模变化具有如公式（6–3）所示的一阶线性自回归特征：

$$Y_{i,t}=\alpha_i+\beta_i Y_{i,t-1}+\varepsilon_{i,t} \tag{6-3}$$

其中，$Y_{i,t}$为t时刻第i类商业银行信贷规模，通过历史数据（2009年3月至2021年9月）拟合公式（6–3）参数。使用一阶线性自回归模型拟合第i类商业银行信贷规模$Y_{i,t}$变化情况，结合$Y_{i,t}$即可得到t+1时刻商业银行信贷规模$\widetilde{Y}_{i,t+1}$预测值，然后可预测第i类商业银行不良贷款余额$\widetilde{S}_{i,t+1}$：

$$\widetilde{S}_{i,t+1}=\widetilde{R}_{i,t+1}\ \widetilde{Y}_{i,t+1} \tag{6-4}$$

基于上述结果，我们计算得到各类型商业银行不良贷款余额（见图6–7）。

从各类商业银行的预测结果来看，2022年商业银行不良贷款余额将持续上行，不良率有所攀升，整体态势较为平缓。其中，国有大型商业银行不良贷款余额最高，而不良率持续保持低位，反映其资产质量较好且风控能力较强。农村商业银行、股份制商业银行和城市商业银行的不良贷款余额体量较大，其中股份制商业银行的不良率相对较低，而农村商业银行和城市商业银行的不良率较高，且预测结果显示短期内农村商业银行和城市商业银行的不良率将进一步抬升。民营银行和外资银行的不良贷款余额体量较小且不良率较低，但经济下行和疫情反复等因素可能对民营银行的资产质量造成一定压力。

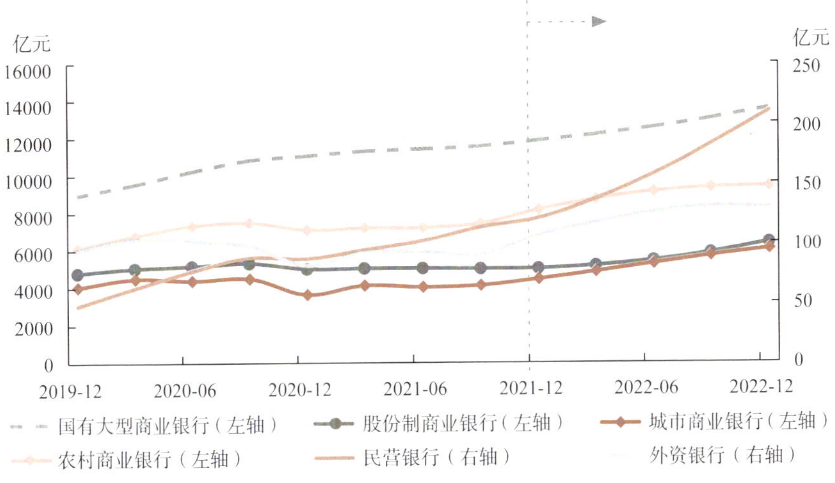

图 6–7　各类商业银行不良贷款余额预测

（资料来源：Wind，本报告课题组）

（2）商业银行不良贷款整体预测。

基于上述预测结果，将各类型商业银行信贷规模、不良贷款余额分别加总，得到商业银行总信贷规模、总不良贷款余额预测值，再使用总不良贷款余额除以商业银行总信贷规模，可得到商业银行总体不良率。具体为，记第i类银行不良贷款余额预测值为$\widetilde{S}_i$，信贷规模预测值$\widetilde{Y}_i$。则商业银行不良贷款余额预测值$\widetilde{S}$、信贷规模预测值$\widetilde{Y}$分别为：

$$\tilde{S}_{t+1} = \sum_{i=1}^{M} \tilde{S}_{i,t+1} \tag{6-5}$$

$$\tilde{Y}_{t+1} = \sum_{i=1}^{M} \tilde{Y}_{i,t+1} \tag{6-6}$$

商业银行总体不良率预测值$\widetilde{R}_{t+1}$为：

$$\tilde{R}_{t+1} = \sum_{i=1}^{M} \tilde{S}_{i,t+1} \Big/ \sum_{i=1}^{M} \tilde{Y}_{i,t+1} \tag{6-7}$$

具体预测结果如图6-8和图6-9所示。

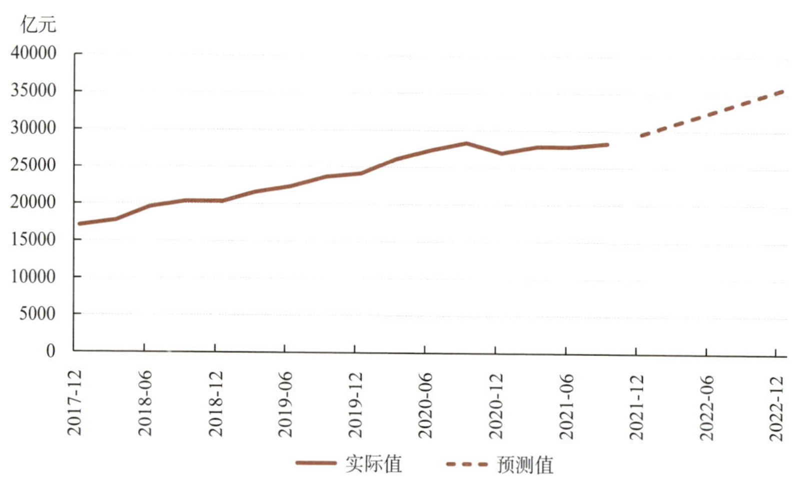

图 6-8 商业银行不良贷款余额实际值与预测值

（资料来源：Wind，本报告课题组）

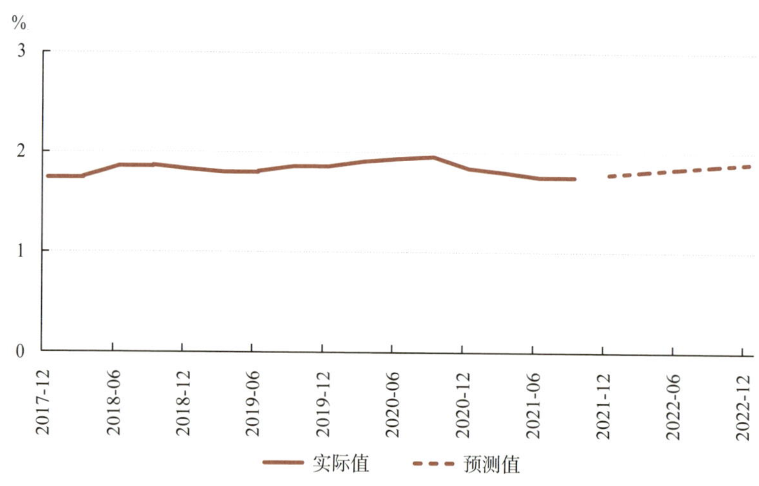

图 6-9 商业银行不良率实际值与预测值

（资料来源：Wind，本报告课题组）

预测结果显示，短期内商业银行不良贷款余额将持续增长，不良率也将呈现缓慢攀升趋势，2022年或将趋近于1.90%。2020年末以来，商业银行不良率持续下降，主要得益于监管机构对商业银行做实资产质量的持续引导，商业银行普遍增加了不良贷款的核销力度，使存量风险得到有效控制。在当前宏观经济下行、疫情持续反复的背景下，我国实体经济仍面临诸多挑战，尤其是中小微企业面临下游需求不足、上游成本高企等问题。此外，截至2021年10月末，我国已累计对14.4万亿元贷款实施延期还本付息政策，其中支持中小微企业有11.8万亿元，考虑到延期还本付息政策将在2021年末到期，中小微企业的风险将进一步暴露，或将对商业银行资产质量造成冲击，商业银行不良率将有所抬升。

2. 中小银行经营稳健性有所提升但风险仍须关注

随着宏观经济下行、经济增长放缓，叠加疫情冲击的影响，前期中小银行高速扩张所积聚的风险加速暴露，包商银行、锦州银行、恒丰银行等风险事件陆续发生。针对中小银行一系列风险事件，监管层推出各项措施防范化解中小银行风险，提高中小银行经营稳健性。一是有序化解中小银行风险。2020年，包商银行的相关业务、资产及负债分别被蒙商银行和徽商银行收购承接，2021年2月北京市一中院裁定宣告包商银行破产。恒丰银行经过剥离不良、引进战略投资者、股改建账等措施的实施，改革重组工作基本完成。二是多渠道补充中小银行资本。受疫情冲击影响，中小银行盈利水平和资产质量有所下降，补充资本的紧迫性进一步提升。自2020年以来，金融委多次召开会议部署创新中小银行资本补充渠道。截至2021年10月末，已有20个地区发行2100亿元专项债支持中小银行。中小银行通过发行优先股、永续债、专项债、二级资本债等工具显著补充了银行资本，拨备覆盖率、资本充足率得到明显提升，不良率得到有效压降。三是加速推进中小银行重组合并。自2020年以来，已发生7个中小银行并购事件，并购往往伴随资本注入和存量坏账剥离，有助于提升银行的资产质量和资本实力，也有助于提高区域银行信用质量。

同时，受疫情影响，对普惠小微企业延期还本付息政策和信用贷款支持政策延长至2021年底，而该项政策的实施使商业银行信贷资产的风险暴露产生一定迟滞。对中小银行而言，小微企业贷款业务规模占贷款总额的比重较大，延期还本付息政策虽能暂时缓解小微企业的流动性问题，但小微企业存在规模小、竞争力不强、公司治理和财务制度不完善等问题，从而导致抗风险能力较弱。随着贷款到期，可能出现部分小微企业偿债能力较弱，小微企业贷款风险暴露推高中小银行不良贷款的现象。另外，未来一段时间，房地产企业信用风险、城投风险等加速暴露，部分尾部中小银行资产质量承压加大，风险隐患暴露，不良贷款将会进一步提升。

3. 非银行金融机构不良资产供给持续增加

随着疫情得到有效防控，我国经济逐步恢复，疫情期间实施的支持经济恢复的相关政策逐步调整，疫情冲击和金融风险滞后对非银行金融机构的影响将逐渐凸显。就信托业来看，2021年“资管新规”过渡期即将结束，经过前期的整改，信托业主动管理能力得到一定增强，净值化转型取得一定成效，但宏观经济下行，叠加监管部门对存续通道业务和融资类业务的压降要求，信托业转型仍面临着较大的压力。2021年，监管要求信托业继续进行“两压一降”。截至2021年第三季度末，信托业受托管理的信托资产余额为20.44万亿元，同比下降2%，其中融资类信托规模为3.86万亿元，同比下降35.13%，投向房地产资金信托余额为1.95万亿元，同比下降18.13%。而随着房地产行业的监管趋紧，融资条件不断收紧，房地产企业违约事件频发，信托业涉房投资将面临较大的兑付压力。据统计，2022年上半年，将约有2900亿元房地产信托产品到期，未来信托业涉房业务风险资产规模或将增长。《关于推进信托公司与专业机构合作处置风险资产的通知》提出，为推进信托业风险资产化解，促进信托业转型发展，信托公司可与信托保障基金公司、全国性金融资产管理公司和地方资产管理等专业机构合作处置信托公司固有不良资产和信托风险资产。这不仅扩大了信托业不良资产的处置渠道，也为资产管理公司带来新的市场机遇。

此外，就金融租赁行业而言，宏观经济下行，监管收紧叠加疫情冲击，航空、海运等运输行业受到显著影响，金融租赁行业利润收窄，资产质量下迁压力加大，存量业务可能产生较多不良资产。就P2P行业而言，随着P2P平台已全部出清，P2P行业不良资产将会得到逐步压降，但不良资产处置难度将大幅提升。

4. 非金融企业不良资产业务机会将进一步增多

为应对疫情冲击，我国采取多项宽松政策稳定经济并取得显著成效，但同时也导致实体经济杠杆率骤升，负债大幅增加。截至2021年第三季度，实体经济部门杠杆率接近265%，企业面临的债务风险仍然较大（见图6–10），企业应收账款余额呈现增长态势，截至2021年11月末，应收账款余额已经超过19.5万亿元，企业面临的流动性风险问题不容忽视（见图6–11）。

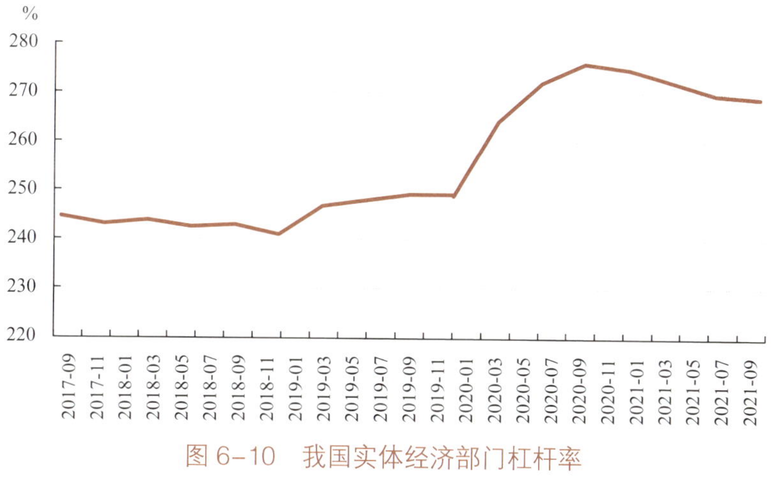

图 6–10 我国实体经济部门杠杆率

（资料来源：Wind，本报告课题组）

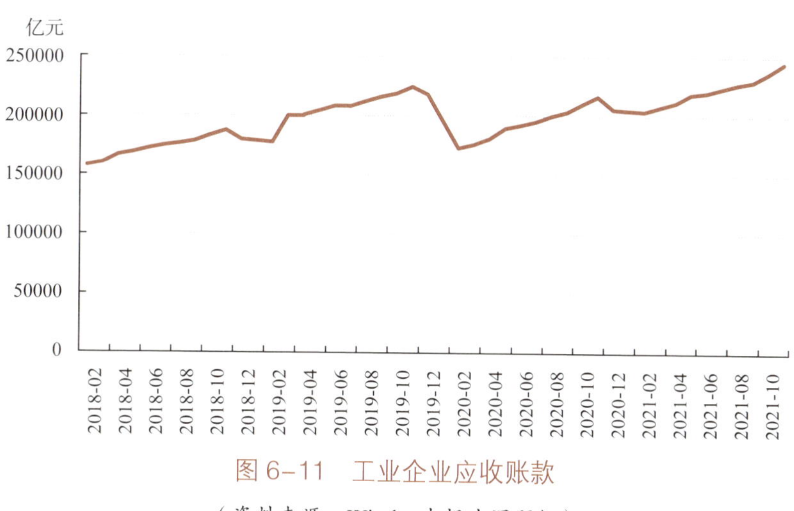

图 6–11 工业企业应收账款

（资料来源：Wind，本报告课题组）

疫情的复杂性和不确定性对住宿餐饮、物流运输、文化旅游等行业仍存在着较大的影响，这些行业面临着较大的经营压力，流动性风险仍然存在。同时，上游原材料供不应求、价格大幅上涨及供应链不畅等问题增加了产业链下游企业的成本压力，挤压了下游企业的利润空间，而应收账款的持续增加提高了下游企业的流动性风险。此外，房地产行业“三道红线”政策和贷款集中度管理实施后，房地产企业融资进一步受限，房地产企业经营性和融资性现金流面临极大压力，房地产企业债务违约多发。在房地产销售持续收缩、土地成交持续低迷、盈利和现金流明显弱化的情况下，房地产调控持续深入，尽管相关监管政策边际放松，但房地产企业的营收增速或将持续放缓，部分房地产企业暴露风险的可能性仍然较大。资产管理公司要继续发挥在房地产领域的专业优势与经验，严控内生风险，有效推进处置化解房地产企业领域的违约风险。另外，资产管理公司要发挥好“危机机构救助功能”，采取重组、重整、重构等手段，积极开展金融救助，有效处置或盘活危机金融机构和实体企业。

5. 债券违约风险将进一步释放

自2021年以来，随着房地产监管政策升级和房地产企业融资的持续收紧，流动性短缺造成的债务违约高发。2021年9月以来，人民银行及其他相关监管部门相继释放房地产调控政策的维稳信号。公开数据显示，2021年11月末，个人住房贷款余额为38.1万亿元，当月增加4013亿元，环比多增532亿元。12月召开的中央政治局会议也指出“促进房地产业健康发展和良性循环”，未来房地产企业发展的政策环境将会在稳定的前提下保持相对宽松。但是应该看到，房地产行业利润率逐步下滑，行业集中度将进一步提升，头部高杠杆和尾部弱资质的民营房地产企业风险暴露的可能性会持续加大。随着债券违约潮的爆发和违约风险的逐步化解，较多高风险违约主体已经出清，但随着疫情得到有效防控，相关支持政策的逐步退出，部分企业的风险或有可能滞后爆发。

6. 地方融资平台风险化解需求增加

受疫情冲击，2020年我国经济受到严重影响，地方政府财政收支矛盾加剧，稳增长成为当前经济的主要目标，一系列宽信用措施相继实施，城投债发行创新高，以地方融资平台为主要载体的隐性债务增速有所反弹。据相关测算，2020年全国隐性债务规模为45.1万亿~51.6万亿元，同比增长超过13个百分点，其中地方融资平台相关债务占比超过80%。2021年，随着疫情得到有效控制，宏观经济好转，地方财政收入逐步恢复，地方政府隐性债务重新转向严监管轨道。《中华人民共和国国民经济和社会发展第十四个五年规划和2035年远景目标纲要》从实施金融安全的高度，指出要稳妥化解地方政府隐性债务。2021年初，从交易所和交易商协会的分档约束到银保监会“15号文”的融资约束，部分地方融资平台的融资环境大幅收紧，到期债务偿还面临较大风险，这将进一步推动地方政府加快隐性债务处置。另外，2021年4月13日，国务院发布的《关于进一步深化预算管理制度改革的意见》明确提出清理规范融资平台公司，剥离其政府融资功能，对失去清偿能力的要依法实施破产重整或清算，坚决防止风险累积形成系统性风险。各项监管政策明确压降地方隐性债务，也将加速地方融资平台风险的释放。

2019年国务院办公厅下发的《关于防范化解融资平台公司到期隐性债务风险的指导意见》允许融资平台公司债权人将到期债务转让给资产管理公司。在地方政府隐性债务的压降、地方融资平台风险的处置过程中，资产管理公司可通过债转股、资产证券化、实质性重组等专业手段对债务风险进行化解，这将为资产管理公司提供新的业务拓展空间。

二、不良资产市场需求端现状分析与预判

受经济下行及疫情反复的影响，资产管理公司面临收购端和处置端的双重压力，经营压力持续增加，全国性金融资产管理公司不良资产业务开展总体稳定，地方资产管理公司逐步规范，监管规则可能趋于统一。银行系金融资产投资公司资本金得到补充，市场化债转股质效得到提升。从不良资产市场需求端来看，在疫情影响仍然延续的情况下，资产管理公司将持续提升服务实体经济质效，持续推进机构“瘦身”，回归聚焦不良资产主业。此外，

随着不良资产买方主体的增多，不良资产行业竞争将进一步加剧，而不良资产业务的逐步扩容，则迫切需求资产管理公司创新处置手段。

（一）不良资产市场需求端现状分析

1. 资产管理公司经营压力持续增加

受疫情冲击及内外部环境等诸多不确定性因素的影响，资产管理公司的经营压力仍然较大。从收购端来看，随着第五家全国性金融资产管理公司中国银河资产管理有限公司的成立、地方资产管理公司的不断扩容、外资资产管理公司的获批设立，不良资产一级市场的竞争进一步加剧，资产管理公司收包竞争越发激烈，收购难度不断加大。从处置端来看，在疫情冲击和经济下行的背景下，不良资产二级市场活跃度有所下降，不良资产的处置难度不断加大，不良资产处置周期进一步延长。此外，疫情影响的滞后性也逐渐显现，部分企业经营风险加速暴露，尤其是房地产行业债务违约多发，资产管理公司存量项目风险有进一步暴露的可能性，内生不良资产风险增加，资产质量将持续承压。为应对收购端和处置端的双重压力，资产管理公司通过提高拨备覆盖率及核心资本来增强风险抵补能力，然而这在一定程度上压缩了利润空间，使资产管理公司经营压力进一步加大。

2. 全国性金融资产管理公司不良资产业务经营总体稳定

2021年，疫情得到有效控制，经济发展逐步恢复常态，全国性金融资产管理公司聚焦不良资产主业，充分发挥逆周期调节功能，积极化解风险，不良资产主业经营保持平稳，不良资产业务结构不断优化。基于可比口径，本报告主要以中国华融和中国信达两家上市公司公布的相关数据为基础，分析全国性金融资产管理公司不良资产业务的发展情况。值得注意的是，2020年中国华融对集中处置风险资产进行减值测试，确认信用减值损失和公允价值变动损失，经营情况受到了极大影响，集团净亏损1062.74亿元，2021年中国华融经营情况出现了一定好转。

（1）不良资产主业保持稳定。根据中国信达和中国华融2021年半年报，从不良资产总额来看，中国信达不良资产总额达1.05万亿元，同比增长

8.77%，中国华融不良资产总额为8285亿元，同比小幅下降1.52%。从不良资产经营情况看，截至2021年上半年，中国信达不良资产收入和税前利润在集团的占比分别为76.40%、71.70%，同比分别增长11.4个百分点、1.1个百分点。中国华融不良资产业务总体保持稳定发展，不良资产实现收入总额270.45亿元，税前利润为57.67亿元，占集团税前利润总额的134.20%。

（2）新增非金融机构不良资产收购规模大幅下降。根据中国信达和中国华融2021年半年报，从新增不良资产收购规模来看，2021年上半年，中国信达新增不良收购规模小幅增长，中国华融大幅下降近50%。从新增收购不良资产结构来看，中国信达和中国华融的非金融机构不良资产收购规模均大幅下降，但仍高于金融机构不良资产的收购规模。2021年上半年，中国信达新增金融不良资产收购规模大幅增长，主要是因新增非银行金融机构不良资产规模的大幅增长，中国华融新增不良资产收购规模大幅下降，也主要是因新增非银行金融机构不良资产规模的大幅下降。

受疫情冲击及监管收紧影响，房地产融资渠道受限，销售放缓，流动性压力加大，房地产行业风险逐步暴露，债务违约多发。此外，部分弱资质企业经营压力加大，信用风险可能加速暴露。出于审慎考虑，全国性金融资产管理公司减少了对非金融机构不良资产的收购。中国信达、中国华融新增银行不良资产收购中，来源于城市商业银行与农村商业银行的不良资产规模增幅较大，相对于大型银行，部分中小银行过去的发展模式蕴含的风险或将加速暴露。

（3）处置类业务收入出现分化，重组类业务收入下滑。根据中国信达和中国华融2021年半年报，从处置类业务看，2021年上半年，中国信达收购处置类业务收入为68.33亿元，同比上涨7.95%，中国华融收购处置类业务收入为35.82亿元，同比下降16.6%。自2021年以来，全国性金融资产管理公司加快处置类业务的处置进度，加快现金流回收，处置类业务收入有所好转。从项目收益率看，中国信达处置类业务内部收益率为11.80%，同比下降2.9个百分点，中国华融处置类业务内部收益率为14.50%，同比下降0.7个百分点。

从重组类业务看，2021年上半年中国信达、中国华融重组类业务收入分别为76.15亿元、152.11亿元，同比分别下降16.62%、8.57%。2021年上半年中国信达、中国华融重组类业务月均年化收益率分别为7.6%、8.4%，同比分别下降1.6个百分点、0.2个百分点。重组类业务收入下降主要源于重组类资产收益率下降，或是疫情影响实体经济风险上升进而增加了重组类业务的难度，导致收入下降。

（4）重组类业务中房地产占比有所下降，建筑业、制造业占比有所上升。根据中国信达和中国华融2021年半年报，2021年上半年中国信达、中国华融重组类业务的行业分布与2020年末相比变化不显著。中国信达、中国华融重组类业务中占比最高的仍是房地产业，占比分别为38.4%、48%，较2020年末分别下降7.5个百分点、3.7个百分点，可能是因为房地产政策收紧，房地产企业债务违约多发，全国性金融资产管理公司对涉房项目严控增量，加快去存量，压降了房地产业占比。与2020年末相比，中国信达、中国华融在建筑业、制造业的业务占比均有所上升，疫情冲击的不确定性增加了上述行业的经营风险。

（5）债转股业务收入有所上涨。根据中国信达和中国华融2021年半年报，2021年上半年，中国信达、中国华融债转股业务收入分别为17.04亿元、15.79亿元，相较于2020年同期均出现上涨，主要得益于加大存量债转股退出力度，实现较好处置收益，其中中国华融债转股收入由负转正。中国信达债转股资产账面价值为772.7亿元，与2020年末相比增长0.04%；中国华融政策性债转股资产账面价值为138.72亿元，与2020年末相比下降5.17%。债转股资产账面价值的变动主要是公允价值的变动所致。

2021年上半年，疫情的滞后影响逐步显现，中国东方积极响应监管要求，有效运用实质性重组等手段帮助困境企业脱困，充分发挥防范化解风险、服务实体经济的作用，聚焦主责主业，加大不良资产业务收购力度，新增不良资产收购超过400亿元，成功中标首批个贷不良批量转让试点项目。2021年前三个季度，中国长城聚焦不良资产主业，持续加大不良资产收购力度，累计收购不良资产债权700多亿元，其中收购金融不良债权规模超过660亿元，非金融不良债权超过100亿元。中国银河资产自2020年成立以来积极参与不良资产市场收购处置，如运用投行化手段处置巴安水务债务问题。资产管理公司扩容后，预计不良资产行业竞争会进一步加剧，全国性金融资产管理公司对不良资产的收购和处置能力会得到提升。

3. 地方资产管理公司将受到统一规则监管

地方资产管理公司作为地方金融环境的“稳定器”，承担着化解区域金融风险的重任。《中国地方资产管理行业白皮书（2020）》显示，截至2020年底，银保监会核准公布的地方资产管理公司达58家，行业总注册资本约为2200亿元，总资产超过6000亿元，近一半的机构总资产规模超过200亿元，收购不良资产账面价值超过1万亿元，地方资产管理公司机构数量、经营规模稳步增长。目前，地方资产管理公司以国资背景为主，不良资产来源主要集中于制造业、批发零售业及房地产业等。受疫情反复和宏观经济下行影响，服务业短期内受到冲击，部分企业经营困难，服务业不良资产也明显增多。地方资产管理公司在防范风险及不良资产处置方面发挥了积极作用，为实体企业纾困和稳定地方经济提供了有力支持。但同时，由于缺乏统一的监管机构及监管政策，部分地方资产管理公司开展业务不规范，存在偏离主业的投资行为，存在一定的风险隐患。

为了规范地方资产管理公司发展，自2017年以来，地方监管持续发力，北京、上海、广西、云南等地陆续出台了地方资产管理公司监管政策。但整体而言，大多数省市的地方资产管理公司尚未实现统一规则监管。2019年7月，银保监会发布《关于加强地方资产管理公司监督管理工作的通知》（银保监发〔2019〕153号），明确了地方资产管理公司七类禁止行为，对地方资产管理公司的监管进一步加强。2021年5月28日，银保监会发布了《中国银保监会2021年规章立法工作计划》，其中包括《地方资产管理公司监督管理暂行办法》，这意味着地方资产管理公司将受到统一规则监管。

4. 银行系金融资产投资公司补充资本金提升市场化债转股质效

自2017年成立以来，银行系金融资产投资公司通过实施债转股对降低企业杠杆率、化解金融风险作出了一定贡献。目前，正常运营的金融投资公司有工银投资、建信投资、农银投资、中银投资和交银投资，五家金融资产投资公司的资产规模稳步增长。截至2020年末，工银投资、建信投资、农银投资规模均超过1000亿元，分别为1456.57亿元、1212.01亿元、1098.60亿元，中银投资和交银投资分别为787.48亿元、490.41亿元。此外，金融资产投资公司债转股签约金额和落地金额显著扩大。截至2020年末，五家金融资产投资公司债转股项目签约金额已超过2.3万亿元，落地金额接近1万亿元。随着债转股业务规模的扩大及监管对资本充足率的要求，相应五家银行股东积极对金融资产投资公司进行增资。工商银行、农业银行、中国银行、建设银行、交通银行分别发布公告拟对工银投资、农银投资、中银投资、建信投资、交银投资增资300亿元、100亿元、120亿元、300亿元、50亿元。截至2021年第三季度末，工银投资、农银投资、中银投资、建信投资已分别增资150亿元、100亿元、45亿元、150亿元，实收资本分别达270亿元、200亿元、145亿元、270亿元。金融资产投资公司增资有助于提升金融资产投资公司资本实力，提高公司经营稳定性和风险抵御能力。

金融资产投资公司积极参与各类企业的危机救助，运用债转股化解金融风险，扩大自身经营规模，实现利润的增长。据工商银行、农业银行、中国银行、建设银行、交通银行年报统计，截至2020年末，五大金融资产投资公司均实现了净利润的大幅增长，交银投资净利润最高，达12.35亿元，同比增长609.8%；工银投资、中银投资、建信投资、农银投资净利润分别为11.22亿元、8.58亿元、8.57亿元、8.36亿元，同比增幅分别为99.3%、163.2%、198.6%、52%。从经营情况来看，以工银投资为例，截至2020年末，公司已完成优质类资产债转股投资项目168个，合计投资金额为1634.85亿元，其中公司自有资金出资为1022.38亿元，其余为募集社会资金。公司完成风险类资产债转股投资项目28个，合计投资金额为380.13亿元，其中公司自有资金出资为104.82亿元，其余为募集社会资金。从行业分类看，优质类资产债转股项目中租赁和商务服务业、制造业及电力、热力、燃气及生产和供应业为前三大行业，风险类项目行业主要集中在制造业及交通运输、仓储和邮政业。总体来看，金融资产投资公司的业务规模逐步增大，主要业务仍以优质类资产项目为主，公司自有资金也主要投向优质类资产项目。

（二）不良资产市场需求端发展趋势

1. 资产管理公司持续提升服务实体经济质效

资产管理公司作为金融体系的组成部分，其功能定位是逆周期救助性金融机构，核心任务始终是服务国家经济发展和维护金融体系稳定。全国性金融资产管理公司成立之初就肩负着化解银行不良贷款的任务，承接并处置了四大国有银行及国家开发银行剥离的超过1.4万亿元不良贷款，在圆满完成历史使命的同时，全国性金融资产管理公司通过托管、清算或重组一些风险金融机构有效化解了系统性金融风险。

随着供给侧结构性改革的不断深入，资产管理公司围绕“三去一降一补”任务，充分发挥自身优势，加大不良资产回收和处置，提升服务实体经济质效。《国企改革三年行动方案（2020—2022年）》实施以来，资产管理公司围绕国企改革三年行动方案，积极参与国有企业“两金”压降、“两非”剥离、“两资”处置，2022年是国企改革三年行动的收官之年，资产管理公司将充分发挥不良资产收购处置的核心优势，推动国有企业“瘦身健体”、提质增效，推动国有资本布局优化和产业结构调整。此外，碳达峰碳中和的提出将引导经济社会的绿色转型。在此过程中，新兴低碳领域的发展和传统高碳领域的转型将成为资产管理公司业务的两大着力点。一方面，资产管理公司可运用融资工具，为低碳行业提供资金支持。另一方面，资产管理公司充分运用重组、重整、市场化债转股等手段，助力企业完成绿色低碳转型，为碳达峰碳中和贡献金融力量。

目前，我国经济发展面临需求收缩、供给冲击、预期转弱的三重压力，叠加疫情的持续影响，以及支持实体经济的相关政策的调整，部分企业的风险将陆续暴露，资产管理公司要切实发挥好企业危机救助作用，帮助企业纾困，化解实体经济风险。

2. 资产管理公司推进机构“瘦身”，加快回归不良资产主业

近年来，按照“相对集中、突出主业”的监管要求，资产管理公司聚焦主责主业，平稳有序退出与主业无关的业务，集中自身优势力量，不断加大

对不良资产主业的经营力度。

2020年，中国信达出清所持幸福人寿共计51.66亿股的全部股份。2020年，中国东方陆续转让旗下小贷公司，推进机构清理整合工作，截至2020年末，控股子公司数量由77家压降至30家。2021年，中国长城及其全资子公司长城国富置业有限公司在上海联合产权交易所挂牌转让长生人寿保险公司全部70%的股权。2021年，根据监管机构对资产管理公司逐步退出非主业的要求，中国华融逐步将旗下的华融消费金融、华融证券、华融期货、华融湘江银行、华融金融租赁等公司股权进行挂牌转让。

2021年12月，银保监会传达学习中央经济工作会议精神上指出，强化资产管理公司不良资产处置的核心功能。资产管理公司将继续根据监管要求，不断优化金融服务板块，持续推进机构“瘦身”，优化资源配置，巩固不良资产主业优势，发挥好不良资产收购处置的核心功能，持续提升防范化解金融风险和服务实体经济的能力。

3. 不良资产行业竞争或将进一步加剧

作为金融风险的“防火墙”，资产管理公司长期以来发挥着化解金融风险、维护金融稳定、救助问题企业等重要作用。经过20多年的发展，资产管理公司逐步构建了完备的不良资产处置和运营体系，为持续推动金融与实体经济的健康稳定发展提供了专业支撑。同时，随着外资资产管理公司的进入和第五家全国性金融资产管理公司的成立，地方资产管理公司扩容至58家，我国不良资产处置行业逐步形成“5+N+银行系+外资系”的多元化格局，加上私募、基金管理公司和“互联网+”相关企业等不良资产投资机构，不良资产市场参与主体日益丰富。不良资产市场参与主体形式多样、活跃度增强，不良资产行业的竞争更加激烈。一方面，越来越多的主体参与不良资产一级市场，其竞争压力越来越大。据不完全统计，2021年前三个季度，不良资产一级市场成交价格较上年同期呈现上升趋势。另一方面，包括高盛集团、橡树集团、KKR集团、孤星基金、贝恩资本等多家知名外资机构入局不良资产市场，其带来的不良资产处置方面的国际经验，尤其是跨国业务中不良资产的处置经验，将会推动国内不良资产市场的良性有序发展。

4. 创新处置手段更加迫切

近些年，随着资产管理公司的不断发展完善，不良资产处置手段更加多元化，逐步从“三打”（打折、打包、打官司）模式向“三重”（重组、重整、重构）模式转变，尤其是过剩产能的市场化出清、“僵尸企业”的有效处置、传统产业转型升级，都需要通过资产重组、企业重组乃至行业重整来完成，进而化解存量资源中的供需错配问题。此外，市场化债转股、产融结合基金、不良资产证券化等创新处置模式的不断涌现，拓展了不良资产处置途径，加快了不良资产出清，实现了问题企业的风险化解和危机救助。疫情以来，不良资产线下处置受到限制，“互联网+”不良资产处置模式得到一定程度的应用，资产管理公司举办了多场线上不良资产推介会，提高了不良资产处置效率。

2021年1月，银保监会办公厅印发了《关于开展不良贷款转让试点工作的通知》（银保监办便函〔2021〕26号），允许开展个人不良贷款批量转让试点，个贷不良规模庞大，据估计试点银行个贷不良规模超过4000亿元。对资产管理公司来说，目前以处置对公不良资产为主，缺乏个贷不良处置经验。个贷不良具有量大、分散、现金流稳定性差、估值难等特点。因个贷不良不能二次转让，资产管理公司涉足个贷不良领域，不仅要优化个贷估值模型建设，也要加强催收清理等方面的能力，更要构建个贷不良收购处置的新模式。

《关于推进信托公司与专业机构合作处置风险资产的通知》指出，信托公司可与信托保障基金公司、资产管理公司等专业机构合作处置固有不良资产和信托风险资产。随后，信托公司开始开展与资产管理公司的合作，中国信达与中国信托业保障基金签署战略合作协议，平安信托与中国东方深圳分公司签署战略合作协议。但值得注意的是，资产管理公司收购处置的金融不良资产仍以商业银行的不良资产为主，信托业的资产属性、风险资产性质不完全等同于商业银行。因此，信托风险资产的处置需要资产管理公司进一步探索适合信托业风险处置的新模式。

三、相关监管政策新动态

自2021年以来，受疫情的持续影响，国内经济金融风险加速暴露。为应对疫情冲击，有效防范和化解金融风险，提高经济的发展质效，严监管仍在延续。同时，监管政策有效支持包括资产管理公司在内的不良资产市场主体扩展业务边界，化解金融风险，维护经济金融的稳定。

（一）财政部强调加强金融资本管理

为贯彻落实《中共中央　国务院关于完善国有金融资本管理的指导意见》有关精神和《国有金融资本出资人职责暂行规定》要求，2021年11月29日，财政部正式印发《关于规范国有金融机构资产转让有关事项的通知》（财金〔2021〕102号，以下简称《通知》），进一步加强国有金融资本管理，提高国有金融机构资产转让透明度，规范相关资产交易行为，维护国有金融资本出资人权益（见表6-1）。

表 6-1 《关于规范国有金融机构资产转让有关事项的通知》要点

政策要点	主要内容
覆盖范围	国有独资、国有全资、国有控股及实际控制金融机构（含其分支机构及拥有实际控制权的各级子企业）。
转让范围	转让不动产、机器设备、知识产权、有关金融资产等非股权类资产；因开展正常经营业务涉及的抵（质）押资产、抵债资产、诉讼资产、信贷资产、租赁资产、不良资产、债权等资产转让及报废资产处置，以及司法拍卖资产、政府征收资产等。
转让方式	原则上采取进场交易、公开拍卖、网络拍卖、竞争性谈判等公开交易方式进行；未经公开竞价处置程序，国有金融机构不得采取直接协议转让方式向非国有受让人转让资产；属于集团内部资产转让、按照投资协议或合同约定条款履约退出、根据合同约定第三人行使优先购买权、将特定行业资产转让给国有及国有控股企业，以及经同级财政部门认可的其他情形，经国有金融机构按照授权机制审议决策后，可以采取直接协议转让方式进行交易。
转让价款要求	资产转让成交后，转让价款原则上应一次性付清。如成交金额较大（超过1亿元）、一次性付清确有困难的，可以约定分期付款方式，但首付款比例不得低于30%，其余款项应当提供转让方认可的合法有效担保，并按照不低于上一期新发放贷款加权平均利率向转让方支付延期付款期间利息，付款期限不得超过1年。受让方未付清全部款项前，不得进行资产交割及办理过户手续。

资料来源：本报告课题组整理。

随着国有金融企业重组改制中涉及资产转让的行为日益增多，交易金额不断增大，如何避免国有资产流失成为重要议题。《通知》明确规范转让方式，严格限制直接协议转让范围，要求合理确定价格，明确交易流程及转让价款的支付方式。整体来看，《通知》的落地将对国有金融机构资产的有序流转、防范国有资产流失起到重要作用。

（二）银保监会发文加强商业银行评级监管

为加强商业银行风险监管，完善商业银行同质同类比较和差异化监管，合理分配监管资源，促进商业银行可持续健康发展，2021年9月，银保监会发布《商业银行监管评级办法》（银保监发〔2021〕39号，以下简称《办法》）（见表6–2）。

表 6–2　《商业银行监管评级办法》要点

政策要点	主要内容
适用范围	开业满一个完整会计年度以上的商业银行和农村合作银行、农村信用社、村镇银行的法人机构。
评级要素	商业银行监管评级要素包括资本充足、资产质量、公司治理与管理质量、盈利状况、流动性风险、市场风险、数据治理、信息科技风险和机构差异化要素。商业银行监管评级要素由定量和定性两类评级指标组成。
评级方法	评级要素权重设置；评级指标和评级要素得分；评级综合得分；监管评级结果确定。
评级结果	商业银行监管评级结果分为1~6级和S级，其中，1级进一步细分为A、B两个档次，2~4级进一步细分为A、B、C三个档次。评级结果为1~6级的，数值越大反映机构风险越大，需要越高程度的监管关注。正处于重组、被接管、实施市场退出等情况的商业银行经监管机构认定后直接列为S级，不参加当年监管评级。
评级结果运用	监管评级结果应当作为衡量商业银行经营状况、风险管理能力和风险程度的主要依据。

资料来源：本报告课题组整理。

《办法》从总体上对银行机构监管评级工作进行规范，完善银行监管评级制度，充分发挥监管评级在非现场监管中的核心作用和对银行风险管理的导向作用。《办法》突出了公司治理、数据治理、信息科技风险等要素，并专设机构差异化要素，充分反映监管重点和不同类型银行机构风险特征。同时还建立了评级结果级别限制和动态调整机制，确保对银行风险具有重要影响的突发事件和不利因素得到及时、合理反映。对于商业银行而言，《办法》有利于引导国内银行业短期绩效与银行经营发展的长期基础并重，补齐公司治理短板，推动数据治理和数字化基础设施建设。

（三）资产管理公司获准开展信托风险处置

为推进信托业风险资产处置，银保监会下发《关于推进信托公司与专业机构合作处置风险资产的通知》，明确信托业风险资产处置，可以与信托保障基金、全国性金融资产管理公司和地方资产管理公司等专业机构合作，探索多种模式、以更加市场化的方式进行（见表6–3）。

表 6–3 《关于推进信托公司与专业机构合作处置风险资产的通知》要点

政策要点	主要内容
处置信托风险资产的模式	向专业机构直接转让资产；向特殊目的载体转让资产，信托公司向信托保障基金公司、资产管理公司等专业机构合作设立的特殊目的载体卖断信托业风险资产；委托专业机构处置资产；信托保障基金公司反委托收购。
信托风险资产范围	支持信托保障基金公司从信托公司收购固有不良资产或信托风险资产；为落实“资管新规”整改要求，也可收购存在流动性风险的非标资金池和其他融资类信托产品项下资产。
资金使用要求	信托保障基金公司使用自营资金对单家信托公司的各类授信业务总规模不得超过自身净资产的30%。

资料来源：本报告课题组整理。

自2020年第二季度开始，中国信托业协会便不再披露信托业风险资产规模，但信托业风险资产规模和资产风险率都在大幅上升。《关于推进信托公司与专业机构合作处置风险资产的通知》明确表示，支持信托保障基金公司、资产管理公司等专业机构发挥各自优势，探索以多种方式加强合作助力信托业切实降低风险水平。该通知的出台，给资产管理公司处置信托业不良资产带来了市场机会，但同时也要注意到，信托业资产的属性、风险资产性质和商业银行仍有差别，需要资产管理公司积极探索符合信托业风险处置的模式。

（四）各地持续加强地方资产管理公司监督管理

近年来，为了规范地方资产管理公司健康发展，地方监管部门相继制定地方资产管理公司监管政策。目前，江西、山东、青海、北京、贵州、上海、广西、云南等地陆续出台了地方资产管理公司监管政策，地方资产管理公司的监管逐步规范化。自2021年以来，广西、云南相继发布针对地方资产管理公司的监管办法，针对地方资产管理公司的监管政策逐步完善（见表6–4）。

表 6–4　　地方资产管理公司监管办法要点对比

政策要点	《广西壮族自治区地方资产管理公司监督管理指引（试行）》	《云南省地方资产管理公司监督管理暂行办法（征求意见稿）》
出台时间	2021 年 4 月	2021 年 6 月
注册资本	注册资本最低限额为 10 亿元，且为实缴资本。	注册资本最低限额为 10 亿元，为实缴货币资本，且须一次性足额缴纳。
业务范围	批量收购、管理和处置广西区内的不良资产；对所购不良资产进行整合、重组、经营和转让；对所管理的企业进行必要投资或提供资金支持；债权转股权，并对企业阶段性持股；发行债券，向金融机构借款；资产证券化；财务、投资、法律及风险管理等咨询和顾问。	批量收购、管理和处置云南省内不良资产；债权转股权，对股权资产进行管理、投资和处置；对外投资、受托管理资产、资产证券化、发行债券；向金融机构进行商业融资；破产管理；财务、投资、法律及风险管理等咨询和顾问。
禁止行为	与他人串通，转移资产，逃废债务。	与他人串通，转移资产，逃废债务。
资本要求	—	资本充足率不得低于 12.5%；一般准备余额原则上不得低于风险资产期末余额的 1%。

资料来源：本报告课题组整理。

从内容上看，地方监管部门主要依据《关于加强地方资产管理公司监督管理工作的通知》制定地方资产管理公司监管办法，监管标准逐步向全国性金融资产管理公司看齐，但不同地区的监管规定也有一定的差异。目前，各地发布的地方资产管理公司监管办法多设置相同的准入门槛，如注册资本最低为10亿元且为实缴货币资本、须一次性缴纳，规定的业务范围基本上一致。但各地对资本要求存在一定差异，如云南对资本要求进行了规定，广西没有要求。从整体上看，各地对地方资产管理公司的监管逐步完善。银保监会2021年规章立法工作计划中出现了《地方资产管理公司监督管理暂行办法》，这意味着地方资产管理公司将迎来统一规则监管。

四、小结

在疫情冲击下，国内防范化解金融风险的任务更加艰巨，部分领域的风险将加速暴露，不良资产市场的供给进一步增加，资产管理公司持续聚焦主责主业，发挥不良资产处置的核心功能，主动防范化解金融风险，提升服务实体经济质效，促进经济和金融良性循环、健康发展。

从不良资产市场供给端来看，我国商业银行资产质量边际改善，其中股份制商业银行、城市商业银行及农村商业银行不良率下降较为明显。非银行金融机构风险加速暴露，信托业风险事件频发，实体企业风险持续暴露，不良资产规模进一步增加。此外，债券违约规模持续扩大并出现结构性变化，房地产业和航空业债券违约高企，地方融资平台债务风险凸显。从不良资产供给端来看，商业银行不良贷款预计将进一步上升，中小银行经营稳健性虽有提升但风险仍需重点关注。非银行金融机构和非金融企业的不良资产都将继续增加，不良资产业务机会进一步增多，债券违约风险将进一步得到释放，地方融资平台风险化解需求将有所增加。

从不良资产市场需求端来看，受经济下行及疫情反复的影响，资产管理公司面临收购端和处置端的双重压力，经营压力持续增加。但总体上，全国性金融资产管理公司不良资产业务开展趋于稳定，地方资产管理公司逐步规范，将迎来统一规则监管。银行系金融资产投资公司资本金得到补充，市场化债转股质效得到提升。从不良资产市场需求端趋势来看，疫情对经济社会的影响仍在延续，资产管理公司将积极响应监管要求，持续推进机构“瘦身”，加快回归不良资产主业，持续提升服务实体经济质效。此外，随着不良资产买方主体的增多，不良资产行业竞争将进一步加剧，而不良资产业务的逐步扩容，迫切需求资产管理公司创新处置手段。为应对疫情冲击，有效防范化解金融风险，提高经济的发展质效，行业严监管将持续推进。同时，监管政策有效支持包括资产管理公司在内的不良资产市场主体扩展业务边界，化解金融风险，维护经济金融的稳定。